近代史资料

中国社会科学院近代史研究所《近代史资料》编辑部 编

总147号

中国社会科学出版社

图书在版编目(CIP)数据

近代史资料. 总 147 号 / 中国社会科学院近代史研究所《近代史资料》编辑部编. —北京：中国社会科学出版社，2023.6
ISBN 978 - 7 - 5227 - 2075 - 3

Ⅰ. ①近… Ⅱ. ①中… Ⅲ. ①中国历史—近代史—史料 Ⅳ. ①K250.6

中国国家版本馆 CIP 数据核字(2023)第 106955 号

出 版 人	赵剑英
责任编辑	韩国茹
责任校对	张爱华
责任印制	张雪娇

出　　版	中国社会科学出版社
社　　址	北京鼓楼西大街甲 158 号
邮　　编	100720
网　　址	http://www.csspw.cn
发 行 部	010 - 84083685
门 市 部	010 - 84029450
经　　销	新华书店及其他书店
印　　刷	北京君升印刷有限公司
装　　订	廊坊市广阳区广增装订厂
版　　次	2023 年 6 月第 1 版
印　　次	2023 年 6 月第 1 次印刷
开　　本	787×1092　1/32
印　　张	9.375
插　　页	2
字　　数	242 千字
定　　价	68.00 元

凡购买中国社会科学出版社图书,如有质量问题请与本社营销中心联系调换
电话:010 - 84083683
版权所有　侵权必究

目 录

阎敬铭致李用清未刊函稿 ……………… 田见龙 整理（1）

仪若日记（三） ……… 邹嘉来 著 张易和 整理（35）

黄彭年《汉中日记》 ……………… 刘海钧 整理（99）

五四时期学生抵制日货运动日方档案选译
　　………………………………… 曹 萌 译（105）

陆征祥致刘符诚手札（三） ……… 崔 彤 整理（119）

安特生与翁文灏往来函 ………… 李锐洁 选译（188）

胶东黄县于口村老党员抗战回忆
　　………………………………… 张海鹏 整理（273）

阎敬铭致李用清未刊函稿

田见龙 整理

编者按：本刊曾刊登阎敬铭《抚东奏稿》、家书及李用清家书等史料，颇受研究者关注。本篇收录光绪五年（1879）至光绪十七年（1891）间阎敬铭致李用清未刊函稿22通。期间阎敬铭任户部尚书、军机大臣、协办大学士，后辞官归里；李用清则历官广东惠州知府、贵州贵西道、贵州布政使、陕西布政使等职。函稿内容以山陕政情为主，涉及晚清财政、鸦片、荒政、土地等问题，以及丁戊奇荒、黄河决口等重要事件。阎李交往密切，函中彼此坦露心迹，于光绪朝前期政局也有参考价值。今据国家图书馆藏《五知堂家藏函稿》原件整理。原函时间信息不全，整理者略加考证注明，并按信函时间重新予以排序。

一①

菊甫仁兄大人足下：

虞勇来，得手书，知枉驾舍间赐奠并优颁赙酬，至感至谢。蒲府经历朱思敬于廿五日巳刻到运（由临晋大路官车而来，未

整理者：田见龙，中国社会科学院大学历史学院博士研究生。

① 因信中提及"参赵君怀芳"一事，可知此信应写于光绪五年正月二十六日，该日阎敬铭上折参劾候补知府赵怀芳迟延赈粮之事。

走虞乡僻路），交到穆守详文并各册卅本，一一收楚无误，（各册日内专弁送省）并读赐书一号。当泐复函，并与蒲府回文，廿五午后即交朱经历，不知其昨果起身否。并致阁下公文一件，已奏明请与杏兄①分东西路一行，无他要事。

昨函内谓永事须归省城，不能归运办理，须面谈一切，非推事也。□今早发折，参赵君怀芳办运迟延，降补同知。弟以久病，续请假三月，兼旬以来，痰喘胺软，老病日增。阁下可周游临、荣、万泉数日，若猗氏，不值高贤一查也。如台驾早回，每日聚谈为快。此请大安。

愚弟阎敬铭顿首
廿六酉初

二②

菊圃仁兄大人阁下：

别来自春徂秋，真无日不言念也。台驾至京后，一号至四号信迟速不同，已于中秋一一收到，读之弥切渴思。台维康吉，侍祉多庥为颂。粤西之调，春间即有所闻，想阁下不欲前往，铭亦不谓为事理当然。张振帅③曾识一面，似近朴实，闻任晋藩，亦超异前后，究其详，不能深知。与之共事，或可同心，未敢预必。铭亦极愿阁下入台谏，胥所积以立言，或可有裨于时，不负所学。而运数所会，不先不后，适此时命往粤西，时命使然，无可说也。至出处进退，宋贤有云"此如寒暖饥渴，各人自知而自决之，非他人所能代谋"，想阁下亦熟计之矣。鄙见所及，略

---

① 王炳坛，字杏樵，山西稷山人。时任兵部主事，光绪三年与李用清一同被调往山西查赈。

② 此信写于光绪五年。信中"粤西之调"，指光绪五年六月，广西巡抚张树声奏调李用清。

③ 张树声，字振轩，安徽合肥人。时任广西巡抚。

为言之：

外任难为，百事俱坏，粤西吏事敝亦久矣。为一事体也，立十分志，力做不及三四分。他日若以太守留彼，即振帅同心，后来难知，此其一也。安南兵事不知若何，中外合力而速灭，可免蔓延。然选将实难，振帅固熟于兵事（亦恐少健将），饷绌亦巧妇难为，此其二也。据此二者，似可退矣。然又有说焉。阁下年力强富，慈闱康健，且有兄弟奉侍，倘川资有出，南游豫楚，遍历山川风俗、官民变态，一一证于所学，如顾亭林、傅青主之生平，又其一也。到粤以后，合则留，否则去，进退绰绰，又其一也。即使滞彼一二年，力求振帅不作外任，他日仍以侍御回京候补，又其一也。然此皆未来之事。于清端①以广西知县起家，为生平政绩大端。公或出守彼方，磨励艰难，力行实事，较空言在谏院，又有间矣。如此又不必坚辞外任，以作实事，又其一也。至升沈利钝，我辈言不及此。振帅之调，想以兵事为名。若调军营而不去，规避处分綦严，如此则又不可不去一行也。（铭从前不得不去湖北，实以此故。到彼例准告病，故本欲一到即归，而胡文忠公之坚留，有出乎平常万万，后又坚辞外任，而诸出意外。）秋冬水落波平，可由樊城浮汉入江，渡湖湘而南，沿途小住，快览境物事会，亦壮游之一端焉。详布区区，惟公择焉。

时事颇难，若专尽民事，则有可为，作一分算一分，不必高谈，不必奢欲。铭万事无能，生平所自励在为百姓"省闲钱，了闲事"六字，然未能尽其万一，遑言大事乎？西域事传闻换回伊犁城，许以嘉峪关、秦州、汉中、宜昌各口岸，不知有无赔送兵费？运势所趋，为之何哉。此大事则鄙人无长计矣。沅帅②

---

① 于清端，即于成龙，山西永宁人。曾任广西罗城知县，康熙时官至大学士。谥"清端"。

② 曾国荃，字沅圃，湖南湘乡人。时任山西巡抚。

事事揭实奏明，又办善后，蒙赐帑五十万，各处钱粮缓免，并请散牛散种，查荒报荒，全民休息。此今时无二者，陕豫灾民望晋中若天上矣。此次灾荒，沅帅诚大有造于三晋，不可没也。"任怨"二字，从古为难，近如丁稚帅①略为任怨，即多阻挠。此则在各人之自欲，而非他人所能怂恿者。

北方烟毒，直无法可止，非徒晋土，人心风俗之忧，又岂此一端哉。铭于五月移寓解梁书院，家口于秋节前从大庆关至解（院外另租房），精力大衰，即文词之末，亦不能有益诸生，何言其他。老不能归，藉图哺啜，深以为愧。两儿才质本庸，又以久荒，兼有家务儿女之扰，难望其功力日进，时时训伤，能不为非足矣。虞乡之田荒芜大半，一无人租，己又无力多种。铭且如此，何谈贫民。南路三伏少雨，秋收极薄。沅帅拟南路只征一半钱粮，俾民有余力以开荒，亦陕豫所无者。张南轩②云，所谓得民心者，岂有他哉？不尽其力，不伤其财而已。故铭谓平时正赋不可少，而闲钱必须省，如差徭科派之类，亦窃师前贤之言也。至前条奏差徭，亦万万不得已。缘去年所散赈粮，各样率为约保扣抵差钱，自忖实惠不及，又无法办理，发愤言之，委曲办之（亦有病有药之说），非有所不足于二使也。

近闻陕豫亦有改者。（吴清卿力改武陟之规，大为减省。）阁下若致涂中丞③书，告以河、陕及河北三府差务之大害。（去年皆以赈粮扣之，南、汝略好，开、归各处不详知。）此须上司定力为之，（使将就可行，聊为月攘之计，然即此已无人肯从也。）牧令中吾未见一人认真为者。若待牧令心悦顺从，则与狐谋腋，终无成矣。铭与朗翁无识面之交，公可详言之。此非任官幕游客之怨不可，虽小事亦不易也。

---

① 丁宝桢，字稚璜，贵州平远人。时任四川总督。
② 张南轩，即张栻，号南轩，南宋时学者。
③ 涂宗瀛，字阆仙，号朗轩，安徽六安人。时任河南巡抚。

南行想由泽州上山渡河，无由展奉，深切远思。数月来不寐，腰痛、气逆，各病时时发作，须数日息养，而老态日增，上阶登高，非杖不可，真无用矣。屡欲作书，非数语可了，以病就延，雨窗力写数纸，如与公面谈也。何日启行，以后望随时赐以数行，知公动止，以慰我思。南路自八月初连雨，麦可妥种，秋禾尚未收完，兼旬少晴，又恐受伤，欲为运城积义仓，既以价贵，又难经理之人，诸殊非易。大兄想不能与之同行，而阁下远出，必觅一忠实稍知画算者，与之偕往，则琐务行李皆可倚托，即有公事，亦可令其居守一切。铭往在楚，诸托张雀生为助，此似不可少也。令侄能携去否，若然，更为妥计。拉杂奉书。恭请大安，不尽欲言。

愚弟阎敬铭顿首
八月廿三日解州书院
两儿廼竹、廼林侍笔

太夫人前请安，大兄、令弟、令侄均候。

訏翁①病似未大好，前有信来，字不可识，究其如何，望详示之。又及

柴生吉甫，人甚安详勤学，现在解梁。又及

三②

鞠翁大公祖大人足下：

顷华州人以其州差徭册见示，即边中丞③所改定者。又华州

---

① 罗嘉福，原名嘉谟，字訏庭，顺天府大兴人。前山西汾阳知府，时为山西候补道员。光绪三年与李用清一同被调往山西查赈。

② 此信未能确定具体时间，应写于光绪十二年末至光绪十四年三月李用清署陕西布政使期间。

③ 边宝泉，号润民，汉军镶红旗人。光绪九年至十一年任陕西巡抚。

罗纹河修河道事案卷，统呈鉴核。若日内枉临，祈携下二件，面谈一切。此请台安。

治愚弟敬铭顿首
初三申初

四①

菊甫大公祖大人阁下：

腊十一二日接前月初十、冬至日手示两函，敬承一是，敬维实心实事，造福三秦，至为抃颂。地方凋敝已极，他处稍愈于保安，较之咸丰时不啻天渊，兼之官皆欲发财，其好者不过忽笼因循，加以秦人之庸懒，欲望其庶富，岂易言耶。阁下勿求速效，遇事渐求清楚真实，察吏以能为民省闲钱、了闲事者为准，久道自可化成也。兵部参滥用勘合，已注明不用夫马，即参亦只可察议，姑任所为，吾辈进退固绰绰也。想不日或有恩旨改之，未可知也。

改减差徭，官场无一人谓然。（晋亦如此，弟不拟折参夏县，终不能改。）今虽略就俗规，尤赖明察，得其实据，不参不可。此事狡黠百端（凡沾钱事皆然）。闻鄜阳民间犹有私自派钱之事，大约不假。官不居其名而钱不足用，民间自不能不私派。此事鄜阳人写有以后定章之册，随以奉览，随缓酌夺行之（详确查访），亦勿轻听骤发也。今世民穷财尽，上司去百姓辽隔，只有督责牧令，以能省闲钱为要计，久久行之，或可有效。若空言庶富，虽千思万虑，不如实事之为得。种桑教织，甘藩谭公②行于秦州，见其所织之绸（甚好）。及告示（简明）所言皆当，盍移致函牍观其绸及其示乎？大计道府出考，求一切题语而不可

---

① 此信写于光绪十二年（丙戌）。
② 谭继洵，字子实，湖南浏阳人。时任甘肃布政使。

得，人不必奇才，只事事可靠，便为至宝，然而难矣。

养廉之咨尚未见。营田事，今夏秋弟皆请假，不知已办否，当查复。驿站多兵部为政，户只随同绝产。除解州外，山陕无一处能清楚，（民之弊已久，官不管也。）此非清丈不可。然以筹费难，得官得绅尤难。香涛兄①于解州令阳曲、太谷、曲沃三处清丈（此三处太混淆），已丈数年，究不知其如何。弟不敢易言此事也。弟咸丰时办鄂中粮台，事事奏咨立案，补立之章亦随时奏咨，部中若不驳，事事照立案核销，一无为难。壬午到京，即奏行各省照此通行，现在立案者颇多。用钱在先，立案在后之说似有理，然核销册未送之先，先行立案，似尚可，若与销册同时并送，似不妥。（多年久用之钱，若立案太迟，亦勉强，姑照贵州一试之何如？）

林儿携其妻子数日内可到京。竹儿来年春夏间北来。小孙孝抑在家失学，来京可自督。而弟匆忙历碌，蹇步失眠，昏瞆日甚，乞骸不得，负衰可愧，何法免误国殃民之咎耶？阁下幸教之。敝寓以儿妇等来莫容，数日内移寓锡蜡胡同东口内路南第四门。公私兼忙，草复。即请台安。

治愚弟阎敬铭顿首
丙戌腊十四日

太夫人前请安。贤郎结实可喜。

五②

菊圃大公祖大人阁下：

接二三两号手毕，敬承一是。昨有西安绅士来者，备传署内清肃勤俭，一时所无，深知大贤之为政用人，措施咸宜也。谢恩

---

① 张之洞，字孝达，号香涛，直隶南皮人。光绪七年至十年任山西巡抚。
② 此信写于光绪十三年（丁亥）。

折极应递。伯绅病假，属章京他友查照复片奉览，龙洞往还，极仰兴利之心，所论明通，尤佩不泥史册之传。廿余年来有心者，费巨款以修之，卒无所益。铭谓陕西当先去水害，虽见者如华州华阴之官道疏浚水道，使畅归于渭，有益民田，似尚非十分难为。惟陕人私而懒，官为董承，同心合力不易，若盩、鄠二处，水利诚有未尽，《桱花［华］馆文集》论及亦非旦夕可办者，良令更不易得耳。

柏子俊①先生主讲关中，极羡得师，非公主持，恐不能延。吸洋烟者不准住院，不给膏火，俾人知所好之非，想子俊先生或谓之然。丝织如解州、秦州之绸，皆可仿织，复可仿汴梁为之。又盩、鄠、商州各山多有槲橡，而不喂山蚕，铭往于虞乡山下种橡子养蚕，后以风大不宜，未克有成，不识终南、商山之风可为之否？或先令州县查看、小试可乎？山蚕须买自河南鲁山各处也。惟陕人极惰，激励非易耳。

去冬之初，大驾光降解寓。林儿久病，神气昏昧，诸多简亵之至。抑孙读书，其父常病，耽误颇多，刻甫到京，约束以规矩讲读，但愿其渐知爱好，他日能守分为耕读之人足矣。林病犹前。竹春间尚不能北来。铭衰而昏愦，诸多误公，无法卸职，时深廪廪。手复。即请台安。

治世愚弟阎敬铭顿首
林儿、抑孙侍叩
丁亥二月十六日

许文峰（虎炳）②去年来书，极道汉中某幕友之好，不知其实，尊署如需人，可访察否。

---

① 柏景伟，字子俊，号忍庵，陕西长安人。时为西安关中书院主讲。
② 许虎炳，字文峰，陕西虢县人。曾署延川、镇安、宝安等县知县。

再，所问三事，另折奉复，司友所开，弟旁注之，望察及。孙子常①前在解寄函早到，去解非遥，祈属子常时函查解州各事，可靠之人至难得也。榆林太守详内声明，前宪通饬，先造十一年征信册，岂陕中已造有十一年者否？如有印本，可寄示一观否？（甘省曾印二三本咨部相商。）此事不免烦琐，然无法破弊，出此下策。陕似尚易为（初为亦费事），北五省，河南弊大不易。西安活字板易刻否，诸作何办法，便示其略，想公必行此册也。（差徭饬各属坚守定章，山西近已不尽遵，利之误人甚矣。）感请大安，贤郎安好。

铭再顿首
二月十六

再，山陕无织麻布及种麻之利。顷见湖北一县令印示奉览，缓为酌图。民穷财尽，敝乡人惰，不尽地利，时以为念。黄碧公河东所散《戒烟》《种桑》二件，并呈阅。感颂台安。

敬铭再顿首
二月十六

六②

菊圃大公祖大人阁下：

十六复函交折便，谅无误也。日来思广有仓事，可详请中丞③专折奏明，榆林府大乱大荒之后，地苦人稀，元气亏损，所有仓粮未能依照例限皆完。查近年本年应征粮料，截至腊底，仅

---

① 孙守恒，字子常，山西解州人。以府经历分陕西，先后在解州、朝邑等地主持清丈。
② 此信写于光绪十三年，信中"十六复函"，应指第五号信。
③ 叶伯英，号冠卿，安徽怀宁人。时任陕西巡抚。

完一千八百七十余石，未完者有六千七百二十余石之多，皆至次年春夏陆续完缴，前后套搭，殊欠清楚，而民力拮据，未便促追。现奉行征信册尤难造报，拟请该府应征广有仓粮料，暂准以次年八月底为征收截数限期，即由该府八月底造报奏销册结，并造征信册底本送司，由司摆印，发道散给。惟既展征收限期，即难与通省地丁奏销同时办理，应请将广有仓本年粮料奏销一并展至次年九月，由臣另案专折入奏，册结送部，免其具题，以速补迟，仍俟该府民力复元，再依本年十二月底截收限期办理，同归通省地丁奏销办理，以符定例之云云。略言大概，请望酌度润色，妥计为幸。（子寿①公祖望候之。）

再，陕省奏销，去年六月初旬出题，渐为提前，以归例限。今年亦望勿过六月初旬，若能再早更善。又张竹辰②廉访正月间交到中丞惠函，并由额小山③相国处交中丞。寄师伯俊二百金已面交师伯翁无误。弟处无书启作楷，中丞处未便率以草书作复，望先达知，祈勿见罪为感。柏子俊先生学规，能示以大略否？此布。即请台安，望示复，不一一。

治愚弟阎敬铭顿首
二月十九

七④

菊甫公祖大人阁下：

读三月三日手书，敬承一是。竹儿至省，诸叨眷顾，向不令

---

① 黄彭年，字子寿，贵州贵筑人。光绪十一年至十三年任陕西按察使。

② 张岳年，字竹辰，浙江鄞县人。光绪十二年至十五年任安徽按察使。

③ 额勒和布，字小山，满洲镶蓝旗人。时任户部尚书、军机大臣、内阁大学士。

④ 根据"竹儿至省"（光绪十三年阎敬铭次子阎迺竹由京城返陕西），及信件内容与第五号连贯，可知此信写于光绪十三年。

其请谒各衙，如公至熟至交，儿辈以亲教为幸也。关中书院应先禁应课士子吸洋烟，柏山长想同此心，望致鄙意。鸦片禁种不易，而戒官戒士亦可稍为遏流。近以各海关税厘并征，条例纷杂，即当议内地之土药亦不易办也。窃虑异日或有烟枭土枭之出。（陕省征土药税厘，系何章程，望详示，想偷漏难防。）

往在虞乡山坡，因有樗橡，再买商州洛南橡子种之，树尚可生，而山茧以山风过大，办之数年，迄未大成，弟入京即罢。不识商洛、盩厔、二华、鄠县沿山风势如何，更不知南山各属均有樗橡否？（山坡多有自生者。）山茧以河南鲁山一带务者最精，弟往年即买鲁山山蚕茧，并雇两人至虞乡教之，诸须先一年讲定其如何办法，皆虞乡举人李无逸（字念闻）经理。（现经理解州刻书事，子常知之。）或函询李念闻（可即发函），令将前此虞乡山茧一切办法并费用若干。鲁山托何人买？（记托一王君买茧雇人。）或即令念闻与王君信到陕后，先从一两处学起，有成而后推广之。

清丈田赋，至要至善之政，惟好官好绅大不易得，若敝县人欲办，或从朝邑开办。（有杨丙山秀才，敝县可用。）子常回禀如何，望示之。此弟欲办未办之事（以碧川①卸任之故），要必好官好绅，亦必筹有经费，必令民不出一钱为约。闻刚子良②中丞决意普丈（未知其详），亦是好事，可函索其公牍章程参酌为之。征信册三本，一一入扣，无可赞赘。原册奉还一本，其中粘签皆无关系，望鉴及之。复请台安，并请太夫人坤福，贤郎安奕。

世治愚弟阎敬铭顿首
三月十七

---

① 黄照临，字碧川，湖南石门人。前山西按察使。
② 刚毅，字子良，满洲镶蓝旗人。时任山西巡抚。

八①

菊翁大公祖大人阁下：

昨交折差复函，言征信册式小字发行，开列花户姓名，细思未为妥美。兹于原册详为注明，或仍大字一行，但分两排，一叶四十户，亦省一半。惟每行须密挤作廿八九格，方可分界。即此小事，可见鄙人之神明昏昧，殊以为悚。烦缕琐屑，不值公一笑也。此请台安，不一一。

治愚弟阎敬铭顿首
三月二十日

再，上海出售铜模铅字印活字板者，以之印征信册为便，并可印一切书籍。其字大小三四样，现总理衙门买有一付，亦用机印，甚为快利，买全一切共须四千余金（或可少）。户部所须征信册各件（其纸乃上等九刀毛胎纸），即在总署铅字摆印者。如有闲款可筹，或过解京饷之便，择一妥员来京，至总署看明，详问一切，再行定议。亦可先发信上海，托熟妥可靠之人，托其打听铜模铅字大小各号及一切器具俱全，其价共若干，似为永逸之计。又发示征信册似是官堆纸印者，未免稍费。近日厂肆印书皆用上等九刀毛太（一作胎）纸，比官堆稍小。其次等十二刀者，似太弱，且多烂，不可用也。外带京城此纸并价二单奉览，如以为可，似省于官堆纸价。且陕省印各书之纸太劣，此可官为之倡，饬令纸店即从汉口多买运上等九刀毛太纸，为官民印书，寻常之用，未知合否。外带上等、次等各一张，可饬许文峰详核之。

又征信册除一切俱用大字外，其分列花名欠银若干，似可用

---

① 此信应写于光绪十三年，信中谈印征信册事，上接第六号信。

夹双行小字（如册中小注字式），每行廿四字。每行可作两排计，一张两边二十行，两排即可印四十户，或亦省纸之法。此册只要姓名、数目不错，年年更换，似亦可以求省钱之法。且天地亦无须过大，且毛胎小于官堆，亦不能过大也。琐屑之计，不值一笑，诸希察及。又及

外友人复中丞函，望送交。

九①

菊圃大公祖大人阁下：

奉四月初四日手札，敬承一是。诸谨条复：

一、鸦片禁种，清源大不易易。缘洋烟任其流行，定多不顺，况久为利薮，不过禁之，或可略减。鄙意此事以遏流为要，官与士之吸食者，果确然无疑，官或停委撤参（教官尤须查之）；士之住书院者，或驱逐，或扣膏火；在官丁役必为斥革，群知此物之不祥，庶有豸乎。各属书院山长有无吸食，檄牧令禀明，若有吸者，即行辞去，并与廉访、粮道会同详院。今秋订请明年各属书院山长（通行各属），有吸鸦片者，概不推荐延请，不识可否。所谓遏流者，亦不过如此，诚无法拯此陷溺。

一、土药加厘势迫为之。缘将洋土加至一百一十两原为英人订约，土药亦必照加，不能专加洋药云云，亦知土药散漫隐匿，难为办理，议论多日，迄无长计。然不办则英人有辞，实势所迫，不能不为设办。

一、三月廿日又由提塘发去一函，不识到否。恐征信册双行小字不妥，致多错讹，仍以大字每行两排为善，此希裁定。

---

① 李用清光绪十二年七月奉旨署陕西布政使，光绪十四年三月来京另候简用。从信件内容来看，此时李用清仍在陕西布政使任上，发函时间为四月十五日，应写于光绪十三年。

一、同州各属清丈，如敝县人愿办，可以朝邑为始，令孙子常悉心与诸绅妥商。敝县官余姓系何名，何处人，何出身，何字号，是署是补，祈一一示之；到陕几年，素行若何，心性若何，并求示知。此非好官好绅万不可办，办必滋扰。再，尤要者，必得官久于其任，一手清理，方可有成。（当日办解州，函致上司，不准玉山卸事。）若阳曲之三四换官，致诸事纷如，则上司之糊涂也。

一、牧令挪借亏欠差钱，久虑此而无法，阁下明烛详文，极深折服。此事里局劣绅诪官，随其挪欠，有自好者不愿挪借，竟派以抗官之咎，于是贤愚皆惟官是从矣。现时山西道府中群谓自设局绅，诸事局绅把持，州县无权云云，似归咎于不佞，实皆上司属员不能任意妄取妄为，造此无理之语。阁下详文必得速行详院咨部立案，交代册结，必得注此一语耳，或可奉行数年。

一、差徭余钱，山西定章原备三事使用：一零星小兵差，本年差钱倘或不足，提用余钱，免另派里民；一遇荒年，钱粮全免，不便派收差钱，即提余钱应差；一每岁年丰，酌提若干买粟谷，逐渐积为义仓。此亦不可多为提用，恐无钱应差，反致累派也。

一、柏山长学规与先闰生师①学规相同，惟烟赌二事，阁下可严札监院教官，严查究办，诸在实力奉行耳。

一、前李、宁二委员解饷，得奉手书，均已领悉。许文峰尚可靠否？政事烦杂，望保啬精神，凡事固以勤劳自理为贵，而求人得人尤为要要，然殊不易也。复请台安，不一一。

治世愚弟阎敬铭顿首
林儿、抑孙侍笔，林病未大见好
四月十五日

---

① 指路德，字闰生。

太夫人坤福，贤郎安奕。

铸钱乃当行趋时文字耳。昔初官外，曾有八字一联：上"责己去利"，下"晓事知人"，扁［匾］"清楚真实"。（此曾奉告。）自反所为，实未能体行毫发也。又及

十①

菊翁大公祖大人阁下：

得本月初九日手札，敬谂侍祺康泰，治理肃清为颂。诸谨条复：

一、奏销费闻各省皆有，向有定数。此乃私话暗规，久干例禁。（各省又有奏定地丁饭银各款，此应以公文批解者，非私话暗规。此必按年解清。）又善后报销，即军需报销，多年以来部费随时讲价，弊窦多端，闻不尽入户书之手。今年即从陕西起，可勿付给，看其如何办法。惟两年前户部议准，张香翁奏定军需报销万两，付户书饭银一十两。此亦应公文批解，即交商号会兑亦可，若此外有费，亦勿付也。数年来与各省院司概不通信，有无其事，一切不知。今蒙示及，辄为分晰言之。

一、若办敝县清丈，必俟黄石臣（鹗）②大令到任方可举行。蒙调黄石臣至敝县，至感至感。此事必好官、好委员、好幕友、好绅耆四者合力同心，且有经费，更必一官一手办理，始终其事。如阳曲县三易其官，故迟延数载，致谣言烦兴，官民皆多费财费力。其要言尤有二：一曰不可涨出地丁原额，若地或多余，则匀减粮，若银若此，不能见诸公文之话也（孙子常深知此）。一曰不许令有地之户出一钱，则民间或不生畏。此公文官话，必实力行者也。其余要紧节目，孙子常备知。然绅耆大难，

---

① 发函时间为闰四月，可知此信写于光绪十三年。
② 黄鹗，字秋舫，号石臣，湖南长沙人。时任朝邑知县。

其人正派者不晓事，晓事者不正派，用人之难类若此也。黄大令鹗大约何时赴朝邑任，便为示之。杨公孝丽何处人？何日接任？刻已至朝邑否？

一、州县不挪借侵用差钱，须于送部各印结内声明"并无挪借侵用民间差徭银两钱文"一语足矣（于向日结式增此一语），不必造册。若不咨部立案，明公升任，后来者必不管也。若论其实在办法，应取里局图书甘结（此结送司，不送部，道府据此即出印结），切实声明并无侵亏挪借差徭银钱一纸，方为正办。然官场必不谓然。祈酌核之。

一、咸丰时，铭初外任，以一联一匾自警，匾［匾］曰"清楚真实"，早为奉闻，亦见尊处图书；联仅八字，今为书上，不知不背于道否。实则铭不能体其万一，深悚言之不能行也。去腊林儿携其妇子来京，匆匆无下车处（前寓处万不能住眷），因移居，租价月十五金，并未出城，至四眼井一带也。言者或误以薛云阶为鄙人也。此请台安。

太夫人坤福，贤郎安奕。

治愚弟阎敬铭顿首
闰四月廿七东安门北锡拉胡同东头路南寓所
儿孙侍叩

十一①

菊翁大公祖大人阁下：

接十四日晚手书，敬承一是。京畿直东，久旱可畏，而关西得雨，秋田播。（未知同州及各属如何？）德政所致，欣感之至。里局差钱归入交代，只要道府及监交各结中叙明并无侵挪、支借一语，不造册。（尊处行文道府监交，须取里局图结为据。）前

---

① 此信写于光绪十三年（丁亥）。

于参三水某令公文中由部言明，或少怨谤，不知可照行否，有无窒疑？闻向来各省奏销，有奏定老规，每千两部饭银若干，（与每万解十两相垺，各衙门皆有。）未为细查。若果确有明文随奏销解之至十三年者，亦不必预解其他。向来浮用暗钱可省则省，看其作何手段，即以此次试之。

昔人有言，理财之要，节用而已；节用之要，核实而已。（此二语尤要）铭向奉此语，故在鄂在东，兵戈扰扰，尚可支持（皆留余，以备不时之用）。今至部，则大难为，无一事核实。（日日过年，几于束手。）老年出山，愧负无快，不止此一端也。如何如何。民穷财尽，罗掘不休，恐惶之至。明公为陕库思留余，即为地方造福，感敬之至。

敝省钱粮，上忙每过七分，不审今岁如何，荒地有无增垦，额征可渐复少许否？似可时为比较各年各处情形。贤守牧令得有几人？焦雨田实究若何？实事只听断、缉捕、催科三端也。敬复。即请台安，太夫人阃福，贤郎安好。

治愚弟阎敬铭书
五月廿七
林儿、抑孙侍叩

再，去年相见，临行欲以一言奉告，自愧自悚，万分无德，未敢出口。兹有不能不冒耻言之者，舍间诸事，以铭不能正己修身，以致不能教家。廿年前有与舍侄分爨事，此铭生平自恨者。亡侄迺玧之行为，想公有所闻。现在其弟舍侄迺玨（秀才也）年已四十，浮奢日甚（近所为益妄），百无忌惮。往因好管本地闲事，几有性命之忧，而负债多累，（伊岁入二千，不足五六口之用。）计端百出，教之不可，禁之不能，诸为武断乡曲，诚虑其及祸也。其好交坏人（此其病根），乡愚怂恿为非，尤为深忧。

兹明公欲清丈敝县田亩，敝县愚人必举迺珏司事（坏人以为护符），此则万万不可。黄石臣大令曾任敝县，想亦略有所闻。（彼时尚胆小，今更妄为特甚。）公切告石臣大令，敝县以后大小万般事体，切勿令迺珏与其事，不仅清丈一端。若万不得已，无人承之，只好令迺珏随同敝县村绅耆，清理舍下所住之赵渡镇田亩而已。此外一事不准干预，亦不准其来衙谒见。若彼来谒，力为谢去勿见，或可稍寡咎过。铭久交石翁，求鉴此心，并求明公亦俯念万分。（此函交石翁阅之为祷。外致石翁书，俟其到省，求面付，信未封也。）无德无法，而严告地方各官，俾迺珏免咎于万一，（总勿与一事，勿与一言，勿与一面。）即俾敬铭稍免愆尤。感戴大德，实无涯涘。肝鬲苦衷，望俯鉴察，不胜祷切之至。

弟又顿首
五月廿六

有无理词讼，知其从中作主者，严治词屈之人，俾乡愚知势力之不足恃，乃为爱人以德之道。切告石翁，并告邻县，叩求之至。竹儿少年侥幸，恐其一意官习，令今岁在虞乡种田，经理土工，盖土房数间，并经理盩厔敝族义田，各事概不准其入衙见官，干预一事，妄求一钱，不知其奉行否？公有所闻，求切教之。林儿痛稍减，恐成痴人。抑孙读书，资笨心浮，极力教之，子孙之贤不肖，亦有天也。又及

再，清丈第一要政善政，然人心作伪，风俗硗薄，办甚不易。非不足原额，即移址换段（敝县又有三河之害）。此事牛毛茧丝，事理必明决，法令必严切，又非经费不可。原丈解州，有玉山、子常及不才三人主持，襄事生童亦多鄙人门下，故令行法立，乡民帖然。香涛畀解州之差，推行曲沃、阳曲、太谷，已未能尽美。闻刚子良札通省皆丈，恐不能行，即行，亦不妥。敝邑

承公之惠，丈量一清，百事皆举。然得人为难，敝县忠信者尚可觅一二人，而地宽粮多者唯北乡，北乡之妥人大不易觅，且多执拗。石翁情形熟悉，或令其到任后传四乡绅耆面议，再与孙子常妥计，体察情形，办有成，再行禀请孙子常开办。或人情不愿办，可否稍缓。又及

陕中钱粮弊尚少，今初办十二年征信册，截至奏销，究竟较十年、十一年司库收数比较若何，望示之。（闻各省收数，类加多于往年。道仓如何，可问否？）严提征存不解（至要至要），即杂款亦必年清年款，亏空可少。安得太守处处得人（府得人百事理），随时查催乎？各属有并杂款一切随时解清者（往在东日，多有并摊捐按上下忙解清者），须褒异优答，乃可鼓舞。敝省向少种粟谷，若得秋成，官买谷入仓，可储十余年，（不买米，更勿存麦，此可通行各属民间义仓。）农亦得钱，想公必早筹及，辄为附闻。

阎敬铭再顿首
丁亥六月初十

解州清丈曾赞助玉山，铭与各上司函约数端，幸荷允行。

一、彼时玉山已补辽州，函订解州丈量不竣，不令玉山赴辽任，不似阳曲三四易官也。此陕属可照行。

一、订明解州大荒后田无买卖，停解田房税契银两。此则陕省各属难仿行，或查明各县历年解数之少者（想无多），由官赔解，可乎？

一、遍示各乡，此次丈清后一律换与新印契（原册有契式），无论从前曾经印契出税与否，并漏税者，概不追究，俱照此丈清亩数，另行分里分甲。一律与以印契说明，不请司尾，不粘司尾（具有明文），契纸由局办发。各甲照鱼鳞册，本家照老

契价银，（照鱼册田数）自行填写，写后送局，对册无错，由局送官即印，发局交本家。一村清一村，一甲清一甲，民间真不花一钱，官赔心红笺，押白用印。当时实如此，惟不请司尾，不粘司尾。弟与藩台函告为定耳。不粘司尾，由本州上一夹单，半公半私耳。当时条目颇多，子常应记，可问令写出。不知可告黄石臣否，请酌。

敬铭手泐
六月十四

十二①

菊翁大公祖大人阁下：

　　八月初十接惠札各件，并许文峰函，敬承一是。敬谂侍祺增福，政履延庥为望。奉读各件一一，皆实心实事，陕民何幸，得遇仁公，感敬何极。差徭经此次查后应可清肃。至入交代一层，只要里局出具图章甘结声明，县官到任至卸事止，于里局差钱并无侵蚀、挪借及违章滥派、滥支之款，知府及监交委员等，即照此甘结，加具印结申详，并不必照正杂各款必造细册。似此简便，人尚议之，固无须造细册，即造册亦无用处，极可省此。

　　又蒙仁施详免十一年以前民欠差钱，深纫明鉴惠德。惟各属情形不一，如敝县自改减差钱后，仅二三年全完。此后年年拖欠渐多，逐年而加，其故有二：一由差钱改由民收民办，书差无可侵吞，其欠在里差，即任其欠，局中递禀，官亦漠然；一由抗欠之户猾诈成习，零星微数，故抗不纳。（衙门方望其多欠，致办不成，民不能催民欠，仍赖里差力催，故敝县为里差加钱催欠，而县衙不能尽理此。望见黄石臣转告之。此皆石翁去后积弊也。）有此二者，日久成风，谁肯完纳，必致大缺。无可办差，

---

① 此信写于光绪十三年（丁亥）。

又必官思别业。此亦必预防。

前豁免十一年以前民欠差钱，若已奉院批准，通行出示（若未出，可归并一示），敢求阁下并上一详，言前二弊云云（宽免已往，正为严杜将来云云）。以后花户应纳本年差钱，限十月内交清，逾限者，花户罚加一倍交纳，拖欠至次年者，罚加两倍交纳，仍由州县严比里差（此要紧），严行催追。如系里差侵蚀，计赃科罪仍由里局。每年限满后，将欠户姓名、钱数造具细册，送县署以凭催追云云，此院宪应无不批准之理。一俟批下，即由尊衔出示数千张（语不必多，字稍大。县官之示如不示也），遍发西、同、乾、凤有差奉各属，仍札饬牧令，届期严比里差，倘置不理，致多欠户或致误差，定记大过、撤任云云。不知可否，祈核酌。奏销为到部第一交接连至者。山西收数，较十年有闰之岁起运正款尚多收一千余两（当税亦全完），其故荒地多开乎？征信有册乎？稍有起色，实公综核名实之故也。鄙人不学，不敢空言政事，实未免簿书期会之讥。积仓以粟谷为主，可勿买豌豆。

马玉山至京，属写联句（向在外省多为官场写此），渠竟刻之，洵愧刻划，奉一联台览。其一望转交许文峰，不敢送他人也。铭自七月初旧疾大发，不寐少食，步艰舌强，动必须扶，无论拜跪。续假一月，不知能否见愈，殊为焦灼。林儿病稍减，仍常发，恐成废疾。抑孙性过浮动，似非读书之器，诸有天运，听之而已，尽心教之而已。文峰函述征信册之费，并征信二册简明而费，核实共费若干，一切细数花账切求咨部，以便筹款开销。力疾手复。即请台安，太夫人坤福，贤郎安好。

治愚弟阎敬铭顿首
林儿、抑孙侍叩
丁亥八月十二日

竹儿仍在虞乡督理农事，开正方北来。又及

外复文峰函，祈转交。黄石翁何日至省，何日赴朝邑，便示为望。

十三①

菊翁大公祖大人阁下：

读八月朔及初五两函手札，具承一是。敬维侍祉多吉，政事贞理为颂。豁免十一年民欠，深以为感。惟民情多端，万一如差钱故意不完，或有不免。（前言出示催欠差钱者可行否，鄙邑即又有此累。）又恐牧令以此作弊，此在道府严查正杂征存，不解者时督催之，尊处度其时而严提。又有征信册以对考之，或可少弊。（山东征信册造完一二府送一次，似便运送，可照行否？）郑州决口，直冲扬州及里下河富庶膏腴，数百万人口之惨与盐漕一切之坏，不可设想，闻之心胆俱裂。天灾不可测，所恨一切人事耳，不可不急堵。令河仍行山东乎？行故道乎？鄙言欲令行故道，而群言欲仍行山东，不过苟且之计。然无论故道、山东，均非一二千万不可，更无可为计也。人无远虑，必有近忧。其言人不信也，岂非枉读经训，铭愧欲死，阁下指示为祷。

放本色粮咨已到，文内并无折扣之说，诸可照行。惟部文尚有问者，候到以实复之。一各样奏销题本有会一二部、四五部者，无不经年累岁，时刻催办，隔部者万分无法也，智穷才尽矣。征信册即用陕木刻字为妥，洋人铅字太费，可毋庸议。惟下年征信册另多刻小字，每行三十字，分两排，每三十二格一排，十五字中空二格，半叶十行或十二行皆可，计一叶可印四五十户，可省纸也。（山东如此，小留天地亦可行。此不为定，特妄

---

① 信中提及黄河郑州决口一事，可知此信写于光绪十三年。以下第十四、十五、十六、十七函同。

部查征信册费，望以实开。花账末以省平折库平，又扣六分平。总用若干，即示复。铭病两月，近尤苦肝痛，不能多写。草复。即请台安不一。

　　太夫人坤福，贤郎近好。

治愚弟敬铭顿首
九月初二
林儿、抑孙侍叩

　　积谷买粟谷、稻谷二种，他可不买。滕令言公出平余买谷，究司中岁有平余若干，此次发下若干。此事深为敬佩，在今无二。

十四

菊翁大公祖大人阁下：

　　得本月十二日手示，敬承一是，并读详稿，更深折服。凡事豫则立，经训必遵。尝谓圣人乃古今至笨之人，即洋人之巧便，亦积思累虑由笨而得者。乃时人只图目，巧伪糊笼，加以好利，遂无一不坏。此人心风俗大忧。讲洋务者如林（亦非真讲），而不反此人心风俗（反之至难至难），恐非徒无益也。郑州八九里宽厚之堤河，有情形决非一日，彼处之官竟无闻无见，有闻见者，仍以扣钱留难兵夫，不胜愤恨。传闻口门千丈，合龙大不易易。铭谓不速合龙固可忧（此外六百万虚掷），即合龙亦可忧。以故道不能即行，山东道卅年已淤多，自八月后止水，停泥更厚。（铭主大修故道，但恐不及耳，人多主行山东，而不思山东亦难行。）昔之河决，只言堵筑，今则必言修河道。铭病中哓哓告友必先此事，阅月寂然，力疾上疏（九月下旬）。此事曲折甚多（子恶莫宣），鄙言恐亦无及，诸凡固曰天运，而人事殊不尽也。

潼关南原之守，回捻平近廿年，非公更无人为补牢之计者。（现移调百兵，可令作土工，以三年四年为期，筑土城土卡否？）忆同治五年，捻匪盘旋于崤函一路者两三月，不敢入陕，后知其虚无一人，而长驱入关，致奔甘之回亦以捻至而东窜。此陕二次回捻交乱，杀掠尤甚，民气凋尽之故。彼时当道有孔明之望，何三尺童子知必守且易守之地而不知乎？（有千人保无事）不可解也。不识往者相见，曾谈及此乎，亦徒慨矣。

差钱所指二弊，至为切当，若官不用意，又或好利，虽多立章程，恐无大益，此诚无法以处之也。交代只要结内添并无挪借亏空里局差钱一语足矣。（此必以里局之结为凭）缘此非库项公款，可不入册，其收支（细）数亦不必报部，徒为部书增一驳斥究诘之闲文耳。积谷以稻谷为上（惟价贵），粟谷次之，豌豆究不如粟谷耐久，且价不甚贱也。许文峰言，征信册明年欲照山东之式。今抄上二叶，可令书吏照抄多份，分行州县，令各自行照此式排写，核对无讹，造册送司（立一定式），如此则到司只照册摆字印钉，似稍省事。他省来册亦有册首不印列原奏各件，仅印章程十条者，（题系户部奏行清理民欠征信册章程十条，十五字一行。）得省即省，此亦可照行者，惟改为直隶、山东式须多刻小字耳。祈裁酌核定（照纸度之）。

铭肝病已久，初秋请假三月不瘥，近则左体痿痹，行动必扶杖扶人，万难恋栈，求开缺未得，不识腊半两月假满，能勉就瘥否，至深焦灼。竹儿已移家住虞乡庄田，专心农事，暇仍须赴盩厔料理义庄各事，来京与否，明岁再定。林儿病成痴呆，几同废人。抑孙浮动不实，恐不可教，姑严督之，不识其变化否。铭老病交迫，时事家境一无好怀。近月部务诸由寅僚核办，神气昏愦，不能措定，殊廪廪也。复请台安。

治愚弟阎敬铭顿首

太夫人福安，贤郎安好。

上海刻《胡曾要略》一本，简当易览，近事诸可取资奉呈。

十五

菊翁大公祖大人阁下：

十月廿八交折弁带去复书，想不日可到。维侍祺康强，政履多吉为颂。河工需款既亟且多，部库发运现银二百余万（几三百），各省发解三百余万，共六百万两，十月杪已完解清楚（开春部库颇难）。惟闻合龙不易，以千丈口门之故，（无料，又闻非无料，扣钱多之故。）即使合龙，而令河由何道入海乎？山东已淤高孔厚，地狭难容；淮徐故道，又废弃卅余年。此事大为可忧，天运乎？人事乎？人不忠信，固必贻大患。吾辈笨伯，只勉奉"脚踏实地"四字为圭臬耳。

前带山东征信册（半开十行两排），实不如直隶册式之善（半开十二行两排），兹将直隶册照抄奉寄。惟其节年者仍一一列欠户姓名，未免烦琐（部原奏有完户少列完户之语）。节年者完户必少，只列完户，则欠户不言可知。此则仍须照陕省所造节年之册办理，至为明妥。其半开应否十二行两排，抑十四五六行两排均可不拘（字小须分明），可与文峰商定，摆字大小以为定式，照抄一纸，通行各属，即令照式分行分排造册，送至贵署通省一律，只照摆印而已。诸望核酌。

弟左体几成痿痹，医药无效，至为焦灼。林儿病常发，几同痴呆。京中尚无雪，公私俱无好怀。敝县清丈是否能办，石臣如何定计，如有成议，望示之。此请台安。

太夫人福安，贤郎安好。

治愚弟阎敬铭顿首
儿孙侍笔
十一月初六

十六

菊翁大公祖大人阁下：

十月廿八交折差复函，本月初六交提塘递函，不识到否？顷读初二日手示，敬承一是。敬谂慈闱多福，台曜延厘为颂为望。征信册式似直隶者可仿，惟节年者悉造欠户，未免太烦（只开完户可矣），此可以意变通，总期明信真实，无可作伪耳。丁丑永济事阁下洞悉，鉴其弊而力杜之，然必在好道府，否亦徒为烦文。（必散于百姓，殊不可期也。此层可密访于本地人，诸事少用委员。）山陕此弊似尚少，他省则已为人人发财之术，官方人心可为浩叹，想诉厉者已遍天下矣。又有藉此多派委员者，开销薪水一切甚矣，情面难破也。郑工大为可忧，以后此事尚长且多，部库来春即罄，万分无法。别开捐例，此事早成弩末，不过想缺者张掘上兑耳。

敝县清丈，黄石公不知谓可行否？此天下极好极要事，而愚顽刁诈者皆所不愿。弟故不为必然之说，若以大宪之谕民，或从令，则明公造福多多矣。弟病如前，怔忡眩晕，舌强体塞，腊月半两月假满，不识稍痊否，至为焦灼。林儿久病，似成废人。陶公云天运苟如此，诸惟委心而已。复请台安。

力疾草草，不恭之至。捐例二部查收。

治愚弟敬铭顿首
十一月十二日

太夫人坤福，贤郎安好。

再，鸦片之害既久且普，天生此以祸中国，鄙人素以为仇。昔年在鄂在东，官之沈溺于此，必劾之。壬午至部，亦劾户部瘾员数人。阁下在黔拔贡，不取烟生，至深敬服。若民田之种，弟十年前极思严禁，后亲见不能尽禁，而包庇、讹诈、卖放、藉禁种渔利者，种种奇策，而公牍无非假话，更有就此加亩费，只要多得钱，任其参官者。真人心世道之大忧，无可如何也。至顽民之梗令，不必言矣。同属土瘠，本少此质，他属已种之数十年，断难禁绝。此如人家恶劣子孙，百计难化，为父兄者严谕之而已，明禁之而已，果否革面，只好痴聋，令其外面貌恭，即云大幸。此等天生下愚，遑言洗心哉？弟七十余年，见公家无一事能令行禁止者，遑言此深入广及之久病乎。然则将弛禁耶？曰不可也。瘾官必劾，教佐亦不恕。（诸必查实，勿轻信人言，此先下一令，期年不改，必劾。）绅士诸生有瘾者决置不理（如不荐馆及书院），民间之种出明示禁之，属员中藉禁种生财者，设法查实，严劾之。其境内果净与否，不必以此为殿最，亦不必过为察核，官场（吃者生财者）必认真严参，民间止作面子文章。生斯世也，果能做到此，久或万一渐化，然亦万万难必。

此事弟有两语决之，烟非不可禁，直不能禁，其不能禁之故，洋土大贩也，处处抽厘也，店铺纷开也，官场多吸也。此如庭堂大张演戏，而禁子孙唱曲于私室，能乎？否乎？此事知公拳拳在心，而今恶俗已成，恐徒劳心费气力而无益。（徒为人所欺，弟尝谓官场之言，必大折大扣。）孟子之于斯世，其委曲也多矣。以公十分忠诚，敢僭言之。闻今秋粟谷多黑，切不可买，稻谷若不过贵，或可买乎。于烟之对面，预计公之积谷过虑不可及矣，盖为政者，相时势而为之，非敢为破觚为圆之策也。祈恕其妄，更恕其附随流俗为幸。又及

十七

菊翁大公祖大人：

春祉曼福为颂。读前月廿六、廿八及月朔各手示，敬承一是。征信册收数必与奏销及交代分年款项数目相符，以后豁免

方有几分之真（一切应有查考），不仅为与民征信。晋省册到即与奏销歧出，盖以次年春州县截数为止，而不以十二年腊应奏销截止为断。（似虽次春截数仍缩入奏销之期可乎？）此事户部后当有通行也。陕册到日，不知与奏销合否，此次两三年方合辙也。

禁种洋烟非不可禁，乃不能禁，抽税厘而又禁，且此省禁彼省不禁，（陕则忽禁忽否。）恐枉费精神心思，徒为晋役丁书生财耳（多言此者）。此只可作面子文章，其病似难挽回，发示入官地亩告示，得法之至，然牧令之作假文章者，心思极巧，尚须周咨广询耳。今时百姓之穷（如人家不肖子孙气运耶），无法可施。不才廿余年前极力为民省钱，而其穷益甚。（由来渐矣多矣，烟其尤者。）此非一端，救之大难，不得已略为积谷而已。

稻谷陕出不多（西安仓斗每石银若干），出示招买，来者平价买之，亦得尺得寸之计。敝县清丈能办极好，此后一切经费，即令提借差余钱文，不准累百姓一餐一文，核实节用（不准拖延靡费），事后核实报司。（此下似可札行，祈酌。）如有在局不得力之绅民，即行更换（此必严切），不准滥给薪水口食。有地花户如有藉端扰诈，希图种无粮之地者，即予惩治（亦必严谕）。凡典当地过十年不赎者，照例过割印契，原地主写给卖契；宗族公业出典者，由族人写卖契过粮名，不肯写者，令其即赎。（凡以上可札行，严切为好。）但有一层，解州系清丈后无论有无印契，概由通行官印颁新契（不取一文）。当时禀明免取地契税钱（并奏明）。此可令黄石臣与子常照解州行之，或奏明免之（此为妥），或由公项每年代官交税银百两（朝邑年止此数），百姓不出，官亦无可赔解。此事甚为烦琐，不知一年能完否。（以快为好，阳曲则久延也。）

河工事甚难，后患不可思。（闻本月廿日开工，八九十日合

龙方好。）铭再请开缺，十四日奉旨再赏假三个月，悚惕万状，如何如何，焦急之至。子寿升（下缺）

十八①

菊圃先生大公祖大人阁下：

得本月初三惠札，知奉板舆，已至晋阳，色养为乐。去冬一函早到陕，解千金仍充地方公用，极为妥善，书院六十余人具仰善教之功。牛毙田荒，触目可畏，闻绛县、垣曲卖儿鬻女，拆房毁屋，种烟之害彰彰若此，而知之者少，救之者尤少，吾辈徒浩叹耳。屠梅君②先生已否到令德堂？弟向有拜谒而未能熟识，徒深企慕，望公代致下言，惜道远不能促谈也。贤郎认字想不费力，自当先读《弟子规》《小学韵语》各书也。

来函谓闻竹儿入京，传之者误。舍间出一越椒，百法教之三十年而日甚，千方百计，诈骗人财，为害宗族乡里（视温味秋所遇者甚百倍焉），去秋绝而逐出吾族之外（非阎氏子孙），不相闻问。闻去冬携妇入京捐官（先人家禁不准生监捐官，彼不顾也，此其一事），言者或讹传乎。此实弟之不德不善之故，以视先生愧恶无地。入春痰喘咳嗽、不寐殊甚，诸无好情。复请道安，令侄、贤郎均好。

治愚弟阎敬铭顿首
闰二月十七
林、竹、孝抑侍叩

太夫人前请安。

---

① 发函时间为闰二月十七日，可知此信写于光绪十六年。
② 屠仁守，字梅君。曾官御史，因触怒慈禧太后被革职，后赴山西令德堂讲学。

十九①

菊圃先生大公祖大人足下：

闰二月廿五接奉惠函（无发书月日），以无要言，肝痛致手战头摇，惰未即复为歉。顷又奉四月初五赐札，敬承一是。屠梅翁到馆，士林大幸，弟不熟识，惟夙久仰，恨未能面聆教言也。各县差徭以上名之令，近日有报不才者，自反何敢当此。山野老农，不比昔年奉使在晋，彼一时此一时也。刘中丞②何科翰林，是否与先生同年？小世兄识字，明敏可造，气质必极安详，必易学好。陆梭山谓世人惟以荣利富贵教子孙，遂害子孙。读示深佩深佩，然子孙知此义者少也。

谕及花田流弊，并妨征赋，极为洞悉，此已成不治之症。鄙人严禁子孙藏烟，学徒、亲友来者不准在舍过瘾（写一木牌挂屋）而已。其他遇虚心问者切告之，不能期其必行也。今世真民穷财尽，不知底止。两河麦收中稔以上。放翁云：但期麦熟先果腹，敢说谷贱复伤农。杜不华（居实）在舍教小孙，其子赴省，先生教以孝弟忠信为要。令德堂学生若干？弟肝病颇深，学浅而气质褊，以理胜欲之未能，殊怩悚也。手复。即请台安，不一一。

治愚弟阎敬铭顿首
四月廿二

小儿林、竹，抑孙请安

太夫人前请安，世兄近好。

---

① 信中提及闰二月二十五收函，可知此信写于光绪十六年。
② 刘瑞琪，字伯符，江西德化人。光绪十六年闰二月由福建布政使升山西巡抚。

俞道台函奉缴。致霍明府函（梅卿世兄），祈饬即送。

再，示及舍间越椒云云，先叩柱驾先施，洵为亵渎大贤。先君家戒数条，不准生监捐官，其一也。（百不可戒言。多系庭训。）此子所违犯者多多矣。无恶不作，几至杀身，忍之教之，劝诱之三十年矣。犯上作乱（切实发挥此四字），日甚一日，横逆狡诈，诸可不论。近数年专诈骗银钱（实则彼岁入有二千金），骗他人者亦不论，乃诈骗暗侵宗族本家万数千金，（巧诡之极，大害老弱孤寡，不遵祖训其末也。）此事他日宗人必大闹口舌，起词讼且累及不才。其事非数言可明，候徐芮南①回省，可详问之。此人忤逆成性，其对人言及不才者，仍假此旧招牌为诈骗计耳。其话全不可听，请公防而远之，并告他人，匡章屏子，孟子不以为非。不才去秋九月已绝之，恐祸及也。殊自悚无德而已。又及

二十②

菊圃先生大公祖大人足下：

五月十九接四月廿三、廿五手札两函，廿二又读五月初六手札，今午临晋杨孝廉（得春）交到五月廿九晚手札。千里之外附蒙垂注，感念弥深，即谂侍祺多福，道体时康，贤郎读书，日进有功为望。读经及一切要书必遍数百遍，可一生不忘，此为要计。拙刻《福永堂汇钞》下卷详言之，公必以为然，可令贤郎如法读之。

土药抽税在京曾言及，不意其速之如此。办理稍不合，恐天下从此多事，甚其言利之害也。示下公文阅之乃悉，此乃自谋生

---

① 徐烶，字芮南，陕西朝邑人。曾任汾阳、黎城、长治、平遥等县知县及太原知府。

② 此信内容与第十九号相连贯，应写于光绪十六年。

财，似非洋人所迫（尚早），公言极有见。此事吾辈无可陈说，只好如程子言，行新法而已。虞乡、解州无此物，牧令易为，各属亦不多，平、绛各处则无善法矣。若糊笼为之，或不即生事，倘更于此认真生财，则不可知。所言俄事，诚然非独俄人、西洋，即蕞尔之日本，无不事之踏实认真，除英夷外，且皆以农为本。而吾之农业，人人思弃之，白与人种地者，岂仅平、阳，蒲、解即不少，舍下亦有之。此第一可虑而无法者。

公与屠梅翁日谈，钦羡之至。弟今年衰而惫，精神远逊去年。五月南路久雨，且大有被淹者。六月概无雨，秋禾急盼之，秋收不能好也。手泐布复，恭请道安。

治愚弟阎敬铭顿首
林、竹、抑孙侍叩
六月廿二日

太夫人前请安，贤郎安好。

二十一①

菊圃先生大公祖大人阁下：

读二月廿四日惠札，知奉安舆至省，贤郎随学为慰。乡试书院人多，信从者众，必有英俊特士。因弛禁而种花田，蒲、解所属亦有，惟虞乡、解州依旧无之。闻曾奉宪檄，向无之地不得弛禁，仍为严禁云云。牧令奉法惟谨，中丞向不熟识，若蒙枉顾，当如所属切实言之，留一分，是一分，亦同尊言。未知乡民守法，果能永不为利诱否，靡所底止，殊为慨然。敝省办理如何，秋间乃知，种者闻已增多矣。

抑孙前恙，二月初大发，屡次反复，近颇沉重，殊为烦闷。竹儿自去年即为抑料理医药，读书时少。两河东西日来皆得透

---

① 此信写于光绪十七年（辛卯）。

雨，百谷皆种，麦收亦可望，但求农人得果腹，亦目前大幸。弟精力大衰，不能提肘作大字，目眵不能看书，足蹇骹硬，兀兀一室，诸无乐趣，拨冗勉塗芜函奉复。即请道安，不尽欲言。

辛卯三月初十
治愚弟阎敬铭顿首
林、竹两儿，小孙孝抑侍叩

太夫人前请安，贤郎及令侄、世兄均安。

去冬十一月十八赐书腊初奉到，读《题楼烦听雨图作》，深叹胞与之怀，有加无已。某折稿亦接读，不胜钦纫。又及

二十二①

菊圃先生大公祖大人苫次：

八月十一递到太夫人赴告，不胜惊痛。伏念阁下至孝性成，宦游客扰，安舆奉养，猝遭大故，不识如何悲切。尚求节哀顺便，以礼制情，是为至祷。弟千里远隔，不获絮酒生刍之奠，歉仄莫名。谨制挽言（竹儿代写），聊抒鄙衷，无以当懿行于万一。顾此联只可献诸尊府，若寻常贵人家，必遭瞋呵也。

十月安窆事毕，阁下是否为晋阳之行？来年是否仍主晋阳讲席？贤郎可同行否？六月廿二曾草数行，寄徐芮南转交，可转递到否？弟衰病日损，眠食顿减，足目俱不听用，不能看书写字，故致函甚稀，祈谅之。

林儿病恙如前，竹儿牵于俗冗，不能专意读书为根柢之学，荒村兀兀，殊自歉也。南路秋获，六月得雨，当有中收。宿麦勉强布种，粮价不昂，目前大致尚可。惟劫盗不息，（客民多故，南山多匪。）关西亦然，民贫多游，俗敝乱伏，为之蒿目，尊处

---

① 此信写于光绪十七年，李用清于光绪十七年丁母忧。

及直隶一带如何？专函奉唁，即请孝履诸希保重，不尽何云。

治愚弟阎敬铭顿首
小儿迺林、迺竹侍叩
八月廿七日

哲昆大兄及诸位令侄均唁，贤郎近好。

苦无寄函处，托北相驿伺各省折差带平定州，不知何日到也。十一月十一日敬复。

仪若日记（三）

邹嘉来 著　张易和 整理

编者按：本期及下期（总148号）发表的邹嘉来《仪若日记》（三）（四），为前刊《仪若日记》（一）（二）的续篇，起讫时间为光绪三十四年（1908）六月至宣统三年（1911）四月。原文中同一人名、字号前后书写不同处一律保持原貌，望使用中注意。手稿本原件共四册，藏上海图书馆。

光绪三十四年戊申，余年五十六岁①

自去腊悼亡之后，心绪无聊，日记久辍，忽忽已半年矣，略叙大概于左。

去腊二十六日为石夫人设奠，二十七日发引，停于长椿寺。二十九日蒙恩赏"宜春锡福"春条、荷包、银锞、果盒。新正销假，到署理事，分别谢客。客或误为贺年，仍来答。

苏杭甬路事经胡馨吾、高子益与英公司代表璞兰德磋议，改苏为沪，由邮传部间接。嗣江浙铁路公司代表许久香、孙问清复与邮传部商订章程，作为部拨存款，年息五厘半，其余亏耗由江

整理者：张易和，北京大学历史系硕士研究生。
① 该册封面题："怡若日记，邹嘉来，清末邮传部尚书。戊申至己酉正月。稿本。"

浙督抚，度支、邮传两部分认，先后具奏定议。此事得失皆非余所能为，谤言虽息，思之犹有余感也。

二月初九日迁居二条胡同，时高子益放临安开广道，旋出京。三月十六日三弟自苏来视我，相聚月余。胡馨吾奉使日本，荐孙干甫为书记。五月十四日出京，请假两月，赴沪省母，其所寓老虎洞马将军亮之屋，由余接租，十六迁入。三弟廿一南旋。二弟妹由粤东回苏，亦于三月十六率苍侄妇及诸侄孙到京。弟妹旋于四月廿三日挈侄孙阿捷，赴其弟琴坡山西河津县任所，约暑后由晋回粤。五月廿一日石夫人灵柩南归，萱儿夫妇扶护，由火车到津，欢儿送至津即回。搭新济轮船，廿三开，廿六抵沪，廿八抵苏，停牛王庙，六月初十日在宝积寺设奠。

署中左参议杨星垣（枢）、右参议梁孟亭（如浩）先后到。又调南斐洲总领事刘葆生（玉麟）为会派查禁烟事，先在丞参上行走。驻美代办周子仪（自齐）在丞参上学习行走。馨吾来电，廿七东渡，调褚德芬充学务书记。陈亮伯放福建盐法道。刘我山作古，寡妻稚子，同署赙赠甚厚，为集资经纪其丧，并存款，以资养赡。陈征宇补庶务司掌印，曹润田主稿，吴剑秋帮主稿；饶简香充榷算司主稿，江子稼帮主稿。缺则长寿卿补郎中，润田补员外，士笙浦补主事，范赞臣补司务。皆四月间调动也。

四月初八日蒙赏绿豆，十二日蒙赏纱葛，五月初四日蒙赏角黍，均于次日谢恩。每于奏事正班，偕同事赴公所见袁宫保。公所新建一厅，陈设完美。四月十五六两日游宴，各使馆人员均于此接待焉。瑞典遣使臣倭侨白议约，由联侍郎与之商订，五月初四日画押。日本使林权助四月十六日回国，经唐中丞与议鸭绿江木植章程，濒行始定，间岛界务驳辨未了。云南河口为越南之革匪攻陷，分三股内犯，经滇督调兵剿平，败匪仍逃回。我兵在飞龙汛追击，越界伤法员兵，法人以此要挟。彼派广州领事魏武达，我派高子益会查。现魏抵保胜，正开谈判。又广西之峙马，法亦言有华勇抢掠事，始派子益，法使言其病，不能离蒙，已电粤改派魏瀚矣。美国减收赔款，我允多遣游学以酬之，与美柔使互换照会，并拟奏请特派大臣前往致谢。闻二弟委小淡水，六弟则于三月杪交卸乐平回省。同侄患痧症故，年已十六，读书通达，幼失怙恃，为六弟夫妇抚养，竟不能望其成立，殊堪痛惜。六弟来书，欲嗣艾儿，俾之无母有母，已勉允之。

六月十九日癸酉　淡晴。都中初夏甚旱，五月后迭次得雨。现值溽暑，晴则热，雨则凉，湿蒸殊甚。广东三江水涨，基围冲决，灾情奇重，已奉发帑赈济。晋鄂铁轨皆有被水冲陷之处。日本福岛中将来京，陆军部以其教育武备人才，请给头等第三宝星，今日赴津，将游汉湘，部电督抚照料。吴挹清（宗濂）交卸代办驻奥使事及欧洲留学监督，到京来晤，因保使才，调部行走也。文博亭之弟畅廷（文惠）亦由法馆偕归。接陈子久（恒庆）同年书，已到锦州府任。

二十日甲戌　阴雨竟日彻夜。部电已革知府刘鹗前卖晋矿，并勾结外人图利等事，现在江宁，由南洋大臣密拿，复电已获，拟片奏请旨。散衙后，偕征宇、子稼至佩葱处，弹雀获彩。粤汉铁路赎回后久无成议，特派张枢相督办。

廿一日乙亥　雨，至午后止。就许静山高庙之招。

廿二日丙子　晴，凉爽。赴园。公所见那、袁、梁三堂，定议复西藏商埠章程，经赵大臣尔丰奏请磋改，声明无可再议奏稿。美国减收赔款，本部奏闻，奉旨派奉天巡抚唐绍仪为专使大臣前往致谢，加尚书衔，并交片令考察各大国财政，商办免厘加税。附片刘鹗惩处，奉旨发往新疆，永远监禁，并将财产充公，当电江督遵照。高子益来电，法领魏武达争执飞龙一案，华兵越界确有证据，不能不认，枢堂令电滇督核办。夜有雨。

廿三日丁丑　淡晴。梁如浩补外务部右丞，张荫棠补右参议。晚就吴挹清福兴居之招。接刘颖如书。

廿四日戊寅　阴。梁孟亭又署奉天左参赞，张憩伯署右丞，周子仪（自齐）署右参议。奉懿旨：宪政编查馆、资政院会奏，各省限一年内设咨议局，开地方选举，由院、馆议章，预备宪法事宜，俟钦定开议院期限。接南昌电：玉到，年愈。六弟久无信，正深驰念，必因病势忽剧，电请三弟前往，既已告痊，稍慰悬悬，即复电询两弟行止。晚招杨星垣、马拱辰、吴挹清、联春翁、佩葱、文博亭、畅亭、和甫在东安饭店便酌。拱辰为星垣之婿，现充驻韩总领事，来京有面商事件；畅亭（文惠）为博亭之弟，甫偕挹清自法回。

廿五日己卯　阴。接三弟十八信，十九赴赣，因六弟有病惦记，特往视之，是病尚不重，已愈，亦可慰矣。直督杨士骧、东抚袁树勋均实授。皖抚冯煦开缺，另简朱家宝调补，未到任前继昌护理。陈昭常署吉抚。梦华察吏勤民，不安于位，其归志本早定，亦不关一时之得失也。

廿六日庚辰　畅晴。赴园。皇上万寿，于辰正二刻升仁寿殿受贺，随班行礼。午后与佩葱、崑峰、征宇看竹，小胜。

廿七日辛巳　晴。接萱儿禀。贺张憩伯、曹梅舫，未值。晤孙叔和。滇省飞龙越界案电复滇督，令高子益仍斟酌情形，与魏领谈判。

廿八日壬午　晴热。黄伯申招饮聚丰堂。

廿九日癸未　晴，热甚。致梦华书。余尧衢来电，丁母忧，复唁之，并代致两科同年。

七月初一日甲申　阴雨。高子益来电，滇案不能不认情形。法使亦到署，开送魏领所查四款。保和会研究七次，分别画押、不画押，堂批如拟。派周自齐、陈懋鼎、吴宗濂会同筹办国际公法研究会。王吉甫（广圻）事竣，请赴和署参赞差，亦奉准。答吉甫，晤谈。夜，那相招饮，座皆丞参。

初二日乙酉　晴。滇案仍由庶司拟复高道，赔恤焚掠款可给,惩犯须留地步。接三弟九江信。

初三日丙戌　晴。过陆凤老,复发喘病,已请假;又过少楠,延天赐庄李医戒烟;又过梦陶,均晤谈。夜,在东馆约曹梅舫、彭向青、李橘农、易丞午、孙叔和、蒋焕廷(坚志)、金康伯、江僎侯饮。

初四日丁亥　晴。高子益来电,会查飞龙案,将画押,其势甚孤,所处极困难。甚矣!外交之不易也。晚,王吉甫招饮于福寿堂。

初五日戊子　晴,夜雨。马拱辰开一节略,为驻韩各馆署经费事,嘱代呈堂核定。接三、六两弟书,六弟已愈,三弟亦将回苏。

初六日己丑　晴热。到颐和园公所见宫保,联、梁两侍郎。值日,到衙。马拱辰经费照准。文博亭之弟畅亭(文惠)派法文翻译二等。宫保送菜而未陪。饭后回署,并谒那相,为日本武官带兵经至门楼胡同捕拿日本人川喜多即张寿芝,办照会诘问。夜闻炮震,询系德国兵房失慎。

初七日庚寅　晴热。送唐少川尚书回奉天。闻昨夜德兵房被焚,因枪炮弹轰炸,毙德兵及法兵各二人,伤十余人云。高子益电,初四日与魏武达会签之华文谈判,又沥陈为难情形,自请严议,为之预备进呈。复三弟信。接胡馨吾信。

初八日辛卯　晴,连日炎暑,为近年所未有。早,至车站送梁孟亭赴奉天。过恽薇孙、秦佩鹤,未值。少楠戒烟未起。与颐斋谈良久。问寿州师相病。贺彭向青选延建邵道。至全蜀馆,与己丑公请李橘农。到署已晚。子益电,奉旨:苦心磋商,能见其大,仍令坚忍耐性,勉为其难。圣明洞鉴,足令任事者感奋。滇省京官尚有请都察院代递公呈,局外议论,不知局中委曲也。闻苏皖国会请愿书本日亦由都察院代奏。接备庵信,考商科有两题不及格,须补试,今冬或明夏方能归国。

初九日壬辰　晴，仍热，傍晚微有阵雨，即止。拟滇案如何与法使辨论节略。寄六弟书。

初十日癸巳　晴热。滇案枢堂批示办法，由庶司拟照会，并复高子益电。接伯唐书，四月十七发，今始到。

十一日甲午　晴热。致伯唐电，告以那相意，经费须电度支部核拨。致子益电，慰问近状。

十二日乙未　晴，立秋，酷热，夜不能寐。法使有照会来，滇案置山西路不提，索惩犯、恤款、调督、赔损失。照会稿已拟，复改，前二允，后二驳。

十三日丙申　晴热。河南候补知府保举人才胡锐生（鼎彝）同年来拜。许静山来谈。王劼甫（广圻）辞行。杨星垣请开缺回广州驻防原籍修墓，邸堂批给六个月假，仍代奏。苏省同乡在省馆公请李橘农，又请开国会之代表孟庸生（昭常）、雷继兴（奋），宁藩樊（增祥）、苏粮道惠（纶）二公未到。接子益电，仍有去滇意。

十四日丁酉　淡晴，尚郁热，夜雨。致三弟书寄苏。昨接信，六弟病后发疟稍愈，初三日三弟由江右回，计早抵里门矣。

十五日戊戌　晴。接三弟初九信，已于初六抵苏。

十六日己亥　晴。偕同人到公所，那、袁、梁三堂议事，宫保留午饭。杨星垣请假，奉准。吴佩葱简署左参议。过海淀，见杨莲府制军同年，新补直督，来京陛见也。访张仲弻同年，议于廿一日丙戌与壬午等科音樽，公请莲帅。慰史季超丧妾。到署。

十七日庚子　晴。沈竹彬（启贤）来，塔木庵、续景班均来。接澄儿江宁来禀，初十考后回苏。

十八日辛丑　晴热。至公所，偕憩伯、子仪见邸、枢堂，请派饶简香署榷算司掌印，文博亭署主稿，恩崑峰署帮印，吉书庵署帮印上行走，嵇涤生充庶务司额外帮主稿行走。

十九日壬寅　晴。答沈竹彬。祝王君九萱寿。驻藏赵大臣来电，藏人公禀，联大臣不愿接待。夜雨。

二十日癸卯　晴，昨夜雨。胡仲巽（惟贤）来，派驻奉铁路提调，将赴奉。刘我山夫人来谢。接褚清如书，已抵东京，派学务书记。接三弟书，芷叔婶为觅韩姓旧婢萧氏，四川人，年廿四岁，十三接至家中。澄儿禀，初十考试，十一回苏。午帅情意甚厚，深为感佩。张憩伯约谒项城宫保，议西藏事。就延锡九高庙之招。晤许静山。

二十一日甲辰　阴。壬午、丙戌两科团拜，公请杨莲帅。午间到湖广馆，候至申初客到，即与憩伯回署。拟询驻藏帮办温宗尧行期，及致联大臣派藏官照料电。赵大臣事已由枢电询联大臣矣。

二十二日乙巳　晴。法巴使晤那堂，论滇案，尚和平，并允商赎路事。吴念椿（毓桂）由威海来，家乡旧友也。接婺源朱内姨母致内子信，历叙旧事，而亡者已不及见矣。又内表弟朱祖义（祖安）信，欲谋出路，以科举废，虽游庠，亦无进步之故。过塔木庵。

二十三日丙午　阴，午后雨。祝少楠四十寿，那相寿。偕佩葱、征宇、崑峰看竹。

二十四日丁未　晴。祝梁崧生太夫人寿，未见客。夜邀沈竹彬、刘蔚臣、吴念椿、顾□□[①]、施友山、彭祝罿、聪生饮。

二十五日戊申　晴。接三弟信，云澄儿等拟廿一起程。项城函交邮传部李尧岑参议说帖，请编《外交始末记》，商各堂。查陆春江中丞已刊有《各国立约始末记》，再编似嫌重出，且官书与私家著述不同，似宜慎重。

二十六日己酉　晴。至公所，联堂到，项城未见。午后偕木庵谒邸，因华俄银行亏空无余利，向拨俄文学堂经费无着。查二

[①]　原文空缺二字。

十五年俄代办宝至德禀留余利六万两，存五厘息，经总署札准，请将此款归俄文学堂动用，邸允照办。夜，梁崧生招饮，观剧。

二十七日庚戌　晴。至车站，送杨星垣回广东。张季馥世兄来谈。又潘殷其（咏雷）来拜，旧姻，为表再侄，现肄业法政学堂。过吴向之。农工商部左丞耆龄、邮传部左丞那晋均升阁学。云南设交涉使，以高而谦补授，电贺之。

二十八日辛亥　早晴，午阴，夜雨。至车站，送杨莲府制军回天津。六弟乐平任内剿匪出力，经护抚沈保以免补同知，以知府分省补用，吏部于廿七日议复照准，即电告之。作六弟、三弟书。子静书来，即复之。

二十九日壬子　晴。接三弟书、澄儿禀，因有寒热，已就愈，尚未动身，即加函复三弟。居停马明山（亮）都统邀饮于会贤堂。法巴使来署，与那相议滇案，赎路事须由中国提议，伊可转达政府云。接谱桐书。

三十日癸丑　晴。梁燕生交来钟紫垣给三弟札，派为沪宁铁路调查商务委员，月薪三十元，即函致三弟寄去。致二弟书。复汪伯唐书。

八月初一日甲寅　晴。聪生来辞行。三弟信，澄儿热渐退，即加函复之。晚至车站，迎唐少川专使。接凤永叔书，进中秋贡礼。

初二日乙卯　晴。蒙恩赏灰色缎一匹、石青江绸一匹。至车站，送聪生行，到稍迟，已不及。过塔木庵，同至俄文学堂。接胡馨吾书。

初三日丙辰　诣园谢恩，适值大雨，午后雨止始回。电旨：因藏番抗拒赵大臣尔丰入藏，令川督布置，节节稳进，并将联大臣电转寄二赵阅看。滇案法使照复及商赎滇路情形，电知驻法刘使及滇督。就庶司福兴居之招。

初四日丁巳　晴。复馨吾书。致三弟书。接根荪书，已抵汉阳任，其恽氏媛归宁，亦回京。就孙叔和江苏馆之招。

初五日戊午　阴。祝振贝子萱寿，庆邸侧福晋也。观剧。过陆凤老。自初三雨后甚凉，可御夹衣。夜雨。滇督电，高子益与法雷领谈赎路事，切驳之，甚有见地。接六弟书，拟节前回苏。

初六日己未　早阴雨。法使到署，赎路事又须缓至工成后，与前说不符。偕同人至颐和园公所见袁枢堂。又偕佩葱谒唐专使。傍晚，偕憩伯、挹清至庆邸第观剧，亥刻散。

初七日庚申　早阴，午后雨，日夜未停点。将法使昨日问答电告刘使。接三弟书、萱儿禀，病已退，尚须调理，即作复。接二弟书。佩葱邀源丰堂饮，后复约子仪、和甫共竹戏。

初八日辛酉　阴雨，至申酉间始止。

初九日壬戌　阴，申刻雨雹。佩葱放湖北荆宜道，黄诰、杨兆鋆发江南，许珏、许台身发广东，以本班补用，均存记，奉使归者皆有位置矣。新任俄使廓索维慈到署，各堂接晤。日代使阿部来言，报载伍大臣所论中美联盟事，颇致疑问。

初十日癸亥　晴。接三弟书，澄儿病已愈。六弟书，拟初七由江西起程，偕弟妹回苏。

十一日甲子　晴。傍晚过佩葱谈。

十二日乙丑　阴雨。蒙赏月饼四盒。接澄儿禀，因补写试卷，又迟行期，寄来端午帅书。

十三日丙寅　晴。赴园谢恩，见邸堂，定曾霁生郎中拟正，饶简香拟陪，恩崑峰补员外；榷算司掌印补简香，主稿补文博亭，帮主稿补恩席臣，左参议缺，开单请简署，即拟奏稿呈定。归途过静山谈，座次晤刘幼云（廷琛，大学堂监督）。接俞诇庵书。

十四日丁卯　晴，午后阴雨，雹。寄三弟书，旋又接来书。

十五日戊辰　晴。贺孙师节，答徐筠心（人镜）。连日均到署，无甚要事。复耕生书。

十六日己巳　晴。至公所，内务府预备赏达赖喇嘛珍物，邸、枢堂均来观。吴挹清署左参议。请赏使臣宝星折，专使唐绍仪头等第三宝星片，请派伍使与美订公断约折，均奉准。约憩伯、子仪、燕生、挹清、宝森、绍庭游万生园、农事试验场，食宴春园番菜。

十七日庚午　晴。

十八日辛未　晴。子静来，晚约其弟子欣（志憘）、何梅阁（其坦）、戴绥之同饮于东安饭店。

十九日壬申　淡晴。项城尚书赐寿，观剧。

二十日癸酉　阴，午后雷雨。项城生日，仍往观剧。接沪电，澄儿等乘新裕行。接高子益书。

二十一日甲戌　晴。昨居停马明山（亮）放成都将军。

二十二日乙亥　晴。致胡馨吾书。

二十三日丙子　阴，有雨。子静连日下榻，晚间畅谈。

二十四日丁丑　畅晴，风大。早谒唐星使，并访容赞虞（揆）、刘月锄（家照），为萱儿赴美游学事。午后萱儿夫妇、两孙女、武侄并新来之萧姬均到京。接六弟信，十三抵沪，与家人均相见，廿三回苏。戴绥之签掣四川知县，验放后，于今日回南。子静早间亦赴津。致三、六弟书。

二十五日戊寅　晴。到园，俄使廓索维慈递国书，和使希特斯辞行回国，同于巳刻分起觐见。礼成，在公所饭后始散。归途与同人谒庆邸次子镇国将军载搜，未值。系随唐使历聘，派充头等参赞。晚就长寿师、王鲁藩、汪书堂招。

二十六日己卯　晴。答俞寿田（锡畴）、潘子欣（志憘）、赵缜卿（锡年），均晤。苏静庵（品仁）同年来京验放，晤谈。本日具奏藏印通商章程，请批准，奉旨：依议。昨因梅坡随使，请邸堂点派霁生署和司掌印，久山署工司主稿，滨南署和司帮主稿，茂竹署帮掌印行走。晚就杨仲卿招。

二十七日庚辰　晴。载摉奉赏头等第二宝星。

二十八日辛巳　晴。阜城门外月坛陪祀。访褚逊之（树显）。

二十九日壬午　晴。早车送唐少川专使出京。午，许静山同年来，留饭话别。先祖忌日，设祭。

九月初一日癸未　晴。早车送庆邸次子摉将军出京，本署祝砚溪随行。午后会晤，余见俄翻译柯理索福，论英王后裔隆照因盛京旧产被俄兵毁失向俄索赔事。英翻译甘伯乐论西藏通商章程换约事。

初二日甲申　晴。午就崑峰、和甫东兴居招。夜就采南长吴馆招。香、开两侄于廿五日赴太原，谒其舅氏吴琴坡，侍母至石庄，由京汉路回南，渠等晚归。接潘季儒、汪荃台电，澄儿咨文已办。

初三日乙酉　晴。接三、六弟信，即复之。寄谱桐书。接待美舰，奉旨派贝勒毓朗、外务部右侍郎梁敦彦前往厦门劳问。夜在长吴馆约马明山（亮）将军、苏静庵、黄宣廷、高仲瑊、吴佩葱、张在初、赵缜卿、张采南饮。

初四日丙戌　晴。达赖喇嘛到京，派博公至保定迎劳，泽公又与奎尚书、那相、寿尚书、凌府尹、阮①府丞在车站接待，住安定门外黄寺。那相本约德雷使及其参赞穆修士、翻译夏礼辅于十二钟游万生园，适于一钟三刻迎达赖，不克亲到，余随同联侍郎、周子仪、刘葆生、陈征宇、曾霁生并园总办诚玉如、那相子侄作陪。雷使仅观动物，饭后先行，余等周历植物园及各庭宇，薄暮始入城。就苏静庵同丰堂之招。

初五日丁亥　晴。英使以西藏通商章程互换文凭内加"代

---

① 此处字形似为"阮"。此时顺天府府丞为李盛铎。见清华大学图书馆、科技史暨古文献研究所编：《清代缙绅录集成》第87册，第68页，大象出版社2008年版。

西藏行事"字样，驳删不允，与憩伯等商拟电致李使，向外部商改。夜，那宅请俄使，饯和使。

初六日戊子　晴。早在车站送和使希特斯回国。

初七日己丑　晴。至公所，见枢堂，商劳问美舰、照料达赖等事。李使电，又加数语即发。

初八日庚寅　晴。派达寿、张荫棠随时照料达赖喇嘛。为朗贝勒、梁侍郎出京事电闽沪等处。霍骞甫初六作古，往吊之。就袁静生招。

初九日辛卯　晴。甘伯洛来云，英外部允删前语。

初十日壬辰　晴。在延寿寺街本馆新修厅事宴汪撷荀（瑞闿）、俞寿田（锡畴）、祝芝生、邵厚甫、沈□□①（秉憼，云轩之子，粤来）、徐性柏、徐筠心、吴赓夔。贺汪凤椿完姻。

十一日癸巳　早淡阴，午晴。纳姬萧氏，四川成都人，年廿四，命之曰眉宜。梁侍郎偕朗贝勒请训。

十二日甲午　晴，旋阴，傍晚雨，即止。憩伯因照料达赖事，商派郭家骥、刘田海、恩庆、杨书雯、陆国祺、蒋崇谦、于德濬、文惠接待外国人之来见者，实监察之。夜就张仲弼（丕基）、连贻孙（培型）湖广馆之招。

十三日乙未　晴。梁侍郎带曾霁生、联瑞庭、继琨侯、唐介臣作随员。何蔚高（藻翔）同年回京。

十四日丙申　晴。到西车站送朗贝勒、梁侍郎行。约憩伯、燕生、挹清、子仪、葆生正阳楼食蟹。复偕张、吴同谒袁宫保、庆邸。饶简香点郎中拟正，豫绍庭拟陪，员外郎江子稼拟正，朱季衡拟陪，并充考工司帮主稿，何蔚高补主事。宫保因足疾请假五日。

十五日丁酉　晴。美使会晤，与联侍郎同见。

---

① 原文空缺二字。

十六日戊戌　晴。曾伯厚（福谦）同年来。

十七日己亥　晴。约佩葱、子仪、征宇、季衡、子稼、崑峰、剑秋、和甫早晚饭，雀叙。

十八日庚子　晴。昨夜食过饱，客散即睡，胸次未能运化，寅刻起，颇觉涨闷，饮普洱茶，复睡一觉而愈。时已辰初，即驾车驰至颐和园公所。英使及其水师提督蓝伯敦甫到，巳正觐见，那堂述答敕，联堂传温谕。礼成，在公所午饭，英提督等复瞻仰三海。

十九日辛丑　晴。与憩伯商禀各堂添派东、俄、德文翻译。在黄寺随同照料，因各国人员多请见达赖也。

二十日壬寅　晴。达赖喇嘛在仁寿殿陛见两宫。致雷亲家信，并唁潘子静信。

二十一日癸卯　晴。萱儿游学美国，承两江制军端午帅给官费，今日启行赴津，随李梅坡诸君于九钟开车。余送梅坡，适苏州提学使樊介轩出京，顺与送别。

二十二日甲辰　晴。石夫人生辰，设祭。接三、六弟书，即复。

二十三日乙巳　晴。东督报，延吉日宪兵为修建分遣所，我巡警往阻，彼竟开枪，伤六人，毙二人。适阿部向那相提及，即照会诘问，并电胡使向日外部理论。谦麦来电，厦门大风雨，所办帐棚陈设均毁坏，赶紧加工修理。

二十四日丙午　晴。周芝筱邀午饭，看竹。那相邀晚饭，陪吴佩葱。

二十五日丁未　晴。日本新使伊集院彦吉到部会晤。

二十六日戊申　晴。两宫驻跸西苑。延吉案复电胡使，并照会日本使，要求五事：大旨责官、惩犯、索偿、撤兵、勘界，并以路透电韩报为中国兵开枪，造伪乱真，开具事实，交报馆登布，皆枢堂意也。

二十七日己酉　晴。备庵来信，已毕业，可得学士位，明年西七月领凭回国。袁宫保到署，与那、联堂商定公事甚多，计在颐和园入直已半年矣。

二十八日庚戌　晴。那相奉命试陆军毕业学生，连日不到署。

二十九日辛亥　阴。袁宫保到署，会朱尔典，谈署中官制事，令同人参酌各国办法。驻法刘使请代，由丞参致电慰留，拟照新章改实官云。夜就梦陶、袁仲默之招。

三十日壬子　阴雨。

十月初一日癸丑　晴。送佩葱行。至十里庄苏太谊园，范文正公余主祭，亭林先生胡绥之主祭。本年亭林先生与王船山、黄黎洲两先生同从祀孔庙云。饭后过萧次修（永熙），看竹，食番菜。其妻英人也。

初二日甲寅　晴。日本使臣伊集院彦吉觐见。

（眉注：皇上圣躬未安，伊使在勤政殿递国书，仍由大清门入，从权也。）

初三日乙卯　晴。俄使来照会，撤驻京津卫队。萱儿廿五日到沪，今日系放洋之期。

（眉注：初二日蒙赏石青江绸一匹、灰色缎一匹，初三日进西苑谢赏。）

初四日丙辰　晴。袁尚书宅，与各堂公宴日本伊集院使，丞参作陪。

初五日丁巳　晴。拟复俄使撤兵照会，并电萨使传旨致谢。日本来照，先撤兵三分之二，亦酌复之。晚在长元吴馆，邀梁慎始等饮。

初六日戊午　晴。美柔使晤那堂，论派游学事。是日美舰抵厦门。袁尚书约振、伦两贝子，世相，外、商两部堂官、丞参观剧，谢祝生日也。移居西堂子胡同，较旧居稍宽适。自初一日佩葱行后，于初三日接租，陆续般运家具，至今日进屋。居停嵩姓，官金华府，惟其弟寓间壁。月租五十金，距署不半里，亦一便也。

初七日己未　晴。致颖如信。复蔚芝信。

初八日庚申　晴。日本锅岛、细川侯爵、清浦子爵到京。

初九日辛酉　晴。六弟来电，乘安平船由沪开。

初十日壬戌　晴。致汪伯唐信。寄备庵书。皇太后万寿，进西苑恭祝。仆王忠料理朝冠迟缓，斥遣之。英、比皆电祝慈寿。美舰在厦者悬旗升炮，其水师提督亦电祝，并谢接待，均拟复。夜微雨。

十一日癸亥　晴。日本锅岛等瞻仰颐和园。朗贝勒、梁侍郎电请赏美舰官弁宝星。

十二日甲子　晴。接徐菊帅书，为派吴禄贞议延吉厅中日交涉顾问事。朱使会晤，催江北厅矿务、铜官山矿石、腾越铁路各事。

十三日乙丑　晴。答徐受之（寿兹）直刺。过凤老、少楠。吴绶卿（禄贞）来署，谈延吉情形。

十四日丙寅　晴。为铜官运矿事电询皖宁。两日均至车站迎六弟，未到。接澄儿神户初七日禀。

十五日丁卯　晴。早至东车站□①庆邸，因赴东陵验收万年吉地工程也。祝绍越千侍郎萱寿。率子侄迎六弟，于两点钟到京，十年之别，不胜快慰。就江僎侯招。

十六日戊辰　晴。夜就英朱使跳舞会，英皇生日也。

十七日己巳　晴。过瑞鼎臣侍郎，言六弟执贽事。贺善芝侨嫁女。慰沈雨人丧子。祝陶舅婆生日。闻两宫不豫，枢臣未能逐日召对。寄澄儿第一号谕（十五发）。

十八日庚午　晴。与同人研究延吉界务及韩民越垦事，以备与日使开议。

---

① 此字墨污不清，据文意应为"送"字。

十九日辛未　晴。闻庆邸将回，晚至车站迎迓，旋得电，住燕郊，遂散。

二十日壬申　晴。辰刻庆邸回京。午后奉懿旨，醇邸授摄政王，子溥仪留宫中教养，并在上书房读书，即照会各国。

二十一日癸酉　晴。昨夜署中东院电灯机器房锅炉生火，洋工程师詹美生并未留人看守，以致延烧木架，经恒子友车夫瞥见火光，赶紧救护，幸即扑灭。闻皇上病笃，傍晚惊闻西正二刻三分驾崩，曷胜悲痛。夜间即驰至西苑公所，润田在直，拟电及照会，赴告各国。奉皇太后懿旨：以摄政王之子溥仪入承大统，为穆宗毅皇帝之嗣，并兼承大行皇帝之祧；摄政王监国，俟嗣皇帝年岁渐长，典学有成，再行亲裁政事。

二十二日甲戌　天色阴晦。大行皇帝巳刻在乾清宫成殓，百官齐集，奉上谕：尊皇太后为太皇太后，皇后为皇太后。晚间又惊闻太皇太后于未正二刻三分仙驭升遐。连遭大丧，天崩地坼，薄海臣民无不悲哀感恋。自维薄植，以郎官洊跻卿秩，三次召对，天颜温霁，慈旨嘉勉，感激涕零，不知所报，益觉五内傍皇，攀号何及。与征宇拟电各使及照会各国。

二十三日乙亥　晴。辰初三刻于乾清门外随班行礼；辰正太皇太后在皇极殿成殓，于宁寿门外随班行礼，均痛哭失声。嗣后每日三祭，余必一到，不备叙。与征宇同拟两次讣告国电。

二十四日丙子　晴。

二十五日丁丑　晴。

二十六日戊寅　晴。除进内行礼外，皆到署，料理吊唁电报、照会等事。

二十七日己卯　晴。卯正大行皇帝殿奠，随班行礼举哀，料理各国使臣明日进内恭奠事宜。上谕两道，一申明摄政王监国大权，一查禁造谣构乱匪党。接复庵书。

二十八日庚辰　晴。各国使臣进内恭奠，随同照料。太皇太后殷奠，随行礼。廿六夜，安庆省城外马炮二营兵变，朱抚由阅操处先回防御，匪不得逞。宫保约往，令拟监国摄政王礼节。

二十九日辛巳　晴。所拟礼节，余撰大要曰：尊名分，重事权，肃体制，通上下之情，联中外之谊。同人会商条目，即日稿成，送内阁。

三十日壬午　晴。致高子益、曹复庵书。那相约往，叙日本阿部参赞问答，谓其外务大臣小村向各使述中国能保治安，并电查禁革党滋事及私运军火，示见好之意。中国政府电复道感。迭接曾霁生书，已抵汉口，前在皖商铜官山事已有大概，电复嘱其北旋。接三弟书。

十一月初一日癸未　晴。嘱和司查明，凡各处电报、照会致唁国恤，分别复谢。美与日本互换照会，有尊重中国主权，保全本国商务之说，与日本向英、俄、法协约同意。柔使密告枢堂，意在见好，而其译汉文有"保护"字样。枢堂嘱周子廙等细译，语气不同，无从拦阻，惟告以唐使到美商办一切，须彼此推诚而已。

初二日甲申　晴。连日皖电兵变事，幸有湖北楚材兵轮内外夹击，太湖援兵亦到，匪遂溃散。江督在安庆与巡抚商办善后，初一回宁，惟匪尚有数百人窜往桐、舒一带，派兵追剿。

初三日乙酉　晴，风大。霁生回，来谈。闻杨彝卿观察作古，到芜道任未久，缉叔又少一好友矣。

初四日丙戌　晴。唐使已抵美。

初五日丁亥　晴。皇上登极，定初九日午初颁诏受贺。

初六日戊子　晴。卯刻大行皇帝初祭，随班行礼。

初七日己丑　晴。外部初次值日，驻法刘使奏改二品实官。

初八日庚寅　晴。日本伊集院使见那相，论撤兵及拟派大使送葬事，为写问答。

初九日辛卯　晴，和风丽日，气象光昌。午初初刻皇上登极，升太和殿受贺，摄政王扶抱，王公百官咸集。礼成，在天安门外跪听宣诏。复三弟书，上缉叔书。德、日有国电致贺，拟国电答谢。塔木庵与吉嘉甫因俄文学堂招考稍有龃龉，当过木庵和解之。

初十日壬辰　晴，微阴。巳刻大行太皇太后初祭，随班行礼。日本使送美日协约到署。

十一日癸巳　晴。谢登极恩诏加级，内阁办奏。午间至内阁，书上大行皇帝尊谥、徽称会议奏稿。致吴佩葱书。

十二日甲午　晴。卯刻大行皇帝初祭，随班行礼。至内阁，会议监国摄政王礼节，共十六条。其见外国使臣礼节全采外务部议，中有漏字，告那相更正。

十三日乙未　晴。闻尊谥"景"，庙号"德"。

十四日丙申　晴。内阁画大行皇帝谥号二次会奏稿。大行太皇太后大祭，随班行礼。摄政王礼节，言官尚有驳议。

十五日丁酉　晴。会奏折上，奉上谕：恭上大行皇帝尊谥曰"景皇帝"，庙号曰"德宗"，徽称曰"同天崇运大中至正经文纬武仁孝睿智端俭宽勤"。

十六日戊戌　晴。巳刻大行皇帝梓宫奉移观德殿，在沙滩跪哭，步送暂安后，随班行礼。至内阁，会画大行太皇太后尊谥徽称奏稿。皖电余匪已击散。

十七日己亥　晴。本部具奏致各国告登极并委任驻使国书，又为唐大臣加备考察财政国书。

十八日庚子　晴。至内阁，会画恭上大行太皇太后尊谥稿，又摄政王礼节稿。昨英使来署，催铜官山、江北厅各矿务案。

十九日辛丑　晴。接佩葱书。梁侍郎到，至车站迓之。

二十日壬寅　晴。奉上谕，恭上大行太皇太后尊谥曰"孝钦慈禧端佑康颐昭豫寿恭钦献崇熙配天兴圣显皇后"。监国摄政王礼节十六条亦奏准。霁生约与秦幼衡、王聘三两同年谈。便饭后至第一楼,与少楠、怡斋、六弟等茗话。又至致美斋晚饭。

二十一日癸卯　晴。大行皇帝满月祭,至观德殿随班行礼。是日梁侍郎初次由监国摄政王召对,先向养心殿御座请皇上安,入东暖阁,监国摄政王西向坐,北置五座,命梁坐,对毕退出。

二十二日甲辰　晴。大行太皇太后满月祭,进内随班行礼。至俄文学堂,答新延教习阿理克。刘葆生、吴和甫等为禁烟会议事赴沪。

二十三日乙巳　晴。过梁侍郎。送吴和甫。

二十四日丙午　晴。上皇太后徽号曰"隆裕"。

二十五日丁未　晴。过幼衡。答庄纫秋。

二十六日戊申　晴。以上隆裕皇太后徽号,推恩庆邸世袭罔替,军机均加宫衔,赏紫缰。项城得宫太保,与同人往谒。那相得宫少保。

二十七日己酉　晴。接胡馨吾书、澄儿禀。

二十八日庚戌　晴。复馨吾书。谕澄儿二号。六弟验看。

二十九日辛亥　晴。长至。观德殿大祭,随班行礼。

十二月初一日壬子　晴。接梦华宝应书。

初二日癸丑　晴。复佩葱书。

初三日甲寅　晴。沈达、李世中赴法充翻译。

初四日乙卯　晴。益都县李祖年(揖臣)来,耕生之亲家也。

初五日丙辰　晴。六弟验放。约钱铭伯、秦幼蘅、王聘三、曹价人四同年,曾霁生茗话。

初六日丁巳　晴。项城自拟美派大使节略,由军机、外部合画,呈摄政王。日使伊集院到署,开议东省路矿及延吉六案。

初七日戊午　士茗廷丁忧开缺,以吉书庵请补主事,皂东侯借补司务,呈邸堂点定。

初八日己未　晴。奏派员会议禁烟并请派大臣督率,派出端方;又禁莫啡鸦事,商允各国照行,具奏通饬。唐使电称,带留美学生百四人见总统。

　　初九日庚申　晴。美拟派大使，项城请准，上意不然，电唐使婉复。

　　初十日辛酉　晴。邸堂因召对时下阶几致倾跌，请假未入直。是日，各国元旦，差片致贺。夜约庄纫秋、施列仙、徐岫芝、赵李卿、曹□□①、梁巨川、史季超茗话。

　　十一日壬戌　晴。那相入军机，袁宫保开缺回籍养疴。

　　十二日癸亥　晴。梁崧生侍郎署外务部尚书、会办大臣。程书畬约竹叙。

　　十三日甲子　晴。唐少川奉电，催早日赴欧。

　　十四日乙丑　晴。袁宫保回卫辉，孙慕韩到京。

　　十五日丙寅　晴。石夫人周年，设祭。

　　十六日丁卯　晴。奉旨：外务部右侍郎着邹嘉来署理。钦此。闻命感悚，时艰才绌，愧无报称，惟有勉尽心力而已。

　　十七日戊辰　雪。进内谢恩。张荫棠转左丞，吴宗濂转右丞，周自齐转左参议，曹汝霖署右参议。陶杏南来京。

　　十八日己巳　晴。李清芬放皖南道。拟各使见摄政王礼节。正班奏事，请派坎、温、仰各领事，开复沈麟书等折件。

　　十九日庚午　阴。到署封印，常服挂珠行礼。

　　二十日辛未　阴。日本使伊集院彦吉来署，与梁尚书议延吉及东省路矿各案。

　　二十一日壬申　晴。褚序兰（德言）由奉天来，荐与萧次修充书记。观德殿行二满月礼。

　　二十二日癸酉　晴。加班奏事，进内，请赏法使巴思德、派出使德国大臣荫昌随员等折。皇极殿行二满月礼。

　　二十三日甲戌　晴。过汪芝房、徐悦陶谈。朱远生来。

---

　　①　原文空缺二字。

二十四日乙亥　晴。法使巴思德辞行，见摄政王于养心殿东暖阁，随那相等带领。王高坐西面，法使及参赞坐于北，外部堂官坐于南，王握手慰劳，翻译侍立传述。礼毕，仍回上书房，果点后出。参酌西礼，纡尊优待，此创典也。

二十五日丙子　阴，午后雪至夜。梁尚书约往谈葡争澳界事，拟致刘、李两使及鄂督各电。

二十六日丁丑　阴。见那相。到署，约丞参司员议宝星事。午后雪，入夜较大。偕憩伯、燕孙在徐星署处看竹。

二十七日戊寅　雪。奉旨：赏庆邸头等第二宝星，那相、梁尚书头等第三，联侍郎、嘉来二等第一，出使大臣荫昌头等第三，余皆二等第一。刘使来电，与葡外部议澳界事，稍有头绪。

二十八日己卯　雪霁。进内谢恩，偕梁、联两公在内右门外谒谢摄政王。寿州师相枉顾，论铜官山复函事。

二十九日庚辰　晴。皇极殿、观德殿岁暮祭，随班行礼。

三十日辛巳　晴。铜官山事孙相国、杨侍郎复函，请部主持，责成督抚。英使亦有函致梁崧翁，谓凯约翰与李使议无成，催询办法。当与曾霁生商，拟电致江督、皖抚，以开办、合办两端决定宗旨，即妥筹电复。此昨与那相、梁尚书所商之意也。至庆邸、孙师、那相处请安，投谒。夜祀先，与六弟、远生合家吃年夜饭。御赐鹅二只、莲子、挂面。

宣统元年己酉

正月元日壬午　晴，丽日和风，升平气象。黎明进内，辰初三刻在皇极殿行礼，由北长街出神武门，进北上门，至观德殿行礼。进署小坐即回。与六弟率子侄等赛升官图，印儿初掷即得四红，佳兆也。少楠、诒斋来，饭后同至厂甸工艺局一转，在升平楼茶室瀹茗。晚归，食一品锅。

初二日癸未　晴。奉上谕：补授外务部右侍郎。钦此。天恩高厚，祖德留贻，实深寅感，自问菲才，叨兹殊遇，不知何以为报。那相补授军机大臣，梁崧翁补授外务部尚书、会办大臣。午后到署办谢恩折。发电致三弟。谒梁崧翁，即偕谒那相。晚，蔚若来谈，少楠、诒斋均来，为六弟饮饯。

初三日甲申　晴。进内谢恩，随那相、梁尚书同在内右门见摄政王请安。午后崧翁来，同至庆邸、各枢廷处投刺。夜就凤石尚书招。憩伯补左丞，子廙补右参议。

初四日乙酉　晴。早谒寿州师相，未值。午后各堂均到署，商拟电东三省总督，询派铁路总办事。又南洋致那相电，为许鼎霖议借洋款，同乡吴、沈诸君不以为然，为那相电复，宜审慎留意。汪书堂因父病乞假，往送之。

初五日丙戌　晴。谒顾三婶。答日本正金银行小田切万寿之助、实相寺贞彦。铜官矿事，南洋电复主合办，即电李使磋商，而英朱使来署，与梁尚书争执，竟至出言无理，当面折之而去。六弟于初三日由京汉早车率印儿起程，合家送至车站，余因进内，未及视其展轮，计今日可抵汉口矣。接二弟、三弟书。

初六日丁亥　晴。偕同乡谢蠲缓恩，在政务处便饭。海清借款，拟公电端午帅详酌。申刻偕梁尚书、润田、杏南至日本使馆，与伊集院彦吉议延吉界务。我之证据甚确，彼无可驳。余如新法路、抚顺矿皆议而未决，安奉路责以逾限，仍声明不得过十八年收回之期。复二弟书。

初七日戊子　晴。得颖如汉口电，六弟初五乘大通轮船行，即致三、六弟书。过梁尚书，议上海禁烟事，电复刘委员等诸宜谨慎。接谱桐书，即复之。

初八日己丑　晴。接粤督电，部拟派高子益勘澳界，请添派杨枢、梁诚，并欲调兵轮前往。午后朱使来言，勘界员如派定，请先知照，允之。

初九日庚寅　进内奏事，一夏季使馆核销，一请赏驻沪日领宝星。拟复粤督电，梁、杨无庸添派，兵轮不必调，并电刘使，以派高告葡外部。

初十日辛卯　晴。与蔚若、茝南借轶仲处，约同乡熟人小叙竟日。接澄儿禀，将往美京左近之爱施明恒加新预备高等学校肄业。

十一日壬辰　晴。连日寄咏春书、谱桐书，并详作澄儿谕。各国拟派贵族来京送两宫奉移，晚偕丞参谒那相，商酌接待。译学馆阳勉留，喜暂离，旷课太多，尚系迁就，不知务学，宜其有此，须痛改前非，方可自立。

十二日癸巳　晴。义牟署使会晤，催案数起，与之驳辨。俄廓使见梁尚书，议赎东清铁路，发电与萨使，向外部言之。复耕荪书。

十三日甲午　晴。偕梁尚书、润田、杏南至日本馆，晤伊集院，论抚顺煤矿，据会议录与辨。彼虽理屈，并不稍让。张季馥世兄来。

十四日乙未　晴。佩鹤乔梓假轶仲宅茗叙，看竹获胜。仍到署。铜官矿案，李使与凯约翰议合办，要求颇巨，复电驳之。十一日，各国在沪开禁烟议会，南洋大臣莅焉。

十五日丙申　晴。邵介、束笙约叙竟日。

十六日丁酉　晴。孙师、那相查复邮传部尚书陈璧参案，奉旨陈严议，革三人。日本使交梁尚书东事节略六条，仍不稍退步。

十七日戊戌　晴。有旨申各部、各省用人冒滥之禁，孙、那两相条陈也。接刘星使议澳界电，即拟复。与子仪商整顿署章事。寄三、六弟书。

十八日己亥　晴。李殿林署邮尚。

十九日庚子　晴。梁尚书仍偕余与润田、杏南。陈璧部议镌职，徐世昌补邮尚，锡良调东督，李经羲补滇督。午时开印，在署行礼。法署使潘孙纳来索铁路赔款，与驳辨甚久。

二十日辛丑　晴。正班奏事，中美公断约请批准，德复孙宝琦辞任国书，日斯巴尼亚公主生子国书，并拟复。摄政王召见，梁尚书、联侍郎及余三人同为一起。先在养心殿宝座前跪请皇上安，起，入东暖阁，命坐，问澳门派员勘界、延吉厅与日本议事及王见各使臣礼节。梁尚书对毕，同起，退出。午后，偕润田、杏南至梁尚书宅，日本使伊集院彦吉、参赞阿部守太郎、翻译高尾亨论东三省路矿及延吉越垦韩民保护权，稍有办法而仍未解决。刘使电来，葡允撤舰、停收钞、罢浚海道，均于二十二日实行。我酌撤兵一处，所派勘界之工程提督马沙铎改作文员。当拟复允准，并电知粤督。澄儿禀，已入爱施明恒学校，距纽约近。三、六弟来书，即复之。

二十一日壬寅　晴。观德殿随行三满月礼。云南交涉使高而谦派办澳门勘界事宜。致梦华书。

二十二日癸卯　晴。余生日。早诣皇极殿，随行三满月礼。巳刻在锡庆门外跪迎册宝，午刻上尊谥，均随行礼。英朱使会晤，催江北厅矿务。

（眉注：孝钦显皇后尊谥恩诏加级，谢恩。）

二十三日甲辰　晴。禁烟事，南洋亦电主专卖，咨商度支部。

二十四日乙巳　晴。日本驻俄大使本野一郎游历来京，请瞻仰颐和园，余往接待。巳刻进东宫门，过玉澜堂、乐寿堂，历游廊，登排云殿，至石舫小坐。毕，回公所午饭。本野持照相镜，甚灵妙。同游者小田切万寿之助、小田书记及其妻、冈田、岩谷、石村、小湖诸博士，我则吴挹清、曹润田并携其二女。本野尚往游玉泉山，余先回城，就伯齐、子衡之约。

二十五日丙午　晴。禁烟专卖事度支部亦驳，即电刘委员等。

二十六日丁未　晴。法潘署使来晤，论龙州运盐事。

二十七日戊申　晴。昨复胡馨吾书，复雷滋蕃，三、六弟书。日本使伊集院仍在梁尚书宅会晤，延吉已认我领土。

二十八日己未［酉］　晴。巳刻至景山东门外，候册宝过，跪迎。午刻上德宗景皇帝尊谥，随行礼。拟致东督电，为日使议交涉事。

二十九日庚申［戌］　晴。庶司复粤督电，为葡界事。接二弟书。

宣统元年二月初一日[①]辛亥　晴。本部具奏坎拿大温哥埠、仰光各领署派书记、通译等官；又开办经费；又核销三十三年出使经费各折片。诣皇极殿、观德殿门外，随班行百日礼。午后薙发。晚在德昌馆请荫午楼、杨小川、孙慕韩、陶杏南、吴绶青、周干臣、萧次修、麦佐之、曾霁生、谦少益、继琨侯、联瑞廷便酌。

初二日壬子　晴。次修约晚饭。接备庵、耕荪书。

初三日癸丑　晴。具奏石印《会典》书成，进呈二十部，进摄政王二部。颁赏王公大臣，京官以一品止，外务部左右侍郎以承办此事，援《方略》例得赏。渥叨异数，荣幸良深。吊黄州守景秋澄，顺至西城拜客。接澄儿禀，三、六弟书，即复之。高子益电，初六由滇起程。

初四日甲寅　晴。进内谢赏《会典》恩。过赵剑秋、范彤士。东督来电，于交涉事意见未符，复令陶杏南转达，请其熟权利害轻重，切实电复。日贾使来晤，为厦门演戏案。

初五日乙卯　晴。致二弟书，并附高子益、许静山书。夜，博廷招福全馆便酌。

初六日丙辰　晴。留学美国新阳王韬章（臻善）来云，现在芝加高大学，随校长至中国，考查矿化之学历年，自为人佣，藉给学费，今回美后尚须三年得博士位，请于美还赔款内代筹官费。有志之士，当允为助力。东督复电，仍嘱陶杏南再行电询。

[①] 以下为第二册，该册封面题："宣统元年二月至八月，怡若日记。"

俄在海拉尔、满洲里、昂昂溪等处勒捐，封闭商铺，照会俄使禁止。

初七日丁巳　晴。过管氏表妹谈。英朱使来催江北厅会议。梁尚书约俄使，告以勒捐宜禁，彼允电政府。拟在丞参厅设五股：曰秘书，曰英美，曰法，曰德俄，曰日本，调储材馆学员及翻译官之优者分别派充，为考查外事，作养人才之地。复伍秩庸书、澄儿谕。吏部知照，奏派恭送德宗景皇帝梓宫大臣，奉朱笔圈出邹□□①、吴宗濂。钦此。各衙门所派不备载。

初八日戊午　晴。接谱桐书，即复之。至社稷坛陪祀。摄政王亲诣行礼，卯正礼毕。拟贺美新总统达辅接任国电。

初九日己未　晴。午间到署后，过少楠谈。王干臣（大贞）来辞行，将往南洋考查商务。夜过蔚老谈。接佩葱信，即复之。

初十日庚申　晴。伯唐以考察就绪，电奏请旨，由署复以即可回京。至梁尚书宅，日本伊集院使会晤，欲在延吉开埠六处，并不让裁判权，所议更远，尚书即面拒之。

十一日辛酉　晴。正班奏事，进内供事、译电生、军机兼行章京两年例保，均奉准。朱尔典见那相，言沪杭甬事两公司不承认，邮传部不发款，及所造路不合宜各节。接于晦若书；六弟书，印儿出水花，即愈，改十八起程。

十二日壬戌　晴。闻那相午饭时饮酒未毕，举箸忽落，右身麻木，睡后稍好，言语如常，手亦能举，惟须加意调理。往候，未见。署中稿件要者与梁尚书商定，其余即径行斟酌，以免关白烦扰。

十三日癸亥　晴。比使柯霓雅、德使雷克司以仍联使事，在乾清宫觐见，递国书。摄政王于御案东设座。梁尚书、联侍郎带领，余亦随行。使臣至纳陛下，读颂词，王答词毕，上纳陛递国

---

①　原文空二字。

书，王立受，置御案，各退。均行鞠躬礼，仍于上书房酒点毕退出。复候那相，拟请假多憩数日云。俄在东清铁路各站封商铺，屡诘始撤，次日又封。周子廙往商俄使，发电禁止。

十四日甲子　晴。法派驻日大使施阿兰为恭送奉移大使。高子益以兄病，电请赴沪省视，并开差缺。复以省兄可行，未便改委开缺，请邸堂核定。

十五日乙丑　晴。昨风大，黄沙弥漫，今日止。晚就崧翁、憩伯之招。接三弟信，支伯云信，均即复。

十六日丙寅　晴。常州贾厚安（振鹭），乳名磐度，幼时避难泰州，曾同学，现以河南知县来京验放，嘱史季超函达见访，即答之。秦佩鹤之赠公八旬冥诞，往行礼。午后候问那相，其阍人云见好，而太夫人病忽重，傍晚得信，竟于未时仙逝。

十七日丁卯　晴。至那宅探丧，相病已见愈，稍慰。复芷叔书。夜，日本正金银行小田切万寿之助招饮。

十八日戊辰　晴。那宅接三。世中堂续署会办，偕憩伯往谒。

十九日己巳　晴。午后阴，小雪。

二十日庚午　晴。德使雷克司带回国之兵官谒摄政王于养心殿。

廿一日辛未　晴。正班奏事。吴尔昌交军机处存记，余核销使费两件。观德殿行四满月礼。

廿二日壬申　晴。皇极殿行四满月礼。哈尔滨道施植之（肇基）、局员于正甫（驷兴）来京，与俄人议铁路立会收捐等事。凤永（恭宝）叔来。

廿三日癸酉　晴。高子益之兄啸桐同年卒于沪上，林琴南同年等在陶然亭设祭，往行礼。

廿四日甲戌　阴。午后雪。那宅送圣。吴和甫回。

廿五日乙亥　晴。东省派施植之（肇基）、于正甫（驷兴），为俄人在哈尔滨等处封铺勒捐事，于廿三日往晤俄使，约今日来署，议定捐款交中国地方官暂存，将来应交何处，或多或少，俟议章后再定。互换照会，彼即令其总办霍尔瓦克达聂尔电饬启封。

廿六日丙子　晴。东督来电，不以办法为然，复以非此则启封无期，商民重困，且由我经收，未失主权。俄使复照有将捐册交公司查核，则驳复之。李兰舟来。昨日世相到署任。张隐南来信，即复。

廿七日丁丑　晴。驳复日本两次节略，将东省交涉六事归于公断，由曹润田面送日使。彼不以公断为然，又允让延吉警察权。见那相，谈公事。

廿八日戊寅　阴，雪。日使照会，派亲王伏见宫贞爱恭送奉移。晚，伦贝子、奎乐峰邀陪日使及小田切等于卧车饭店。胡馨吾来书，即复之。接澄儿禀。

廿九日己卯　晴。祝庆邸寿，未见。答陶干臣（桢）。吴止欺由欧洲回，来见，即日赴日本。缠侄来禀，十八日随六弟动身，六弟率印儿赴鄂，渠于廿二到皖。晚与周子廙在梁宅公请崧翁父子、憩伯、燕孙、星署、唐介臣、梁伯尹（治文）、罗与三（崇龄）、袁静生（长坤）。

三十日庚辰　晴。东督来电，于中国地方官收捐事争辨不已，详细电复。六弟廿五到鄂，即作复。

闰二月初一日辛巳　晴。奏事进内，赏德武官回国宝星，陈懋鼎、曾述棨不列京察司员等第，均奉准。又代奏张荫棠呈请保奖赴藏议约各员，均依议。接三弟信，即复。

初二日壬午　晴。京察谕旨：枢廷、孙相、南北洋、东抚议叙，民政部右侍郎赵秉钧休致，余照旧供职。德雷使会晤，为天津洋商账目事。

初三日癸未　晴。连日风大，颇寒。午后至那宅公祭，各使吊唁，代为招呼。俄使来署，议赎路及自治会事。

初四日甲申　晴。进内，谢照旧供职恩。梁尚书以南皮相国意，调其长公子礼部郎中张权至储才馆。刘佛青卸绍兴府，以海运来京。

初五日乙酉　晴。张君立（权）到馆咨札，邸相均照办。为那相酌哀启稿，并约向之审定。

初六日丙戌　晴。礼部奏三年之丧，满汉一律终制，那相特旨夺情，改为署任，招往商，拟陈情折。坎拿大英员请商禁工约，梁尚书与议，恐允之必有物议，婉辞谢之。

初七日丁亥　晴。约征宇、季衡、剑秋看竹。有常州陈佩实者，广东知县，为香港学堂事来见。吊阮子衡悼亡。晤吴向之，转达代拟那相陈情折事。

初八日戊子　晴。海参崴交涉商务委员改为总领事，已与俄使商定，即拟奏，派桂芳接充。与子廙等商接待各国恭送奉移之亲王、专使礼节。晚访鼎臣，谈考电报生。

初九日己丑　晴。吊吴巨年丁本生母忧。义使文吉假满回任，来晤，并言已派兼奉移专使。

初十日庚寅　晴。午后比使柯霓雅召饮。

十一日辛卯　晴。墨西哥派恭送奉移大使巴禄及参赞雷威来晤。早进内奏事，海参崴领事派桂芳折奉准。巳正班，见摄政王于文华殿，先王公，次一二三品，次四品以下，均行一跪三叩礼。王于殿中偏东设座，仍立受。夜就恩崑峰招。

十二日壬辰　晴。偕联春翁答义使文吉及墨西哥使。午后邸相、各堂均到署。京察过堂，恒文、豫敬、饶宝书、吴锜一等，保恒、文溥备一等，绪儒、江庆瑞、吴荫培、翟化鹏上二等。日本亲王及各专使接待礼节，由曹润田、周子廙与日美参赞商定。傍晚至那宅送库。

十三日癸巳　晴。向之为那相拟就奏稿，即送阅。接三弟书。法参赞端贵调波斯，来辞行。定电报生名次，取二十人。

十四日甲午　晴。接六弟两书，即复之。致高子益、杨星垣书，复端午帅书。度支部请简各省正监理官。

十五日乙未　晴。清明节。皇极殿、观德殿随班行礼。

十六日丙申　晴。夜，子静亲家到，留住畅谈。

十七日丁酉　晴。俄使偕霍亦瓦特达聂尔到署，议自治会章程，稍有转机。夜约施植之、于正甫、祝砚溪、恒子友、曾霁生、保久山、继琨侯、子静源丰堂便酌。散后，偕子静过蔚若谈。闻胡劭介于十六日作古，母老子幼，赍志以逝，可惜也。

十八日戊戌　晴。义文使、俄廓使递接任国书，均定于二十三日。子静赴津。

十九日己亥　晴。义文使来议递摄政王宝星礼节。瑞鼎臣来字云，接筱帅函，六弟已委陆军学堂差。于晦若电请回京，奉准。王丹揆以派浙江正监理请终制，奉旨：是差非缺，不准。日本使见庆邸，论延吉事。

二十日庚子　晴。义使递宝星亦定二十三日，于递国书后在养心殿东暖阁接见。那太夫人发引，在齐化门大街路祭，送至东岳庙停灵处。接耕生信。又六弟信，系陆军小学堂提调，月薪七十。

廿一日辛丑　晴。进内奏事，马廷亮补朝鲜总领事实官，并保以使才存记；桂芳请给敕谕，欧阳庚调温哥埠领事，萧永熙调仰光领事，均奉准。复六弟书、耕荪书。观德殿行礼。

廿二日壬寅　晴。皇极殿行礼。施、于道等与俄议自治会事，颇有争执。

廿三日癸卯　晴。义、俄两使递国书，在乾清宫觐见。义使又至养心殿东暖阁，呈递义主赠摄政王宝星。礼成，复电义主致谢。拟筹备事宜折。出使报告及出使任用章程折稿，系夏地山初拟，阮斗瞻修饰，余复酌之。梁尚书与俄使议自治会事，稍维主权，惟地方官为正，铁路局为副，彼执不允。

廿四日甲辰　晴。过凤老、少楠谈。晚就于潜泉招，座有英人，前同文馆总教习，现充税务处总文案欧礼斐。

廿五日乙巳　晴。视汝言，病甚重，与和甫商电催聪生速来，并致三弟信。瑞典使倭伦白兼恭送奉移专使，由日本来。

廿六日丙午　晴。梁崧翁仍与俄议自治会事。美柔使来，即询自治会所议情形，并议奉移事。

廿七日丁未　晴。视汝言，病加剧。

廿八日戊申　晴。进内，奏筹备事宜，奉朱批：宪政编查馆知道。请摄政王佩带宝星折留中。答曹东瀛（广权）。省馆公祭。汝言于卯刻作古，可伤可叹，聪生晚到。就子异招。

廿九日己酉　晴。晤聪生谈。伯唐回京，亦往谈。和兰新使兼专使贝拉斯到。

三月初一日庚戌　晴。梁崧翁与俄议自治会，大纲已定，不外声明主权，公共办事，较上海租界等所得多矣。东三省总督锡清弼（良）来署谈交涉事。贝拉斯来晤。瑞典使、巴西使到，葡使亦到。

初二日辛亥　晴。进内奏事，议复何寿朋准调吉林，及核销使署经费两件。偕联春翁答和贝使、瑞典使倭伦白、葡使森达。巴西新使贝雷拉亦来晤。傍晚在车站迎俄专使巴里清。

初三日壬子　晴。义使文吉、瑞典使倭伦白、和使贝拉斯觐见，递国书。傍晚偕联春翁往车站迎法专使施阿兰。

初四日癸丑　晴。阅视新署工程。顾宅于巳刻请点主。傍晚迎西班牙专使于车站。谕澄儿。

初五日甲寅　晴。汝言柩停长椿寺，巳刻发引，往送。吊顾范臣弟子衡之丧。过绍岩。午后俄专使巴里清、西班牙专使乌里巴来拜。申正四十分，迎日本伏见宫贞爱亲王于车站，特派振贝子随同送至外务部新署，寒暄而散。

初六日乙卯　晴，午后阴。祝振贝子生日。就吉舒安同年半亩园之招，照相。偕梁、联两君答拜法、俄、日各专使，投刺而已。至广惠寺吊胡劭介。料理明日觐见各事宜。接三弟、六弟书。

初七日丙辰　阴，大风。巳初刻，日本伏见宫贞爱亲王在乾清宫觐见。礼毕，摄政王与之偕行出西槅扇，经遵义门、月华门，进养心殿东暖阁。王正坐，伏见侧坐，日本驻使及随员五人，外务部堂官四人陪坐。寒暄毕，王送至殿门，遂出。巳正刻，美、巴西、西班牙、法、墨、俄兼丹、义、英、比、德、奥、瑞典、葡、荷十四国专使觐见。世相、梁尚书在殿门外带入，余与联侍郎在丹墀前带至殿，丞参等分班带至甬道，鱼贯而进，颇为整肃。约四刻礼成，仍回署，检点赏宝星及次日事。

初八日丁巳　晴。摄政王答拜日本亲王于新署，王正坐，庆邸坐左，外务部堂官、内务府大臣陪坐，陆军都统凤山立侍。伏见坐右，有侍从武官立侍，日使及随员两人陪坐。寒暄毕，王行，伏见迎送，皆在阶下。晚过那相谈。河南修武县福公司，汴人不许其就地卖煤，地方官拘拿该公司用人，英使将往议之，总董白来喜停派。恐酿交涉，电豫抚妥慎办理。

初九日戊午　晴。豫抚电复并未拿人，即照复英使。葡使请给勘澳界大员敕。晡直督杨莲甫同年，在高庙公请，余未克到。法专使施阿兰来拜，与世相同见。子静由津来。

初十日己未　晴。巳初刻日本亲王，二刻各专使在皇极殿恭谒梓宫，巳正日本亲王，午初刻各专使在观德殿恭谒梓宫，均分班带领，鱼贯而入，随即退出，礼极整肃。致三弟、六弟、耕生书。

十一日庚申　晴。在观德殿随行祖奠礼。钧弟、喜儿由京汉火车南旋。李使电，凯约翰将来议铜官案，限十四日。复以不能预定。

十二日辛酉　晴。奏给勘澳界高而谦敕谕、关防。先进内，后至观德殿。德宗景皇帝梓宫于午初出景山东门，各国亲王、专使等在门外布棚前排立鞠躬，步送至地安门，并有使馆女眷随同瞻仰，仍排立鞠躬，摄政王向之致谢，礼毕而散。余奉派恭送，偕吴挹清即由西夹道出西华门、阜城门，先驰至彰义村，计程三十八里。候梓宫到，跪迎，进芦殿暂安，由恭办丧礼王大臣奠酒三爵，众随行礼。余偕挹清及押杠司员八人、翻译四人均在帐棚宿。

十三日壬戌　晴，风大。卯初至芦殿行礼，跪送。先驰至韩村河，计程八十一里，午初即到，约酉初跪迎梓宫，行礼如前。

十四日癸亥　晴。先驰至魏村，计程六十五里，巳正即到，梓宫到在申正，送迎行礼均如前。风仍大。

十五日甲子　阴。卯初二刻跪送梓宫，先驰至梁格庄，时在巳正。未正梓宫到，在行宫前轿左跪迎，适大雨，衣履尽湿，候安位后行礼。帐棚既漏，督令加油顶，稍可蔽雨，而马差所租之屋价昂且陋。晤梁燕生，借住于轮车。

十六日乙丑　晴。皇太后已于十三日由轿车到行宫，十四日谒陵，十五日迎梓宫。是日卯正行缋奠礼，睿邸恭代奠酒，众咸集。礼成后，皇太后于辰初仍乘轮回京。偕挹清及同人瞻仰崇陵、泰陵。

十七日丙寅　晴。辰正二刻趁轮车，午正三刻到京。

十八日丁卯　晴。具折请安。巳正俄巴使在养心殿觐见，呈进皇上礼物，由摄政王代。礼毕，出。旋进东暖阁，见摄政王，面递俄主所赠宝星，并送礼物，赐坐寒暄。凡礼物，皆分陈于殿阁。退回上书房，酒点而散。午后谒那相。到署。酉初至东车站送俄巴使行。视联春翁疾，未见。

十九日戊辰　晴，风大。十六日奉旨：恭送梓宫人员均加一级。与挹清同具折谢恩。晤王丹揆，新派浙江监理官，由上海来。前芜湖县王玉如（焕熙）为王鲁藩（鸿年）之封翁，迎养来京。与先君旧同官皖，承过访，年七十矣，精神矍铄，见之增羡，愈痛吾亲之不逮养也。接喜儿十三到鄂禀、六弟书，又接澄儿廿四号禀。

二十日己巳　晴。顾汝言开吊于长椿寺，往为周旋。晤苏静庵、谢履庄两同年，王胜之。

廿一日庚午　晴。答晤继旭生、诚裕如、王玉如。河南福公司卖煤案，抚派王奎士（宰善）来，梁尚书已告洋董白来喜，令赴汴商议。汤寿潜电辞总理，痛诋汪伯唐。铜官山矿务凯约翰将来京议，皖派京官代表刘聚卿（世珩）、李新吾（经畲），均函辞。伯唐、葆生来。熊雨人（恩霖）由皖，彭衡如由奉天，均来。接高子益、三弟书，澄儿、喜儿各禀。

廿二日辛未　晴。皇极殿行五满月礼。接苏电，喜儿已到。请派驻比使臣折，奉旨以杨枢充。储材馆学员曾宗鉴、唐国安、施㖞本、林志询、张煜全均奏留。

廿三日壬申　晴。葡使森达、巴西使贝雷拉在乾清宫觐见，递驻任国书。午后葡使即来辞行，回日本，仍以参赞柏德罗代办。

廿四日癸酉　阴雨。午间庆邸二世子载搄由欧洲回，迎于车站，李梅坡亦到。晤王丹揆。晚邀王玉如、关保吾、詹价人、熊雨辰、张梦梅、任卓人、翰如、少楠、述庭便酌。致六弟书、三弟书。

廿五日甲戌　晴。法署使潘苏纳带驻津提督徐熙雍，在养心殿东暖阁见摄政王，因徐将回国也。义文使送来义君主答复唐使国书。

廿六日乙亥　晴。皖派委员任廷枚，又皖绅公举代表数人，为铜官山事来京。晚邀丹揆、胜之、蔚若、子猷、僧侯、衡如、和甫、聪生、季荅便酌，将谊园事交轶仲接管。

廿七日丙子　晴。周子廙转左参议，曹润田补右参议。赴十里庄苏太谊园，公祭范文正公、顾亭林先生。顾先生从祀两庑，改行三献礼。归途在四合轩茶叙。

廿八日丁丑　晴。进内加班，具奏与俄议定东省铁路界内公议会大纲。英使来函，凯约翰到，请约铜官山代表与议。晚雨，约吴平玉、向之在东安饭店便酌。云贵制军李仲仙来谈。

廿九日戊寅　晴。皖代表辞不至，梁尚书派刘葆生、曾霁生偕委员任廷枚与凯议。喜儿来禀，拟仍由鄂回，谕允之。汝言事，缉叔闻刘雅宾漏言，甚感痛，高年如此境遇，深为驰念。廿二日仙洲叔婶、清臣叔、赋泉叔均安葬，入土为安，芷叔亦完一心事矣。夜过李仲仙谈。

四月初一日己卯　晴。答严伯玉、苏静庵。过联春卿，病已愈。又过聪生、伯唐。昨各使来署会晤事，分别电咨办理。

初二日庚辰　晴。日专使吴礼巴谒摄政王辞行。皖绅与凯约翰昨会议，各不相下而散。夜，富宸臣、曾蓉圃约在六国饭店便酌。

初三日辛巳　晴。李仲仙到署阅滇案。俄使带铁路副总办文兹立，美使议游学，又英翻译催铜官、沪杭甬、河南卖煤等案，义翻译恳给武员宝星，均到署。正班奏事，递铜官山案节略。昨奉旨派答谢各使，振贝子日本，戴鸿慈俄国，刘式训葡、巴，李经方英、法，荫昌德，伍廷芳美、墨，杨枢比、日、瑞典、丹，雷补同奥，钱恂义等国。谒振贝子。

初四日壬午　晴。李仲仙仍来署，并拜馆。铜官山事电江督、皖抚商办法。

初五日癸未　晴。约伯玉、梅坡、书畬、广初、地山、子廙、征宇、钊秋、博廷午饭。世相邀往，商电胡使，询日本派振贝子事，因翻译高尾亨有微词也。

初六日甲申　晴。江督电复铜官山仍无办法，梁尚书派刘葆生与凯约翰议。谒那相。接胡使复电，日本外部及宫内省均欢迎满意，可见言者之虚。

初七日乙酉　晴。吏部于初四日具奏：升任外务部右侍郎前左丞邹之嫡次子应欢，准给正三品荫生。进内谢恩。拜徐菊人尚书、新署奉天巡抚程雪楼，未值，程旋来晤。接六弟书、颍如书，言补随州。

初八日丙戌　晴。复六弟、颍如书。河南福公司煤矿议未成。昨瑞典使来部画增加条款约，因联春翁假中未到，代之接晤。

初九日丁亥　晴。定答谢国书稿。夜继旭生、诚玉如招饮。钟紫垣、孙慕韩来。喜儿禀，三弟沪宁文案已揭晓，祭扫善人桥、九龙坞、羊山先茔，初七日料理石夫人葬事云。

初十日戊子　晴。接三弟书，沪宁文案事已就绪。俄使来，言哈尔滨议事会细目在何处商订，须俟所要求四款，如华捐缴捐、铁路勘地、洮南派俄翻译查案、科城派驻乌领查案，各事允行方可。又梁尚书晤英使，言铜官山及福公司卖煤两案。过伯唐。致三弟书。

十一日己丑　晴。铜官案凯约翰实不允废约，而皖代表谓其理屈辞穷，电督抚告以实情。

十二日庚寅　晴。施植之、于振甫约往农事试验场午酌，座有徐菊人尚书、程雪楼中丞。至新公所，与振贝子、随员等检点赴日本礼物。夜雨。

十三日辛卯　晴。奏事，进内。拟答谢国书及杨星垣使比敕书等件。奏留刘玉麟，仍在丞参上行走，因丁忧人员如系经手要差及专门，可奏请留部也。聪生早车带汝言柩回南，未暇往送。夜与梁尚书、丞参诸君在新公所，便服约振贝子、㮊公、徐尚书、程中丞、汪侍郎、孙京卿及来京、将出京诸友西餐。

十四日壬辰　晴。接二弟书、澄儿禀，均作复，并致高子益书。福公司河南卖煤案豫抚奏请坚持，而英使以所议不成，来照索赔，崧翁商缮节略，请庆邸示。温哥埠领事欧阳庚来见。

十五日癸巳　晴。庆邸午后到署，商福公司案。电致豫抚，以保全土窑生计及包买两法见复。铜官山案，函约皖省具呈之京绅李经畬等五人与凯约翰面议，并拟奏陈两案为难情形。夜在东馆，约温处道郭啸麓（则沄）、胡仲巽、苏静庵、魏梅村、刘璞生、李兰舟便酌。

十六日甲午　晴。曾霁生拟两案奏稿，略为斟酌。复俄使四款。

十七日乙未　晴。美使柔克义调驻俄大使，署使费勒器来言，川汉借款许英遗美，前使康格有言在先，如不获同等，将来有机会须向美商借云。日本使见梁尚书，言交涉数事。子静来。过慕韩、程雪楼。接萱儿廿九号禀。连日均甚热。

十八日丙申　阴，夜雨，颇凉。见那相。接三弟书，欢儿改十六行。旋得祁冕廷电，乘新铭轮船北上。聪生抵沪。王玉如招饮于江苏馆，座有延锡九、徐班侯、何介石、章一山诸人。潘子欣邀饮于六国饭店，座有杨皙子、严子獬、何恕斋诸人。

十九日丁酉　阴，凉甚。汪药老开吊，往行礼。复日本小田切东京书。至芝簃处，与剑秋、憩伯看竹。接六弟书。管成夫（尚平）来，由伊犁回省亲，拟仍到部。

二十日戊戌　晴。过梅坡谈。

廿一日己亥　晴。加班，具奏皖豫矿务为难情形，奉旨：知道了。与杨杏臣谈铜官事。俄使邀陪戴专使，有徐、梁、联三公、丞参及戴使诸随员，俄使廓索维慈夫妇及参随、女客等。午饭后，在其厅事及东院拍照。

廿二日庚子　晴。世相到署。晚，钧弟、欢儿抵京。复吴子修书。将署中送瞿相《会典》一部交陈大令（文炳）带湘。杨星垣来，住署内。

廿三日辛丑　晴，午后雨。进内奏事，改定出使人员川资、请假等费折。那太夫人百日，在东岳庙讽经，往行礼。俄廓使来，议事会详章拟仍在哈商议，电东督核复。夜在新署为美柔使饯行，各使陪。

廿四日壬寅　晴。加上列圣尊谥，摄政王代诣太庙致祭，寅刻即往陪祀。王于卯初驾到，而执事人员误于钦天监原择之辰刻，到班甚迟，卯正始能行礼，著照料之御前大臣查明参奏。其时泽公传集一切，颇蹀躞也。英朱使来署催福公司煤矿案。寄三弟书。夜雨。

廿五日癸卯　晴。接六弟书、萱儿禀。豫抚为福公司事派委员何云蔚、朱宝璇到部。

廿六日甲辰　阴，巳刻雨。美柔使谒摄政王，辞行。为福公司事拟说帖，明日呈摄政王。

廿七日己巳　晴。答傅莲峰谈。美政府以川汉借款英、法、德皆有，而美独无，责我未践成言，当咨张相暂缓画押，与三国商。晚，吕镜宇尚书，瑞鼎臣、汪伯唐两侍郎借新公所请振贝子、搛公等，邀作陪。

廿八日丙午　晴。那相吁请终制，温旨慰留，为拟谢恩折，因改满折，未用。夜就日本使伊集院之招，陪振贝子。英朱使催各案。

廿九日丁未　晴。那相入直。寄三、六弟各书，澄儿谕，又复佩葱、根生等书。美借款张相未允，梁尚书仍与三国商，因中美交厚，不欲伤感情也。杨莲帅患痰疾，请假廿日。

三十日戊申　晴，连日阴晴不定，亦间有小雨。那相到署。

五月初一日己酉　晴。美署使仍来言借款事。那相约往，言福公司事须再与英使磋商。

初二日庚戌　淡晴。早来客甚多，梅同年（汝鼎）、汪甘卿（钟霖）、熊禹泉（恩溥）皆新到京。夜就考工司诸君东安市场之招。杨枢、祝瀛元等赏宝星。

初三日辛亥　晴。正班奏事，请派比馆参、书、译等员，驻日参赞兼代办黄致尧，均奉准。夜就庶务司诸君德昌饭店之招。送美使柔克义行。

初四日壬子　晴。英使到署见那相，议各案，余即往商梁尚书。祝凤老六十九生日。夜就和会司东安之招。

初五日癸丑　晴。皇极殿随行加祭礼。午后阴，阵雨。钧弟经杨星垣派充书记生。李柳溪来函，嘱代递考察折。午后雨。

初六日甲寅　晴。方芑南弟（顾辅）来，三十年前旧交，已十余年不见矣，年相若，白发亦相若也。送振贝子行。谒那相，为铜官事代拟致南洋密电。午后又雷雨。接三弟书、澄儿三十号禀。

初七日乙卯　晴。葡使来，言粤东派李炎山至澳提犯，其人品行不佳，请派妥员，犯必交出等语。当电粤督核办。英董白来喜与刘葆森、王荃士议福公司事。

初八日丙辰　晴。又发南洋电，询以铜官议赎是否决定。直隶临榆、广东增城皆毙日本人，知照该使。复李柳溪信。夜在新公所，约杨星垣、吕镜宇、瑞鼎臣、绍廷庭、陈梦陶及同署诸君晚酌。子静过京，为致书孙慕韩，图津浦路事，未就。

初九日丁巳　晴，午间雨，后晴。沈雨辰邀饮，与凤老、蔚老同看竹。夜与梁、联两君约英报馆主事吉尔、泰晤士访事莫理孙、本部顾问官禧在明及英使、参赞等在新公所公宴。

初十日戊午　阴。闻直督杨莲帅作古。

十一日己未　晴。张权、阮忠枢参议行走，恒文丞参行走，黄祖诒、宗鹤年、许同莘秘书股员，祝瀛元日本股长，施呼本股员，管尚平德俄股员，士魁电报总稽查。那相署直督，即往谒，为张季馥说项，并致季馥书。端方调直督，樊增祥护理，张人骏调江督，胡湘林护理。袁树勋升署两广督，孙宝琦署东抚。

十二日庚申　晴。慕韩来答。皖代表江湘南（峰青）同年来谈。葡使言，葡勘界员马沙铎已到港，电知粤督。送杨星垣行。

十三日辛酉　晴。进内奏事，递三十三年十一月至三十四年底奏销折，又梁雪亭呈请给假四个月片。未初刻，那相乘专车赴津，偕梁、联两公同送，在车中谈要公数事。到津后，与崧翁、刘宝森同下榻于曹锡麟（嘉祥）处。情谊甚殷，亲御汽车周游津马路一转，约二十余里，不及一刻也。访子静，同至公园一览。闻唐少川早间已到，晚饭后偕崧翁往访，高朋满座，操粤音、西语，余除寒暄外，充耳不闻，殊可自笑。

十四日壬戌　淡晴。昨晚及今早水泻数次。吊莲帅。至那相处面辞，即于九钟登车行，一钟抵京，午后到署。夜在长元馆，约方苣南、梅震伯、刘少岩、纪惠川、汪甘卿、陆晋生、管成夫饭。

十五日癸亥　早雨后晴。巴西使来，言伊国政府愿订公断条约。德使来，言津浦路北段车站事。

十六日甲子　阴。世相到署，商铜官山矿事，照会英使，许给五万镑。东省铁路缓派督办。晚作上那相书。

十七日乙丑　阴，午间大雨，至晚。过苣南谈。旭生、子稼邀饮于福州馆，看竹。远生来。

十八日丙寅　晴。世相到署。远生回津。

十九日丁卯　晴。作芷叔、三弟书，澄儿谕。

二十日戊辰　晴。唐少川来，迎于车站。祝凤石夫人生日。凯约翰致梁崧生书，索二十七万五千镑。接陈蓉曙同年电，江北厅矿案已偿英商二十二万了结。复博廷书。

二十一日己巳　晴，夜雨。唐绍怡开缺，以侍郎候补。衡若南行。《国报》以河南福公司售煤案，谩骂诬蔑梁尚书、曾郎中，行文民政部查禁。

二十二日庚午　晴。卯刻皇极殿行七满月礼。世相来署，议福公司事。

二十三日辛未　晴。进内奏事，与学部会奏派美游学事，奉旨：依议。世相来谈，嘱拟致豫抚电。美人李佳白来谒，持姚菊仙书，为伊在沪设尚贤堂，欲请奖云。俞子良专函，为其子庆澜托向孙慕韩说项，复之。接二弟信。

二十四日壬申　早晴热，午后雨。恩辅臣、崑峰邀饮，看竹竟日。胡雅芗函，送漆桌、漆几、神轴，复谢之。

二十五日癸酉　晴。接六弟书，即复之。子静来。

二十六日甲戌　晴。子静去。接文博廷书，即复之。和欧署使来言，黄浦工未竟，愿借款。英朱使见世相，催福公司、沪杭甬事。日本使论东三省各案，催安奉路事。

二十七日乙亥　晴。送孙慕韩行。宗子立（鹤年）来。

二十八日丙子　午前大雨。邸堂令刘葆森为福公司事，与英使商卖煤年限，未就。

二十九日丁丑　阴。美总统为借款电摄政王，用意颇深。致陈筱帅书。

六月初一日戊寅　晴。梁尚书商拟摄政王复美总统电。美拟派新使柯瑞，那允接待。致博廷书。接根生书。复谱桐书。

初二日己卯　晴。巳正迎振贝子于车站。研究福公司案，上那相书。夜大雨。

初三日庚辰　阴雨后晴。黎明进内，先见庆邸、世相，后与梁、联均随同请起。庆邸将福公司、沪杭甬、铜官山等案详陈于摄政王，嘱刘葆生仍先向英使商加福公司卖煤吨数。

初四日辛巳　晴。进内奏事，议复王广圻及夏诒霆等保案，代递陆征祥条陈，华侨事。午后邸堂到署，晤英使，商定福公司卖煤案。又沪杭甬案与邮部商办。腾越路案俟李督到任接办。巴西使请定公断约，允之。致六弟书。

初五日壬午　晴。连日盛暑。庆邸嘱办辞管理陆军部事务折，转倩斗瞻拟稿，略为删改，呈邸阅定，初七日递。日本又在延吉伤官戕兵，电胡使向外务省诘问，并催议各案。发豫抚电，论福公司案。高司电，准用"大臣"字样。应尊侄奉皖抚委领印花税，午刻到京。

初六日癸未　晴。

初七日甲申　晴。庆邸准辞管理陆军部事务。巴西使来言公断订约事。酉刻端午帅到京。

初八日乙酉　晴，奇热。豫抚复电卖煤百吨，仍不准零售，于三府断难办到。凯约翰不满意于补债，由梁尚书函驳。少楠约在东安饭店晚酌。

初九日丙戌　晴。巴西使贝雷拉请觐于养心殿，面陈新总统谢意。徐廉泉租日本船赴安东运木，请为担保借款，却之，复令日本人三谷为言函询，小川胜持来。约曹润田同见，告以徐虽亲戚，此事向未知原委，概不过问。勾结外人，招摇生事，可恨之至。文博亭由津来。致沈子培方伯书，复赠礼物四件，又复赠史文甫、刘竹轩各二件，均令尊侄带皖。夜雨。

初十日丁亥　晴。张季馥来。尊侄昨向度支部领到印花票七箱，午刻出京。宗子立来。申正偕润田、砚溪至梁尚书宅，与日本伊集院使重议东三省交涉六案。饶简香以亲病乞假，博廷、序嘉、序臣、宸臣、和甫递署。

十一日戊子　晴。博廷回津，仍将子静、季馥事托之。尊侄由泰顺行，为发皖苏电。复二弟、六弟信，澄儿谕。

十二日己丑　晴。福公司案豫抚回电，仍前固执，偕霁生往商崧翁，另拟奏稿。巴西使贝雷拉邀饮于六国饭店。戴少怀尚书由俄回，来署拜晤。

十三日庚寅　晴。就胜之、束笙招。有方还者，崑山人，新带咨议局议员来京，商赎沪宁路捐款事。

十四日辛卯　晴，向晚凉风习习，暑气渐减。早奏事，与巴西立公断约，奉旨：依议。复高子益电，澳界事。先以附澳旧占陆地为附属地，示不食言，余概不认，如葡不还旧占之过路湾、小横琴各界[①]地，始以附澳新占陆地对换。崧翁小恙，偕春翁、憩伯、子廙过访。

十五日壬辰　阴，早大雨，水满阶除，今年已两次，庭院低处不能宣泄故也。在新公所约午帅公宴，三钟始散，雨亦止。接俞幼莱书。

十六日癸巳　晴。福公司事豫抚不肯会奏。巴西使来议公断约本办法，我用汉文，彼用法、葡两文，系派联侍郎画押。张在初及宗子立、黄春生、许溯伊各邀饮。

十七日甲午　晴。送方苣南行。过刘绍岩，在座有魏星五、史小舟两同年，论福公司事。午刻在省馆，先壬午同年，次同乡，均公宴端午帅。联春翁与巴西使于四钟画公断押，该使贝雷拉赠我照相。冯孔怀奉那相委，赴豫密查福公司案，来见。接子静书，那相委洋务局差，月薪二百。

十八日乙未　晴。日人在延吉又有进兵之事。

十九日丙申　晴。东省与日本交涉案，奉旨：外务部妥速商议。即拟六案轻重说帖，请政府裁定。夜约季如、式之、君立、斗瞻、子立、春生福全馆饮。

二十日丁酉　晴。奉旨电奉吉督抚，饬督办吴禄贞稳慎应付，以待磋议。俄使允爱珲、哈尔滨、拉哈苏苏设关，惟松花江行船须与俄官妥商，黑龙江行船两国提议，尚执爱珲原约也。蔚若邀饮。

二十一日戊戌　晴。方锡英（宾穆）来，言方言学堂事。方漱六（皋）来。日使照会，以安奉铁路诿诸中国政府延宕，自行开工。当即拟照驳复。夜公宴日贾使，巴西贝使，奥顾使，比、德署使。

[①]　各界：原作"旧占"，旁改为"各界"。

二十二日己亥　晴。皇极殿随行八满月礼。延吉等六案送节略与日使。与联春翁同过梁尚书。

二十三日庚子　晴。立秋。梁尚书入对，为东三省近事。送端午帅行，未值，闻于半夜赴津，明早接任。

二十四日辛丑　晴。进内奏事，福公司案以限制百吨定议，奉旨责豫抚不知大局轻重，令劝导维持。那相午初抵京，迎于车站，即在新公所暂憩，复往谈。送西班公使贾思理回国，时在戌正，归途遇雨，入夜半始止。

二十五日壬寅　晴。安奉路事日本通告各国，我亦电各使声辨。旋接日使照会及胡使电，改宽轨道，与京奉同，可照办；路线照黄委员与日技师所勘，余细目由东省与日领商定。即电询东省黄委员所勘情形。葡使来谈澳界事。吊李尧岑（稷勋）母丧。过凤老问疾。答豫少庭。晚就桂月亭（春）侍郎德昌饭店之招。

二十六日癸卯　晴。那相到署，议东三省事。

二十七日甲辰　晴。奉旨：伍廷芳、钟恂来京候简，张荫棠使美、墨、秘、古，吴宗濂使义。黄委员国璋来，询以安奉路线，即令赴奉，并照复日本使。豫抚电奏福公司事，奉旨仍遵前旨办理。巴西使贝雷拉辞行，回日本。

二十八日乙巳　晴。高而谦授外务部左丞，陶大均署，周自齐署右丞，曹汝霖署左参议，曾述棨署右参议。奉省电，安奉事已与日领开议。日本翻译高尾亨送来节略，仍执其前说，惟函稍和平。

二十九日丙午　晴。至各处贺喜。唁刘惺庵（彭年）丁父忧、陈剑秋（时利）断弦。王文勤家在长椿寺讽经，往行礼。梁尚书复日本函，定初一日会议。接张季馥信，文案已撤；子静信，见午帅，谈世谊尚好。

三十日丁未　晴。星期，小憩，有客来见，多为荐美馆随员事。午后仍到署一行。贺伯唐迁居，未值。

七月初一日戊申　早大雨。三钟至梁尚书宅,同见日本伊集院使,议延吉案,稍有进步。季馥由津来谈。

初二日己酉　晴。那相到署,议东事。英参赞麻哈穆来晤,谈交涉各案。

初三日庚戌　晴。日本伊集院使到署,接议延吉各案。晚,奥顾使以奥主寿辰,邀外部公宴,梁尚书颂词,顾使答谢,尽欢而谢散。

初四日辛亥　晴。进内奏事。那相到署,云日本翻译高尾亨述伊使意,要我预允造吉林至会宁铁路,彼即全让延吉裁判韩民之权。

初五日壬子　晴。接胡馨吾电,闻将派东清督办,托代辞,复以事已从缓,并函告之。法潘署使谈滇路偿款及越南设领事。午帅电,季馥已留差。夜雨,荐曾伯厚子（尔橜）充游学书记生。

初六日癸丑　巳刻雨止,仍阴。午后三钟在那相宅,与梁尚书等见日本使,会议延吉案,大旨韩民归我裁判,日领听审,我许以吉宁铁路将来如须修造,照吉长办理,余未定。周子廙、郭秋坪均由洵贝勒奏调充外交官,随同游历英、德、法、美、日等国。复电谢午帅。寄澄儿谕。是晚美前副总统费雅邦到。

初七日甲寅　阴。过单束笙谈。丙戌同年公宴于江苏馆,约徐菊人尚书、江湘岚观察、刘佛青太守,到者三席。接备安新民府电,明日早车到京。寄三弟书。

初八日乙卯　阴雨。备安巳刻到,一别六年,学成而归,良慰。晚车仍赴津,见其尊人。邸堂本定午后三钟接见领衔奥使,因小恙且雨不果,遂遣翻译止奥顾使。那相到新公所,会谈公事。接张季馥书,即复之。又接六弟书、子静书。与学部会委周子廙为游美学务总办。

初九日丙辰　早阴雨,后晴。向之来谈。沈凤楼同年之子

（杰）来，现充美金山书记，父忧归。复子静、六弟书。午后三钟仍至那相寓，与日使议抚顺、烟台煤矿案，争行政权未定。美前副总统费雅邦游历到京。

初十日丁巳　阴，后晴。备安由津回。

十一日戊午　晴。秋暑颇盛，午后三钟约在那相寓与日使会议抚顺、烟台矿，大石桥造路至营口，新奉路造至奉天城根沿，南满洲矿产与安奉沿路矿一律合办，新法路停议，各案俱定，惟延吉界务及商埠数处议未决。曹仲恒（恭植）由汉阳来。接耕生书。

十二日己未　晴。美前副总统费雅邦、水师提督何□□①在养心殿觐见。晚在新公所设席款之，并请美代使费勒器，前奉天总领事司列德，张、吴两星使。

十三日庚申　晴。晚，徐菊人尚书借新署宴美宾，邀作陪。子静来。

十四日辛酉　阴雨。恩崑峰邀饮福全馆，并在其家与斗瞻、征宇、子稼看竹。早进内奏事。

十五日壬戌　晴，天气较爽。早进皇极殿前随行中元礼。午祀先。商延吉商埠案、澳界案。

十六日癸亥　晴。子静赴临城。午后三钟仍在那相宅会议，大致俱定，日使出韩民杂居区域，及设渡运米谷、柴草两条，须商。晚与斗瞻至崧生尚书处谈。

十七日甲子　晴。沈彦琦（瑞麟）来见。昨日使所商两条在署与同人改妥，晚由那相约日使等便酌，即当面商定，明日将条款进呈，二十日由梁尚书与日使签字。接贵州巡抚庞劬庵书，施懋君已委独山州缺。

十八日乙丑　晴。复高子益电，论澳界事，毋庸交咨议局。

---

① 原文空缺二字。

东省督抚争吉宁铁路，那相已将原委奏陈，延吉全案仍照定，与庶司酌拟各电稿（吉日事①），至半夜乃归。

十九日丙寅　晴。午后随邸堂在新公所接见领衔奥顾使，比代办博赍尔。定调陈庆龢、张肇棻参议上行走，沈瑞麟、夏偕复。

二十日丁卯　晴。午后，梁尚书与日本伊使签印延吉案七款，东三省案五款，发各电。

二十一日戊辰　晴。进内，加班具奏议定各条款，奉旨谕东三省督抚，因有电争论吉会案尤激切也。约张憩伯、吴挹清及丞参诸君午饮，留憩伯、斗瞻、征宇、崑峰看竹。此两日喜儿、开侄试游美学生。

二十二日己巳　阴，早雨，午止。祝沈子惇七十寿。复高子益澳界电。夜，周子廙招饮六国饭店。接馨吾书。

二十三日庚午　晴，秋风凉爽。日本参赞阿部守太郎回国，来辞行，适陶杏南放赣臬来晤，同谈。午后日本使伊集院到署，言鸭绿江木植一年后应归商办，现调查未毕，请展期。那相生日，因服中，不送礼，投刺请安。

二十四日辛未　晴。进内奏事，请设机要股。过少楠，祝梁崧翁母寿。印儿生日，吃面。拟调章式之（钰）来部，派管成夫充驻俄二等通译官，与那相商，允。游美学生考试案发，欢儿取录（六十名）。菘侄洋文稍好，因汉文逊，未取。欢儿科学亦未习，不令赴考，与菘侄均加预备，明春再补试。

二十五日壬申　晴。宝应朱玉斋先生之子（兆骧）来见。余于戊辰冬奉先严慈命，送外祖母回常州，由寿州乘盐船经洪泽湖，冰冻廿余日。迨冻开，道经宝应时，伴送者为冯丈祥之。邀往其家，玉斋（金城）先生为其邻友，即从之课小题文字，并

---

① 此三字补注于"与庶司"三字右侧。

作诗赋，虽为时不过两旬，颇承教益。春初回里，府试首列，即于是秋入学。四十年前陈迹，思之如昨。兆骧号骏甫，为先生晚年所生，今亦三十余矣。晚就法署使潘苏纳招饮，并约观英国马戏。

二十六日癸酉　晴。梁尚书赴津。致东三省详函，延吉善后事。寄六弟书、澄儿谕。晚约李星岩（德炳）、徐仁甫（堉）、豫少庭、朱骏甫、王干臣、张镇之（象鏊）、李桂民（振华，玉舟嗣子也）、孔季瑨（庆瓛）、戴汝楫（济，艺甫子也）、文博廷、贻斋在长吴馆便酌。

二十七日甲戌　晴。寄三弟书。戴尚书宴俄使，作陪。

二十八日乙亥　晴。征宇、剑秋邀饮，看竹。

二十九日丙子　阴。午就李兰舟招。那相到署，论各事。梁尚书由津回。

八月初一日丁丑　晴。日本使来，言鸭绿江桥墩已撤，俟与中国商明再办。江西余发程案，照会英使，饬巡捕伤人之马仕离浔，英使以抵制为言，电督抚查禁，各尽其道。铜官山案，凯招庐人四百往作工，电皖弹压。《中央大同日报》《国报》均登部与东督、吉抚往来密电，系《吉林日报》先登而传录者。邸相令拟奏稿，由子廙办成赶递。

初二日戊寅　晴。进内奏事，两报馆均奉旨饬民政部封禁。法水师提督在养心殿觐见。吉抚复电，各密电系由伊处交商会阅看登报，虽词意缘饰，而情形如见。那相嘱向梁尚书商量办法，拟请从轻，并责成料理延吉事宜，以观后效。先由部电询东督及该抚签约后如何布置情形。复谱桐书。就润田、斗瞻招。李柳溪（家驹）日本考察宪政回，来晤。

初三日己卯　晴。陈抚昭常奉电旨申饬，余亦如昨拟，责成筹办。随那相见英朱使，论澳界、开平、津商欠款、九江余发程案、甘肃阿拉克案等事。晚，梁崧翁邀张、吴两使，作陪。致陈小农书，附礼物四色，托梅坡带寄。

初四日庚辰　晴。俄使来晤，以俄金商在黑龙江开矿损失赔款，请派员会议，否则将在东清路款五百万内扣除，电督抚核复。送张憩伯行。早进内奏事，派义馆随员。

初五日辛巳　晴。侄婿彭铭伯（树滋）、侄女应蕙到。敏伯在东洋药科毕业，来应秋试。接澄儿禀，拟入纽约康纳耳大学，习农科。复日本使，鸭绿江木植展期归商办。

初六日壬午　晴。曹镜泉（志溥）来，皖中旧交，别二十余年矣。致胡馨吾书。复子静书，已由临城回津。

初七日癸未　晴。谕澄儿。送吴挹清行。美银行司代德见那相，商东三省借款。

初八日甲申　晴。奥、英、德、日本使来见那相，以浚浦费罄，欲续筹九百余万元，以四年竣工。此事沪道并未详细报告，转使外人前来要求，尚须查明办理。

初九日乙酉　晴，夜雨。延吉开埠事宜电复东督。

初十日丙戌　晴。先慈冥诞，设祭。夜就美银行司代德之招。浚浦事电南洋，令沪道查复。夜亥刻香侄生女，乳名德宝。

十一日丁亥　晴。先慈忌日，设祭。英律师威金生来，随那相、梁、联两公在新公所接见，谈九江余发程案，迄无眉目。寄三弟书。新调秘书股陈公睦（庆龢）、张季馥（肇棻）到差。子静来京，寓其弟子欣处。

十二日戊子　晴。过芝房谈。子廙接家信，母病思子，请赴粤省视，为代奏请假一个月。见威金生系本日事，误记昨日。

十三日己丑　晴。约子静、子欣、斗瞻看竹。进内奏事，即为子廙请假，奉准，是日即行。

十四日庚辰［寅］　晴。俄主赠圣安斯尼塔夫第一宝星，为接待恭送梓宫专使巴里清酬报也。全署共四十七分，昨已奏闻，准其收受，函谢俄使转达。英翻译甘伯乐来，仍为九江抵制英轮,请电查禁。发电与李使,争余发程案。

十五日辛卯　晴。进内奏事,请拨清华园地亩为游美肄业处,又议复比馆保案。至孙师处拜节。复继旭生、衡若弟书。

十六日壬辰　晴。闻子廙丁内艰。

十七日癸巳　晴。过梁振东谈。复慕韩书、六弟书。那相到署,谈鸭绿江造桥、浚浦、澳界各案办法。晚,理藩部达挚甫侍郎(寿)约在考察政治馆便酌,座有柳溪、伯唐、范孙、雨人、宝瑞臣、刘仲鲁、华璧臣。

十八日甲午　晴。谒洵贝勒,司阍未与通,即托谭翼章(学衡)转达,定于廿二日晚就外、邮两部公饯。日本伊集院使来谈,延吉已派永泷为领事,请我预备开埠及抚、烟矿派员会商等事。

十九日乙未　晴。邮传部以京张铁路告成,行开车礼,早率儿侄至南口。午后听演说毕,复开车至青龙桥站。凿山通道,为中国自造铁路之最,中外皆称羡。经山洞三,又由青龙桥步二里许,观八达岭山洞,回车,进城已薄暮。就燕孙招。

二十日丙申　晴。省馆秋节到,适行礼。复慕韩书。

二十一日丁亥〔酉〕　晴。日本、法、和三国均带提督在养心殿觐见。孙、张两相国均因病请开缺。张尤病危,摄政王亲临视疾,夜亥刻闻薨逝。博廷招饮。

二十二日戊戌　晴。皇极殿行九满月礼。墨胡署使请假回国,来署告辞,并呈其总统答复登极国书。夜与邮部公请洵、涛、朗三贝勒、搜公、伦贝子、萨提督,又洵贝勒各随员。因将游历各国考查海军事宜,特设钱筵,饮叙甚畅。

二十三日己亥　晴。早吊张相之丧,摄政王临奠,追赠太保,谥文襄。戴尚书鸿慈入枢府,廷杰补法尚,绍昌暂署。午借石桥别业,约梁震东、蒯礼卿、李柳溪、达挚甫、汪伯唐、李新吾、沈雨人、梁燕孙饮。学部考普通案,铭伯第一,备庵有名。

二十四日庚子　晴。儿侄等往张家口。葛宝华补吏尚。

二十五日辛丑　晴。进内奏事，李家鏊等保奖奉准，预保丞参刘玉麟、阮忠枢、文溥、吴琦均记名。奥顾使为黄浦事颇要挟，经梁尚书驳拒，并电沪道查复。夜有雨。九江余发程案派刘宝生往查。

二十六日壬辰［寅］　晴。夜邮部徐、汪、沈招饮，在伯唐处。与度支部泽公、绍、陈议开海、粤汉、锦洮各路借款事。复端午帅书。

二十七日癸卯　晴。先君八旬冥诞，在长吴馆设祭（廿九正日，因先祖忌日改期），知照同府亲友，到五十余人。晚，子静来，并留少楠共饭。周子廙丁母忧，奏请开缺留部，在丞参上行走，仍兼游美学务总办。请简丞参，曹汝霖补左参议，署左丞；曾述棨补右参议，署右丞；陈懋鼎署左参议；吴琦署右参议。

二十八日甲辰　晴。日本伊藤、俄户部将到奉。晤邸相，派润田、剑秋分往查探。早在西车站送洵贝勒、萨提督出洋。接少斋信，尊侄委印花税局差，其故态又复作，严谕诫饬之。子静昨来，即去。至西城谢客。夜见那相，谈浚浦及驻美随员事。

二十九日乙巳　晴。至东城谢客。浚浦事，南洋适有电奏，拟不再具折，即行请旨，拟电底。复张憩伯书。备庵、敏伯试游学正场。

三十日丙午　晴。那相请假葬亲，在东岳庙讽经，往行礼。英前印督克青讷游历到京。吏部知照，二十六日奉朱笔圈出恭送孝钦显皇后梓宫，并有陈懋鼎。是日，庆邸未入直，浚浦事不克请旨，已由那相面告世相，明日面奏。范芃士由奉天，张正廷（守谊）由皖，均先后来见。子静午到，至那处行礼后即回津。复三弟书。

宣统元年九月初一日①丁未　晴。内阁会议德宗景皇帝升祔位次，驳礼部同昭虚位之议，宗朱子以昭穆为左右、不以昭穆为尊卑立论，拟升祔太庙中殿供奉，西又次楹又五室穆位，前殿于西旁文宗显皇帝之次，设坐西东向穆位，谨从众书奏。那太夫人于辰刻由东岳庙起灵，赴楼子庄茔地安窆，送至桥头而回。英前印度元帅伯爵克青讷来署拜谒，偕梁尚书同见。黄浦事奉旨派瑞澂督沪道履勘，会江督筹办，并由署电致大略。备安、敏伯试二场科学。各省咨议局开会。

初二日戊申　晴。接六弟电，快车北来。潘署使到署，仍催龙州盐案，电粤督抚议结。

初三日己酉　晴。备安、敏伯试第三场科学。六弟晚车到。

初四日庚戌　阴。至苏太谊园公祭，范文正公佩鹤行礼，亭林先生余行礼，到者十六人。适雨，凡与祭者在阶上及室内行礼。饭毕，入城贺汪风春弄璋，就程绍唐、书畬之招。曹润田、吴剑秋同往奉天。

初五日辛亥　晴，夜雨，至午刻止。英使偕印帅克奇讷于巳刻在养心殿觐见，摄政王慰问数语，礼成而退。接宝生九江电，余发程案英领能退，马仕离开，风潮可息。晚七钟半就英使招。

初六日壬子　晴。接曹、吴电，初五抵奉。伊藤初九到，十二赴哈，曹拟偕往。俄户部十一抵哈，吴先往云。晚七钟在新公所公宴英帅，克奇讷，与陆军部同作主，延英员十五人，泽公，涛、朗贝勒，搜公、肃王、世相、徐尚书。

初七日癸丑　晴。昨学部出榜，备安优等第十，敏伯优等十八，最优等十三人，实业居多，法政皆在后。

初八日甲寅　晴。英将出京赴奉，令伍璜伴送。

---

①　以下为第三册，该册封面题："己酉九月初一日起，庚戌五月十五日止，怡若日记。"

初九日乙卯　晴。会奏德宗毅皇帝升祔位次，进内，即回。偕梁、联两公，斗瞻、崑峰赴莲花池观西人赛马。子静来。

初十日丙辰　晴。到署。那相来议开平案。六弟奉陈小帅总督委，赴江宁，提怡和利倒账之店东黄懋桢，催行甚急，今早坐火车回鄂，不能迟至十三快车矣。葡柏使来，言粤东关澳界事总会反对，请禁止，为电粤督。

十一日丁巳　晴。约斗瞻、崑峰与子静看竹。端午帅之伯母安葬，在法华寺讽经，往行礼。

十二日戊午　阴雨。润田来电，伊藤与锡督所谈中日交际及大局事，渠于今日赴哈。

十三日己未　阴雨。润田、剑秋电报，伊藤今日九钟抵哈尔滨，下车时有韩人从俄兵队后突出开枪，击其胸际甚重，十钟即故。英使见那相，催开平事。夜偕崧翁过端午帅，即商此事办法。

十四日庚申　阴。早，梁尚书至日本使处，为伊藤事代政府慰问。日使言，吉林报载韩太子绘像，并言为质子于日本。恐日人疑为动韩恶感，答以与此无涉，惟官报不应有此间文，当致电查究。余与联侍郎亦往投刺，并奉电旨，派胡惟德致唁。二侄女赴山右谒其舅氏。

十五日辛酉　晴。进内奏事，丞参厅设参事四缺，员外二缺，主事四缺，美馆调员本部奏留六人，均奉准。梁尚书召见。伊集院使来署致谢。接东电，击伊藤之朝鲜人名安应七十二，即安重根。

十六日壬戌　晴。刘葆生自江西回，余发程案英领回国，马仕离浔，可就此了结。潘署使来言，新法使马士理二十到秦王岛，廿一晚车来京，请派花车迎接，允之。寄三弟书。沈雨人约六国饭店晚餐。

十七日癸亥　晴。过徐菊人尚书，谈公祭张文襄。

十八日甲子　晴。致陈蓉曙同年书。吴剑秋来电,廿一回京。润田赴安东等处。

十九日乙丑　阴。澄儿妇率两孙女归宁,苍侄送之赴津,趁新铭轮船。午帅复信,开平事直绅不愿与滦合办。为湖北教员马贞榆等电谤梁尚书,以中日新约为秘密卖国,与联侍郎公致陈筱帅询究,邸相同意。同铭回,六弟十四赴宁。

二十日丙寅　晴。德雷使偕水提英洛诺在养心殿觐见。又日使伊集院在东暖阁觐见,递日皇赠摄政王菊花大绶章。

廿一日丁卯　晴。驻德荫使丁母忧,电催参赞吴寿全赴德代办使事。贺陆凤老协揆之喜。吊瑞莘儒中丞夫人归殡。

廿二日戊辰　晴。早进内,行孝钦显皇后十一满月礼。新法使马士理来署拜谒,各堂同见。

廿三日己巳　晴。新法使在乾清宫觐见,递国书。葡使来,言澳界不决,请归公断,高使电亦云然。

廿四日庚午　晴。巳刻各使在皇极殿恭谒孝钦显皇后梓宫,到者十三国,英使朱尔典以坠马伤臂未来。午后偕各堂答拜法马使。复高使电,不允公断,亦不可移京,仍与磋议。

廿五日辛未　晴。皇极殿随行祖奠礼。昨监国摄政王答书日本,用杏黄封签,尺寸减小,摄政王自书名。电胡使,请觐日皇面递。右丞梁如浩四月假满,并未来京,奏请开缺。曹汝霖补右丞,曾述荣转左参议,陈懋鼎补右参议。

廿六日壬申　晴。请邸相点定题补郎员各缺、各乌布,又设丞参厅十缺。荫午楼(昌)留署德任,嘱沈彦琦转告德使。

廿七日癸酉　晴。孝钦显皇后梓宫奉移,余奉派恭送。早偕蔚若过伯唐,同趁通州火车,午抵烟郊,住民房,至帐棚,守候梓宫,于戌初始到芦殿,随众跪迎。各驻使在东直门内恭送(带司员八人)。

廿八日甲戌　晴。卯初一刻梓宫启行,(以后均此时刻。余等在八蜡庙尖。）午后至白涧芦殿，跪送跪迎，祭奠如礼。（晚住白涧民房。）

廿九日乙亥　晴。梓宫午刻到桃花寺芦殿。（晚住仓屯民房。）

三十日丙子　晴。梓宫巳刻到隆福寺芦殿，连日均跪送跪迎如前。（晚住傅新庄民庄。）每日梓宫到时，皇太后率宫眷先奠，然后恭代王奠，因网城外车马拥挤，大众有不克行礼之时。陈征宇充管道大臣，沿途站段本部押杠官派吴荫培、存格、恩绶、书绅、恩祐、曾宗鉴、施㘞本、杨毓璟，沿途均随行礼。

十月初一日丁丑　晴。进兴龙口，至普陀峪定东陵。梓宫巳刻到，暂奉于隆恩殿，行飨奠礼。（孟冬祭）余等寓裕陵大圈黄宅。吉、施、曾、杨四人先归。午后瞻仰裕陵。

初二日戊寅　晴。卯初行飨奠礼。梓宫明日奉移芦殿。午后游马兰峪，瞻仰景陵、孝东陵。

初三日己卯　晴。行迁奠礼。午后瞻仰孝陵、定陵、惠陵。

初四日庚辰　晴。巳刻孝钦显皇后梓宫永远奉安，除随入地宫之王大臣外，余均在隆恩门外行礼。午时题主，行虞祭礼，皆易朝服，在隆恩殿下行礼。神牌起行，跪送后，易蓝袍青褂，帽缀缨，随行至王子山（二十九里）安奉黄幄。恭送者分两班，礼邸、荣相（庆）、余及景（厚）、吴（郁生）、载（澍）、达（寿）为初五、初七两班，肃邸、伦贝子、绍英、林绍年、郭曾炘、瑞良为初六、初八两班，均跪迎跪送。顺承郡王恭代早晚行礼。

初五日辛巳　晴。神牌寅正二刻启行，八十六里至白涧，余等在蓟州尖，晚住来时民房。

初六日壬午　晴。神牌卯初启行，七十四里至燕郊，在三河县尖。晚住来时民房。

初七日癸未　晴。神牌卯初二刻启行，二十八里至马厂，余借寓民房。午后偕蔚若步入通州城，在茶肆坐谈，车归，往返约十余里。

初八日甲申　晴。神牌卯正二刻启行，征宇与同行之吴、存、二恩已于昨日随皇太后銮舆回京。余因神牌至齐化门外新桥，明日尚须跪送，借寓东岳庙内，荣相亦同寓谈。

初九日乙酉　晴。巳初刻，恭送之十一人俱朝服集于新桥黄幄，肃邸因瑜贵妃欲留守惠陵，奉命留隆福寺照料，未来。（礼邸有太庙差，已先进城。）余等跪送后，随神牌进朝阳门，因不能乘马，由他道至天安门外候神牌，随行进太庙。由摄政王代行升祔礼。午后礼成，回寓。接毕少斋信，有江镇投效吉林，为致陈抚书。

初十日丙戌　晴。进内，递折请安，并谢加级。接陈筱石制军函，旅鄂粤人马贞榆等登报诋梁尚书事，已饬更正。

十一日丁亥　晴。进内，谢恭送神牌加级。议复东三省借款造路事，与度支、邮传两部商妥定稿。又开平矿务亦拟奏交直督商办。端午桥制军因在陵派人照相，焚冠服，乘舆过神路，借神树为电杆，经李国杰奏参，照部议革职。陈夔龙调北洋，瑞澂署鄂督，宝棻调苏抚，丁宝铨升晋抚，孙宝琦补鲁抚。接六弟金陵书，三怡案内之黄某因病不能提，只可催缴欠款。

十二日戊子　晴。加班具奏昨两事，均奉准。带领引见，吴锜、文溥补郎中，恩丰、翟化鹏补员外。孝钦显皇后初周年，余又奉派赴东陵行礼。德宗景皇帝初周年派曹汝霖。各衙门均派一人。

十三日己丑　晴。加函与东督，论借款事。英使邀茶会。

十四日庚寅　晴。夜，那相邀陪各使。

十五日辛卯　晴。进内奏事，恩厚、郭家骥、继先、祝瀛元补丞参厅参事，奎佑、崇钰补员外，富士英、王鸿年、熊垓、曾宗鉴补主事。皆新设各缺，先奏闻奉准，再送内阁验放。又本日嵇镜补主事，荣浚补司务，李寅龄收补主事，皆在内阁验放。

十六日壬辰　晴，风大。陈、瑞两帅均请收成命，未允。

十七日癸巳　晴。接六弟书，已由宁回鄂，提款万金，即复之，并复佩葱书。章式之来，今日到部。寿州师相于本日辰刻骑箕，晚往哭吊。

十八日甲午　晴。偕润田公请李牧斋、于晦若、丞参诸君于石桥别墅。孙师赠太傅，谥文正，饰终至优，晚大殓，往行礼。复佩葱书、六弟书。

十九日乙未　晴。乘火车抵通州，晚宿夏甸。

二十日丙申　晴。邦均尖，蓟州宿。瑜、珣、瑨三妃本日由隆福寺起程回京。

廿一日丁酉　晴。进喜峰口，仍至裕陵大圈黄宿。

廿二日戊戌　晴。泽公恭代上祭，各官均在普陀峪定东陵隆恩门外随同行礼。时卯初，天尚未明，有执灯者，以举落为跪起之号。礼毕回寓饭，辰正起行，午抵蓟州。因风大，拟游盘山未果。

廿三日己亥　晴。段家岭尖，夏甸宿。

廿四日庚子　晴。札兰店尖，酉正抵京。此行往返以马车，无风沙颠顿之苦。随行司员荣浚、范迪襄、谦豫，又联春翁世兄庆子威（格），系军咨处所派，亦同行。接六弟信，已委羊楼冈茶捐，明春到差。

廿五日辛丑　阴，微雪。到署。

廿六日壬寅　晴，大风，甚寒。早进内，递折请安。过周子籙，已自粤东回。午后到署，那相来。

廿七日癸卯　晴。葡使来照，澳界请归公断，驳之。西藏公会来电，诋联大臣等停供给，有贰意。那相嘱代枢廷拟电，由征宇起草，为斟酌之，晚饭后始散。六弟书云，已委羊楼冈茶捐。

廿八日甲辰　晴。西藏公会电缓发，先分电川督，联、赵大臣查复。迎陈筱帅于车站。

廿九日乙巳　晴。川督复电，西藏公会电为名札西者所为。

三十日丙午　晴。壬午同年公祭孙文正师。就王叔鲁石桥别业之招。

十一月初一日丁未　晴。过顾三婶，议阳儿完姻事。三弟书云，聪生奉南洋委沪宁铁路稽查差。西藏事仍电联大臣再查。夜在福全馆约颜韵伯等饮。

初二日戊申　晴。贺蔚若次郎完姻。铜官山英商请运矿石出境，驳朱使并电询皖抚、芜道。

初三日己酉　晴。午刻恭上隆裕皇太后徽号，在养性门外随班行礼。祝鼎臣封翁常月川生日。夜就润田招。

初四日庚戌　晴。颁恩诏，在京文四品以上加一级。日本迁使馆，邀茶会。就霁生、征宇招。

初五日辛亥　晴。寄三、六弟书。过汪甘卿、章式之、李搏霄谈。俄使来，询哈尔滨商埠通告事。早进内奏事，并谢加级。日本大隈重信进五十年史，请赏宝星，奉准。夜就法使马士理招饮。

初六日壬子　晴。芜道复电，铜官山已停工，麦奎住英轮，二万吨矿石曾往阻运。地本石田，皖人之争，适遂其要索耳。比君主昨故，偕各堂至使署，晤署使博赉尔致唁。夜与陈、瑞、汪公请吕镜宇、李木斋、于晦若、李柳溪，因请筱石制军未到也。与木斋商比主吊唁事，函嘱值班司员代回邸相。寄澄儿谕。

初七日癸丑　晴。奉旨派那王恭代，俟比馆为比主诵经日，前往慰问，摄政王派曹汝霖代。即知照比署使。午就颜韵伯福全馆招。晚就麒崇甫余园招。令各股分认译报。

初八日甲寅　晴。比使复照，于十一日十一钟诵经。函致各部派丞参代表。令各司分认办档。

初九日乙卯　晴。美使送来节略，言东三省铁路事，并约见那相。夜祀先。发晓谕西藏公会电，交驻藏大臣传谕。

初十日丙辰，长至　晴。过陈筱帅。吊周子簌母丧。那相商美使节略事，拟奏陈再议。夜就日本使伊集院招。接吉林抚陈简，持书江镇，已为位置。

十一日丁巳　晴。那相见美使，告以政府宗旨相同，惟各国由其提议，将来商议借款办法，随时酌定，总以保主权、利公益为主。子静来。

十二日戊午　晴。午在新公所宴北洋陈筱帅。是日筱帅即接见各使答拜。英使见那相，欲干涉葡议澳界事，葡署使来晤则未提，但询广澳铁路如何答复。昨比署使为比主讽经于东交民巷教堂，那王及各部均到，今日来谢。接三弟书。

十三日己未　晴。早进内，带何藻翔、全龄引见，以拟正之何藻翔补员外。驻藏温帮办电称，西藏公所䜣联大臣，请旨晓谕，复以即照前电意宣示朝廷德意，谓进兵即是保护弹压，奠安黄教，毋得违抗，惟不便令其直接政府，仍行传谕。

十四日庚申　晴。就翙高、舒安、少益、和甫半亩园之招。

十五日辛酉　晴。进内奏事，议复萨使保案，并递巴西等国书。致耕生、六弟书，交仲恒带，并令欢儿在东安饭店饯之。

十六日壬戌　晴。仲恒回汉阳。陆凤老为乃郎订姻松江钱氏，往贺之。过胜之、允之谈。驻藏大臣电，达赖已回拉萨。致徐悦庭叔岳书。

十七日癸亥　晴。在东兴楼约吴平伯（尔昌）、彭稚霖（汶孙）、李搏霄、汪觐宸（毅）、陆春祥（熙）、颜骏人（惠庆）、邬浚之、曹慎卿午酌，子静适来，亦同座。

十八日甲子　晴。复二弟书、三弟书、澄儿谕。调吴尔昌法股一等股员，颜惠庆机要股一等，李心灵二等。孙慕韩书，派沈定九（保儒）来议子口税。

十九日乙丑　晴，风甚大。九钟送陈筱石制军赴津履新。贺黄慎之嫁女喜。答廷用宾法尚，未晤。过少楠略谈。昨晚就阮子衡福州馆之招。

二十日丙寅　晴，风仍大。是日为西历一千九百十年元旦，以国服期内，只向各使馆片贺。孙正叔同子簌来谈。到署，昨滇督电，蒙自兵三哨叛，窜入越南界，照会法使堵剿。复孙慕韩书、祝雪航书。余无日不到署，惟星期偶间，以前皆未记，然为每日从公之验，当仍记之。

二十一日丁卯　晴。贺陆凤老大拜，见。又贺戴少怀协揆喜。过鲍润漪同年谈，服尚未满，由籍来京。孙正叔约看竹并晚饭。陶曼生舅祖二十周忌，往行礼。到署小坐，星期无事。

二十二日戊辰　晴。顾宅迁居于观音寺，往问候，豫婶有恙，未见。世相转文华，那相文渊，鹿相东阁，陆相体仁。到署，英使欲调处澳界事，照驳之。

二十三日己巳　晴。到署，葡勘澳界之马提督来，与梁、联两公同见。润漪来。阳、武俉考贵胄学堂。

二十四日庚午　晴。接江湘岚（峰青）同年信，惠炭，拟函谢之。到署，驳复葡使小横琴捕盗案。夜就杨重卿约。

二十五日辛未　晴。进内奏事，议复钱恂宣布研究保和会折，又议复库伦勘办拉格依金矿折，又奏吴尔昌改为署德馆参赞、徐祖廙署一等书记、桂植调署英馆二等参赞，均照准。孙文正师领帖，往行礼。夜就奥馆顾使宴，宴后观跳舞，十钟回。致三弟书。

二十六日壬申　晴。卸署奉天交涉使邓孝先（邦述）来，徐悦陶来。接六弟芜湖信，奉委查案。桂母舅信，托谋事。到署。为山东征子口税致节略于德使。英、美两使来，言东三省铁路借款。法使来，言云南河口兵变事。贵胄法政阳俉第二，武俉备十五。

二十七日癸酉　晴。贺景敦甫嫁女。孙文正出殡，与壬午同年在彰仪门大街河东馆路祭。到署。法使因云南兵变案各报造谣，电滇督、鄂督查禁。又葡使言，粤报登澳界事，有宣战语，电粤督查禁。造言生事，徒为外人藉口，皆乱党所为也。夜，少楠来谈。又致三弟书、佩葱书。

二十八日甲戌　阴，午前微飘雪花，旋见日。接那相字，嘱向梁尚书商法路偿款宜早结。到署。即拟致陈筱帅，仍以赎回军粮城为名，拨款廿万。又电滇督，越剿叛兵伤亡之官兵应由滇给恤，免增交涉。复谒那相，未值，函告酌定。接聪弟书，即作复，又加复三弟一纸，因少斋信言蕫侄浪费也。巨川函商阳侄完姻事，复以仍在来年夏初为宜。问康婶疾。戴艺郢之子（济）少孤，以实业学堂肄业生考游美，得取。昨接祁冕廷电，言其患疯正，为电憩伯照拂。今又接唐蔚芝电，言其已故，只得再电运回。艺郢竟至无后，为之一叹。

二十九日乙亥　晴寒。张憩伯复电，医院谓戴病稍愈，未能回国，是唐电不确，但愿无恙为幸。唐棣生（恩桐）来，卸任仁川领事，少川侍郎之族兄也。徐芗泉为寻兄流落天津，托子静友吕君照料送回，费五十六元。不知学好，致入穷途，可恨。到署，复法使照会，谢其派兵堵剿。接根生信。

十二月初一日丙子　阴，有雪。祝江子嘉部郎尊翁阆卿先生及母荣太淑人八旬双庆。三县同乡在会馆为元和陆相国悬匾公宴，到者八十余人。散后到署，为东三省英美借款造路事函商度、邮两部。接朱兆骧书，其侄晋麻取拔贡，愿受业。

初二日丁丑　阴，雪被瓦。吴和甫补缺，来谢。请开国会之方惟一（还，崑山人）来谈。到署，和贝使为和属华侨事屡驳部照不理，电陆使告外部。致复庵书。

初三日戊寅　晴，雪重，仍纷霏不已，至晚约四五寸。午在蔚若处，偕凤、梦、石、佩诸君公请苏抚宝湘石中丞。到署。接三弟信，附同乡王鹤琴等公信，为五亩园儒孤学堂请邮部拨款事，当与凤、蔚商之。

初四日己卯　晴冷。到署，会晤甚多。余见比使，言铁路盗钉，宜定路律惩办，以儆将来事，法、义等使亦然，允为商邮部。五钟在新公所公请宝湘石，因其接晤各使之便也，并请吉林交涉使邓孝先（邦述）。

初五日庚辰　晴。到署。美借款事，度支部函复无异词。接六弟书，即作复。闻高子益到。

初六日辛巳　晴。进内，递请派巴拿马总领事欧阳庚等、温哥华领事张康仁等折件。高子益来谈。过顾三娣问病，已好。吊郭春榆侍郎弟少莱大令之丧。到署，核议复锦爱铁路折稿。赴嵩阳别业，丙戌同年小集，到者王友莱、朱□□①、谢履庄、张仲弼、蔡燕生、刘益斋、胡少芗、李椒园、陈松山、伊仲平、赵特轩，未集酉散。法馆通译官吴汉波（克倬）带来谱桐信，两谒，值余出门，未见，渠即回皖矣。

初七日壬午　晴。连日将石印曾文正手书日记翻阅一过。自通籍后，在朝、在军、在任，无日不学，乃知一代伟人非常事业，其根本不外乎此，后学者于切近处求之，斯可矣。到署。六钟就义使文吉之招。阮斗瞻拟议复钱恂外交宜公舆论折稿，甚详切。

初八日癸未　晴。早过向之、子益。到署。英参赞甘伯乐来，谈汉口禽鸟出口展期、东省豆发免单两事。拟奏结滇匪扰铁路、法占天津军粮兵房由直省筹款收回折稿。上赏腊八粥一盂，菜十二碟，八荤四素。

初九日甲申　阴。早进东华门，穿过东长街，转东为长春宫大他坦，中堂悬寿字，设宝座，南向，行一跪三叩礼谢恩。此次隆裕皇太后赏粥，系查照孝钦显皇后赏单，侍郎中有数人，不遍及也。出神武门，过梁燕生谈。至长椿寺，为顾豫斋叔三周忌致祭。到署。接六弟书、耕生书。知耕生回襄阳本任，颇抑郁，嘱

---

① 原文空缺二字。

代设法，函复之，并复六弟。夜雪。

初十日乙酉　晴。进内奏事，一借英美款造锦爱路，一赎回法占军粮城、结滇路案，一议复钱恂奏外交秘密。贺林赞虞娶孙媳。到署。

十一日丙戌　晴。耿伯齐约午饭。到署。夜就梁伯尹、燕孙之招。伯尹（志文）吏部，粤人，所寓韩家潭，屋小有花石，一亭翼然，李笠翁芥子园旧址也。

十二日丁亥　晴。张振之（善铎）来见，由奉撤差回籍。方惟一送来请开国会稿。到署，日本伊集院使为东三省美议铁路中立事见那相，意颇不然，当经驳辨。夜，颜骏人（惠庆）、李兰舫（方）邀西餐，座中晤严幼陵（复）。

十三日戊子　晴。就剑秋福全馆之招。到署。子静来。

十四日己丑　晴。到署。子静在寓竟日，晚与一谈。蔚若来谈。

十五日庚寅　晴。巳刻德使雷克司带翻译夏礼辅，在养心殿东暖阁见摄政王，递德皇所赠宝星，随同带引。礼毕，德使复往见庆邸，亲送金链宝星。均电谢德皇。是日为石夫人二周忌，设祭，儿女行礼，未惊动外客。午后到署。夜就俄使廓索维慈之招。早，敏伯夫妇乘火车赴秦王岛南归。子静往临城。连日有彗星见于西南。

十六日辛卯　晴。到署。寄孙慕韩信。早进内奏事。

十七日壬辰　晴。到署。

十八日癸巳　晴。杨氏表妹三周年，往长椿寺行礼。吊宗子立断弦。到署，法使来会晤，论滇、津案结交款及河内设领等事。夜过蔚若谈。

十九日甲午　晴，风狂日淡。沈定九（保儒）回山东，周子簦办葬回，均来晤。午刻到署，在大堂行礼，封印。复桂舅书。接河南知县王重光（燮）同年书、耕生书。

二十日乙未　晴。送宝中丞，答许世兄（同华），均未晤。

到署，闻洵贝勒四钟廿分抵京，至车站。又闻改迟至六钟廿分，即偕子益至崧生处食点谈心，届时复往，下车一见，并晤梁振东。接陆子兴信，托送炭。复佩葱书、谱桐书。寄三弟书。

廿一日丙申　晴。贺凌云台升直藩、李柳溪署学部左侍郎喜。到署。寄李玉舟书。

廿二日丁酉　晴。奉隆裕皇太后赏石青江绸一件、绛色江绸一件。到署，法使来晤，带见其新参赞。复佩葱书。

廿三日戊戌　晴。黎明进内，辰正王大臣等同进乾清门，遵义、月华等门，向北，又向西，进广生右门，至长春宫。皇太后升座，南向，手携皇上右侧立，俱素服。皇上广颡，目光炯然，穿青马褂青袍，不冠。瞻仰天颜，藉纾依恋。王、贝勒在丹墀上，群臣在丹墀下，各行一跪三叩礼而出。是日加班，奏核销二件，并代递唐侍郎等折。贺谢履庄（崇基）同年放天津道喜。过鲍润漪谈。到署。复亮伯书。

廿四日己亥　晴。到署。铜官山案，英使愿以五万二千镑了结，即电皖抚筹款。致三弟书、六弟书。

廿五日庚子　晴。贺庆邸次子载搜得镇国公衔喜。到署，美费署使来会晤。

廿六日辛丑　晴。到署。午后就孙正叔招，在梁伯尹家看竹。夜祀神。早进内奏事，一铜官山结案，一进呈出使报告。

廿七日壬寅　晴。到署。约子益、征宇、式之小叙。

廿八日癸卯　晴。复六弟书、耕生书。到署。过崧生。领回请封诰轴，三代皆赠一品，并貤封本生曾祖父母、外祖父母。接余尧衢同年书。

廿九日甲辰　晴。作复胡馨吾书。到署。

三十日乙巳　晴。到署。午祀顾、陶两外姻。夜祀先，敬奉诰轴。接筱帅复书，以北洋不便奏调耕生，谓其过班非计，自是正论。昨复三、六弟书。蒙颁赏鹅二头、藕粉一包。

黄彭年《汉中日记》

刘海钧 整理

编者按：黄彭年（1824—1891），字子寿，号陶楼，晚号更生。贵州贵筑县（今贵阳市）人。道光二十七年（1847）进士，授编修。曾入川督骆秉璋、陕西巡抚刘蓉幕，后历任陕西按察使、署布政使，江苏布政使，湖北布政使等。《汉中日记》记其同治二年随刘蓉自四川入陕西途中见闻，惜仅残存八月十二日至九月二十二日内容。樊长远等整理的《黄陶楼先生日记》（凤凰出版社 2020 年版）未收。原件存于国家图书馆藏《黄氏一家杂著》第 27 册，今整理刊出，以补前阙。原序曾收于《近代史资料》专刊《太平天国资料》（知识产权出版社 2013 年版，第 216—217 页），为完整起见，本次整理一并收入。

序

同治元年三月，川匪谢华摇余党邓逆自宁羌州之阳平关犯汉中，陈玉成余党伪四王自商洛分窜山阳、孝义，是为秦乱之始。四月，窜孝义者扑西安城，陷华阴，从松子峪出，而山阳之贼遁还郧西，复与之合。冯元佐者，渭南大侠也，从杨生花为乱。生花诛，而元佐逸。至是复纠乡人御贼，得

整理者：刘海钧，自由职业者。

巡抚缴，颇树功。元佐出，而回民裕祥以伐竹故起隙，焚其寨。元佐返，复焚回寨，由是汉回之斗日急。回强而汉弱，焚掠遍西、同、凤三郡，延及甘肃。抚陕者遂无暇及汉中矣。朝廷以荆州将军多隆阿剿回匪，而汉中责之布政使毛震寿。震寿师久无功。未几，而蓝大顺、张第才、曹灿章、郭刀刀、唐矮子诸贼自蜀入，伪齐王等四王复自楚入，皆聚于汉中。发逆围郡城，唐矮子据沔县，蓝大顺据洋县，虽郭刀刀已伏诛于蜀之仪陇，张第才窜镇安，曹灿章窜盩厔，而汉郡之围且日急。于是，朝廷有三省会剿之议，湖北以李云麟率健锐五营往，四川以张由庚率向导营、朱桂秋率桂字营往，以萧嵘率英字营隶向导营，以刘鹤龄率果毅副前营隶桂字营。朝命擢李云麟为京堂，统川、楚援陕之众。疆臣、统帅有言云麟不任为帅者，乃命四川布政使刘蓉代之，旋褫陕西巡抚英棨职，而授蓉巡抚。蓉既受命，言于朝，请督师先解汉中之围，次第扫荡群匪，然后入西安，专治回乱。彭年与之偕行，将为日记，而识其缘起于此。同治二年八月，黄彭年叙。

同治二年七月　四川布政使刘公蓉奉诏督师汉南，不旬日而有陕西巡抚之命，邀予同往。予以亲老辞，而家君谓"刘公遇我厚，不可却"，遂有三月之约。八月十二日，自成都起程，同在幕府者，丰都陈玉田茂才其昌、汉州张蓟云明经懋畿、大理张鼎臣参军士锜，官则长安蒋少原太守若采以下若干员，亲兵三百名，以湘乡戴九峰司马龄统之。予以刘公此行锐意肃清秦陇，以为中兴基本，不可以无述也，乃排日记之如左。

同治二年八月十二日　自成都起程，行五十里宿桂湖。桂湖者，汉卫公为新都令，浚以灌田，杨升庵植桂其旁，以为居宅。道光中，新都知县张奉书重浚之，治亭馆，祀升庵象焉。咸丰中，新都人谢子澄为天津令，死难，诏谥忠愍，建专祠，乡人亦遂于湖上立祠。是日，天气澄晴，桂花已残，陈丈懿叔、李乔友、刘伯固来送。

十三日　行五十里，金台县中。县令归州王琴轩树桐，风雅士也，著有《绿萝山馆诗集》。其子绍铨，字鉴秋，年十五入学，能帖括，工楷书。自金台五十里至赵家渡，苦蓝大顺之乱，知州李英灿战死于此，亦一都会也。

十四日　行四十里，越山王庙山，至兴隆场中火。六十里，至中江县宿。是日阴雨，土坡泥泞，行人举足辄踣，惫甚。候刘公，二鼓始至，饭毕三鼓矣。刘公邀清泉罗子秋大二令凤冈共游处。亦佳士也，工书。观灵飯寺，画壁甚精。

十五日　行六十里，建明驿宿。因昨日雨，兵勇、夫役疲惫，只行半站。晚饭后，偕数友登重馆后小山待月，天无片云，清光四澈，纵谈古今。坐三鼓，始归寝，良足乐也。

十六日　行六十里，潼川府宿。城西牛头山石寨，去城咫尺，俯瞰城中。蓝逆围潼川时，四山皆贼，陈祥典守此山，城赖以全。然贼退，陈索费，搜括民家，不异贼也。乡人于此修寨，他日有事，守寨甚于守城矣。同玉田、蓟云、子秋访草堂书院，登城至府学，寻颜鲁公碑，未见。摩挲古柏，小憩，移时而还。晚，玉田晤徐云岩学博，始知颜碑在启圣祠也。是日晴。

十七日　行六十里，秋林铺中火。六十里，盐亭县宿。盐亭城外山环水带，风景颇佳。细雨竟日，行泥淖中。过文湖州祠，未暇瞻眺。

十八日　行六十里，至南部县所属之富村驲宿。大雨如注，泥淖深尺余。土山夹石，经雨辄堕块，不似树道之皆石，尚易行也。刘公出示曾纪凤禀牍，略阳失陷，中旗之贼西窜矣。若再窜阶，又恐自龙安入蜀，汉郡大股随之而西，则蜀事必急急，而调所遣楚兵归，则秦事益难。

十九日　行六十里，柳边驲中火。三十里，南部所属大桥宿。是日，虽无雨，午间亦澄晴，而泥泞不可行如故，且土性胶粘，著足则不可拔。

二十日　行三十里，万年丫山口。十五里，天宫堰中火。四十五里，陟陈家坡，行山梁下，至阆中县宿。路愈坏，雨愈长。道逢解饷汉中之委员，云汉上北岸之贼侵过南岸，结木城为持久计。自成都来渡新都之昆桥河，湔水之支流也。金台之赵家渡，湔水、洛水会流处也。中江县之渡，即中江也。三台城东之渡，则涪江也。阆中县之南津关，则嘉陵江也。涉名水五矣。

二十一日　住雨。谒张桓侯祠墓，瞻铁象，忠义之气，凛然如生。旁祀其子苞及宋张烈文公宪。宪别有祠在南津关外锦屏山。晤包观察炜，乙巳同年也。张奉山同年之子树桢，字毅朋，避难至此，尚不知奉山之死，哀哉！

二十二日　住雨。饮包观察署。

二十三日　仍出阆中，渡嘉陵江南岸。行三十里，五吉关复渡北岸。又十里，新场中火。二十五里，庙阁楼宿。是日阴，锦屏山下放舟，水色山容，俱含静气。出新场，越陈家坡，沿苟溪河岸行，柏竹萧翠，触予山栖之意。主人示两湖来牍，雨苍统由鄂援陕之师，七月可以到鄂，颇慰。

二十四日　行六十里，观音桥宿，仪陇县属境也。出庙阁楼三四里，登烟锦山顶，极陡峻，行山梁至凉水井，三十里矣。迤逦而下，乃至观音桥，俯瞰群山，烟云万叠，满林红叶，寒花犹然。虽阴雨竟日，道狭泥滑，舆中贪看，竟忘疲劳也。途中遇秦人，自长安来者，云七月初四、五，回人尚近省城焚掠。多帅尚住高陵，张第才一股为石泉团所击败，仅余千人。曹灿章已至郿县，自子午谷绕汉阴、石泉、西乡、南江路尚可通。晚间，主人接朱总镇桂秋来函："汉中之贼自城固、洋县连营数百里，众十余万。北岸之贼，又复扎过南岸油房店。城中粮尽，多有饿死，未死者复脔割死者以求生。汉中亦系苦雨，不能进兵，旬日之间，再不晴霁，郡城殆矣。"阅之愤甚。朱营记室夏在伦，西昌诸生，论事甚条畅。

二十五日　行四十里，仪陇之张公桥中火。三十里，巴州之花草垭宿。出观音桥，越高山至老木口，行田陌上，田水尽满山涧，湉湉有声，间或悬流清激，红叶纷披。入巴州境，至蛭蚜河小桥，跨两山间，幽邃清越，不异吾黔响琴峡也。桥西山石绵亘如长虹，至河畔突起小峰而止，桥东亦高峻。是日，东南风不止，雨亦不止。南江县公牒言，月之十六日攻汉岸油房店贼巢，获小胜。

二十六日　行廿里，柳林铺。五十里，恩养河宿。雨止，虽未出日，而天气开朗，自山顶俯瞰，万重苍赤，界以白云，碉寨隐现于雾中，旌旗缭绕于林外。舆中看山，较看书为乐矣。恩养河与巴江合流处，为回龙场，夹河而居约二千余户，水陆之冲，亦都会也。四山碉寨皆极坚峻，询之土人，前岁贼至，竟听其去来。在人不在险，岂不信哉！阅毛方伯致中丞书，十九日我军进攻，为贼马队包抄，军械遗失，阵亡营官三员，诸军皆退驻青石关、法慈院。中丞之始奉命督师也，固虑诸军贪功冒进，致有挫失，檄诸军毋得妄动，乃檄未达，而丧败已闻。收集溃卒，蓄养锐气，殊不易矣。夜雨。

二十七日　行四十里，枣子湾中火。三十里，巴州宿。甫渡恩养河，循巴江岸，越鹿溪塘，至青岩塘，山境幽邃。出枣子湾，陟高坡，凡四百三十余级，以为登山顶矣，转弯乃又一坡。盖统计山高，约七八百丈，四山碉寨较前两日所见，更为完整，民气亦强，用武之国也。城外青石岩小寺临水，风景绝佳。是日早，雨止，午后微雨。

二十八日　晴。中丞驻节巴州，治锅帐、军械，示谕溃勇归营。易笏山太守、张补诗观察来书，言败军事。拜州牧陈君洪绪，字辅臣，新宁人，江忠烈公之戚也。山长唐君正恩，字霈亭。过蒋少原刺史谈。作书致李午山前辈。

二十九日　晴。余蔚斋礼部焕文来，端士，有才，治乡兵时，得乡人心。偕诸友复过蔚斋谈，遂出东门，临巴水。南台之亭、东山之塔，对峙云表，暮色苍然。闻官军十九之败，夜间遥望城中火起，或以为城中兵勇护居民夺门而出也。

三十日　雨。

九月初一日　阴。毛方伯胰来，二十日汉郡失守。

初二日　阴，早晚微雨。

初三日　早阴。午后同玉田、子秋、蓟云缓步城上。饮余蔚斋、唐需亭两君寓斋，席间，斜日出矣。骆帅遣果后六营自涪州来援。

初四日　晴。闻城固以二十四日陷。与余君筹粮运事。

初五日　大雨。

初六日　早晴。登城看巴江水涨。

初七日　雨。

初八日　晴。

初九日　晴。偕陈玉田、张鼎臣、蓟云游南龛山。出南门，行二里许，即至山麓。拾级而升，至半山，石壁对峙，磨崖刻佛像，有严武创修寺宇乞赐名表，宋元人题名甚多。更上为老君殿，石壁佛像题名尤夥，曾口令杨百药分书，最有韵致。蓟云陟梯摹拓，余向乞得一纸。亭甚宽厂，置酒其上，俯瞰江流城郭，胸襟颇为开豁。陟山顶飞霞亭，则左右顾盼，眼界逾远矣。山下石壁青润，而山顶平广，几二三里，土田甚饶。闻余蔚斋将至，坐山半待之。良久，卒不至，乃归。归则闻蔚斋出游矣。罗子秋窗下局促作细书，归乃述胜游傲之，子秋健羡不置也。

初十日　晴。蔚斋来。

十一日　晴。

十二日至二十三日未记，十六七两日雨，廿三日微雨，余皆晴。廿二日放舟，自东门至望江楼下，叩舷而歌，一舒积闷，此近事之可乐者也。

五四时期学生抵制日货运动日方档案选译

曹 萌 译

说明：近代中国曾多次爆发抵制日货运动（日本称"排日运动"），日本外务省搜集有大量相关情报资料，按年份进行整理有：《中国抵制日货事件（1908—1909）》九卷；《中国抵制日货事件（日支交涉前后 1912—1916）》十卷；《中国抵制日货事件（1919—1920）》九卷。其中五四时期爱国学生抵制日货的档案为《排日学生团相关调查》，起止时间为 1919 年 10 月至 12 月，归属于《中国抵制日货事件（1919—1920）》第三卷《杂件》，内容涉及中国各地学生抵制日货运动情况，特别是各地学生组织情况，从日本方面补充了五四时期学生运动的史料，可为相关研究之参考。今据日本亚洲历史资料中心网站"排日运动"专题档案翻译。为保持资料原貌，文件中的"支那""排日""暴动"等用语均原文照译。

日本外务大臣内田康哉致驻华公使小幡酉吉电
1919 年 10 月 27 日

（去电第 8783 号）

抄送日本驻天津总领事馆船津辰一郎总领事、日本驻上海

译者：曹萌，中国社会科学院大学历史学院博士研究生。

总领事馆山崎总领事、日本驻广东总领事馆太田总领事、日本驻汉口总领事馆扶川总领事、日本驻汕头总领事馆市川代理领事、日本驻厦门领事馆藤田领事、日本驻福州总领事馆森代理总领事。

（第1231号电报）中国排日风潮尚未结束，主要学生团仍在继续活动，其背后似乎存在英美人的势力，有形无形地为学生团活动提供援助。须就以上问题对其进行调查，了解实际情况。对学生团运动的调查内容应围绕如下几点：

（一）学生团所处学校及其系统。

（二）学生联合会或学生团组织及各地的联络情况。

（三）贵地学生团中的主导者、其有无政党关系。

（四）英美人煽动（学生运动）的事实，以及是否有资金供给。

（五）当地官宪对学生团运动取缔情况。

（六）实业团体对学生团的情感态度及其他参考事项。

外务大臣内田康哉

日本驻华公使小幡酉吉致外务大臣内田康哉电
1919年10月16日

（16396密电）

（第1374号电报）当地情况如下：

（一）五月四日暴动以来，当地学生团（参与者）网罗了中学以上所有的公立、私立学校。虽然最初的主导者是北京的大学生，但各学校学生中□持无态度、从最初就未参与的人也有很多。

（二）学生联合会大体由以上公私立学校学生组成，并未有其他组织,各联合会以电报书信进行联络。不明①□□因持续停课,暑假归省的学生们在地方鼓吹【排日】,大肆宣传。

(三)总之,此次学生运动爆发应有种种原因。伴随着世界范围内的动荡,中国学生的觉醒乃致发生心理上的动摇应该是最大的原因。因此,我认为并不存在绝对的主导者。反对中国政党政客、政府当权者的人并未动摇学生、群众心理。若有煽动利用学生形迹,则将报告。

(四)部分英国人、美国人因过于猜忌日本,似乎对学生运动有直接或间接煽动、援助的形迹,若确有其事,也将报告。最近时有耳闻美国人供给学生秘密资金,尚未明确是否为实。

(五)起初当地官宪对于五月四日学生暴行步步退让,以至于陷入恶风潮,北京当局也因处理问题时的严重失态而饱受中外人士的非难。但近来北京当局出台了取缔方针,从最近报告来看,对学生运动采取了更为严厉的态度。

(六)当地商务总会,或有出于其立场,与学生团的主张共鸣者,一般实业者亦腹诽学生行动,但也只是放任其成为一般趋势而无可作为。

驻华公使小幡酉吉
奉天中转　10月18日

日本驻厦门总领事藤田致外务大臣电
1919年10月21日

(16506密电)

(第72号电报)据贵电第1321号,调查内容如下:

(一)学校名及系统:大同、宝善、竞存、崇实、普育、紫

---

① 原文如此。

阳、蒙泉、鸿麓、吉祥、崇德、雅化、延陵、桃源、和安，以上十四所支那小学校。省立中学（支那系）有多闻书院、寻源书院、美华中学（以上三校是美国系）、英华书院（英国系）。

（二）厦门学生团主要从以上各学校的在校生、毕业生以及学校相关者中，各选出两名代表组成。学生团成员又和三十多名商人代表共同组织厦门国民大会干事部。干事部主要与福州、上海、北京方面取得联络，与广东并无联络。

（三）干事部主导者约二十名，其中有五六名为国民党人，与其他政党并无关系。

（四）关于英美人煽动学生团运动的具体事实很难捕捉。有关商资借贷问题，当地英美烟草集团①在五月下旬付给厦门基督教青年会五千元，暗中则交给了干事部，计划用于驱逐日本人经营的广东南洋兄弟烟草商会，似乎是事实。

（五）自九月十八日台湾籍民众的排日示威运动以来，支那官宪一改以往的态度，厉行取缔排日运动，于十月十九日发布告示，强制解散干事部十人团。

（六）实业相关者普遍对学生团组织、干事部抱有极大的反感，起初对劝告或制裁干事部也并无顾虑，对这次的解散告示也持欢迎态度。

驻厦门总领事藤田

日本驻广东总领事太田致外务大臣电
1919 年 10 月 27 日

（16777 密电）

（第 180 号电报）据贵电第 1321 号，当地的抵制日货运动主体几乎全数为学生团，其中少数参与者为目前无正业的归国留

---

① 原文为"トラスト"，即 BAT，英美烟草集团。

学生。学生团又分为商界联合会及中等以上学生联合会两个系统。前者包括有美国人经营的岭南、培英两校，高等师范、南武、培正学校等十余校学生。本年五六月份的抵制日货运动，以商界联合会为中心开展。后者（中等以上学生联合会）的运动还包含有对中国内政问题的斗争。到本年八月之后，商界联合会相关人员几乎全部都销声匿迹，中等以上学生联合会成为运动主力。除了上面提到的岭南、培英、南武、高等师范四校，其他的学生也逐渐加入。目前属于同系的学校还有：公立法政、公立医学、广州中学校、中法医学、潮州中学、甲种工业第一中学、教□师范、珠江中学、番禺中学、公立监狱、公立师范、岭海公学（?）工业（?）、南华、育才（?）[1] コウカショガク和女子师范、女子职业等二十二校。其中公立コウシウ的两法政学堂、广州中学、レイ□ガク［岭海］、南华学堂的一部分学生几乎完全荒废学业，专门从事检查货物、在地方宣传抵制日货的活动。其他学校的学生除极少数外，大部分只参加了主要需要团体运动的示威运动等而已。（待续）

驻广东总领事太田

日本驻广东总领事太田致外务大臣电（续）

1919 年 10 月 27 日

（16775 密电）

（第 180 号电报）其三，今春以来，地方官宪屡屡采取直接压制的手段对待学生运动，激起学生更激烈的抵抗。此后他们开始参照煽动人心的经验，通过各学校的教职员间接阻止学生们参与。对英美人煽动学生运动的问题，值得注意的是，当地基督教青年会在五六月参加了抵制日货运动。积极参与活动的青年会三名美

---

[1] "?" 为原文所有。

国人干部，疑似通过欧美留学出身的会员进行煽动，但尚未获取确切证据。不仅如此，英美烟草公司①利用抵制日货运动排挤南洋烟草公司。他们还对报社及部分学生劳动者投入了不少的资金，确为事实。当地的总商会起初反对学生抵制日货，避免与其牵连，但八月以来，学生进行示威并多次威吓，利用总商会名义、使用其会场【进行活动】，对总商会来说这也是不得已的情况。（待续）

驻广东总领事太田

日本驻广东总领事太田致外务大臣电（续）
1919年10月27日

（16776密电）

（第180号电报）（其三），商界联合会会长同时也是高等师范学校的校长，受到官宪的掣肘。副会长系岭南学堂的副总理，是旧国民党系人物，与岭南学堂一样，也带有宗教背景。他与南武学堂的校长共同出任督军府的顾问，与警察厅长魏邦平亲厚交好。由此关系，原是不可能参与不利于官宪的运动，然而却执中等以上学生联合会之牛耳。法政学堂因学校的性质，与前校长叶夏声关系颇深，且利用排日运动的风潮标榜其为外交问题，民党派则在其中作为后援。中等以上学生联合会与北京、上海的学生联合会以及广东、广西各地的学校均有联络，统领各学校学生，将有利益、有势力的广东国货陈列馆作为其机关。在广东的民党激进派宋以梅、谢英伯、林伯和的指导下，由北京的大学生和中等以上学生联合会中的实干者担任干部，分设庶务、会计、调查、文书、交涉、总务、募集会员七部，组织进行奖励国产、排斥外国货的运动。（待续）

驻广东总领事太田

---

① 即前文的"英美烟草集团"，这里遵照原文，译为英美烟草公司。

日本驻天津总领事船津辰一郎致外务大臣电

1919 年 11 月 19 日

（16765 密电）

（第 220 号电报）据贵电第 1321 号

（一）当地学生团组织有：（1）天津学生练习会①；（2）女界爱国同志会；（3）学生童子军。

（1）天津学生练习会由北洋大学、师范、高等工业、水产、法商、海军军医、电报等诸学校，大堂门、孔德、【觉】民②、扶轮、西开、成美、南开、【崇】德③各中学，以及基督教青年会附属学校、神学书院等中等以上诸学校学生组成。其中【崇】德、成美、青年会学校是由美国传教团经营，神学书院是伦敦传教团经营，西开是天主教经营，其他为支那公私立学校。（北洋大学、南开中学据说有美国资金注入。）北洋大学、高等工业、水产、法政、师范、成美、神学、南开、青年会学校学生是最为热心的排日派。以上学校的经营者以及教师中有英美人，或多有英美留学出身者，可观测出，他们因醉心于英美而持有排日思想。

（2）女界爱国同志会主要由法国天主教堂经营的中西（美国メソヂスト派)④、淑贞、圣功，以及女子师范等学校学生组成，以上学校都为排日的。

（3）学生童子军是外国人经营的西开中学、神学书院和南

---

① 原文如此，疑应为天津学生联合会。
② 据档案「支那排日団ニ関スル調査送付ノ件 大正八年十二月」，更正为"觉民中学"。
③ 据档案「支那排日団ニ関スル調査送付ノ件 大正八年十二月」，更正为"崇德中学"。
④ 循道宗（英文 Methodism），又称卫斯理宗（Wesleyans）、监理宗，是基督教新教主要宗派之一。

开省立以及大堂门各中学学生参与,各学校分别选拔组织而成。

(二)

(1) 天津学生练习会由中学以上学生组成,为取得学生之间的联络,设正副会长。各学校选拔一名评议员组成评议部,作为决议机关。另设执行机关。执行机关下设总务、交际、实业、新闻、演讲、调查等各课。本会役员的选举在寒暑假结束后进行,通常在每年五月七日召开大会,经费由会员学生负担。

(2) 女界爱国同志会主要组织家庭演讲队,和天津学生练习会一起行动。

(3) 学生童子军穿着美国式的童子军服装,表面上对国家尽义务,实际上是借由协助维持交通秩序,打入内部,联络其他警察,以达到帮助学生团行动的目的。

以上各团体间的相互联络自不用说,与各地的联络主要由学生联合会负责,联络地有上海、北京、济南、南京、芝罘、汉口等地,其中上海被认为是积极招揽、组织各团体的策源地。

(三)

(1) 天津学生练习会团体主导者有:会长谌志笃(高等工业学校)、马骏(南开学生)、张绍曾(北洋大学学生)、张阳元(所属学校未知)、李之攮バイヒン(所属学校未知)、李之常(法政学生)、卢致德(法政学生)、王醉生(师范生)、吕其昌(师范学生)、居秀孙(南开学生)、韩致祥(省立中学学生)、易守康(高等工业学生)、戴练江(法政学生)、韩嘉暮(北洋大学学生)等。

(2) 天津女界联合会团体主导者有:刘清杨[扬]、李【毅】韬、张若名、王启□、王秀英等,她们都是女子师范学校鼓吹排日风潮最积极的人。据观察,她们完全是被轻佻浮荡的男学生们妄动风潮所感染。

上述各种学生团体的背后,潜藏的是直系政客,这是人人所共知的事实。省议长边守靖(似乎在表面上并不表明立场)、商务会长卞荫昌、绅商孙仲荣(这二人公开活动)等是安福系及军阀派,教唆煽动政经新闻记者、耶稣教徒及其他部分商人,利用山东问题煽动排日,其背后更有熊希龄、林长民等人,特别是冯国璋提供了不少资金。

(四)上述各团体或多或少与英美人有往来联络,可判断其受到英国人、美国人煽动。但经过种种探访后,十分遗憾,目前仍未获取确切的证据。英国人、美国人经营的学校、教会,以及英国人、美国人担任教师的学校里的学生们,都相对更为热心鼓吹排日运动。英美系机关报《North China Star》①,及《益世报》、英国机关报《Peking Tientsin Times》②、《京津 Times》③(中文报刊)等中英文报刊,极力怂恿以上团体进行排日运动,报道攻击军阀的文章。青年会等其他教会也给予排日团体种种便利。通过以上种种特征,可以推定英美煽动排日的事实。英美对上述团体是否供给资金,虽然目前难以取得确凿证据,但英美烟草集团及其他的美国公司等为了扩张自己的商业利益,类似以广告费性质,为排日运动提供资金,我认为是可信的。当地美国官方是否有积极参与排日风潮的行为却颇为存疑,至少现任总领事富勒明确表示并无此类行动。

(五)关于地方官宪取缔学生运动问题。五月之后,以省长为首,包括教育厅长等方面取缔学生运动进展缓慢,理由是若用强压手段,会导致风潮进一步激化,或危及自身地位。所以学生团的不法行为几乎都被宽宥不责,导致学生运动日益扩大。

新任警察厅长杨以德上任后,逐渐采取严厉措施,对学生排

---

① 即《华北明星报》。
② 即《京津泰晤士报》。
③ 即《泰晤士报》。

日运动进行取缔,实行解散学生团以及其他团体的戒严令。学生团如今大肆抗议,排斥杨以德(省议会似有呼应,杨以德的地位颇受动摇)。

(六)关于实业团体,商务会长卞荫昌确为当地排日党头目之一,为帮助学生团行动,组织各同业团体排斥日货。另一方面,边守靖、孙仲荣等则图谋网罗学生、教师之外的新闻记者、耶稣教徒、省议会议员和一部分商人,组织各界联合会煽动排日活动。如仿上海之例组织救国十人团,天主教徒另组织公共救国团煽动排日风潮,支援学生的妄动。一般商民却在商业上遭受巨大打击,一时间被迫与主要进口商日本停止全部交易。虽然商人们心里面十分反感,但都没有公开反对的勇气。(待续)

驻天津总领事船津辰一郎

日本驻天津总领事船津辰一郎致外务大臣电(续)
1919年11月19日

(16747密电)

(七)各界联合会因山东问题的爆发,标榜共助困难。该会由学生、省议会会员、商会委员、新闻记者、耶稣教徒共同组织而成,其中值得注意的主要人物有:边守靖(省议会议长,留日学生出身,直系实力派,鼓吹大直隶主义,与冯国璋、熊希龄、曹督军称兄道弟,利用英美人的势力教唆、煽动学生排日,表面上装作与本会毫无关系)、卞荫昌(拥有相当财力的商务会长,听从边守靖等人的教唆,愚昧盲从,担任会长)、孙仲荣(江苏人,外国商馆买办出身,也有相当财力,利用美国人的势力,与边守靖一派共同行动,表面装作与本会无关)、刘俊卿(《益世报》的经理人,天主教徒,且担任副会长)、马千里(南海[开]学校教师,美国留学生出身,担任副会长)、孟震侯(《京津times》的经理人,被认为是排日急先锋)。其他代表人物主要为：省议会会员、商务会雇员、部分新闻记者、学校教师、男女学生、耶稣教徒等。学生及耶稣教信徒占本会成员的大多数。起初在商会内部设置事务所，被现任警察厅长解散后，曾短暂转移至美国卫斯理教会。在本官①向美国总领事提出抗议后，目前转移至青年会馆，继续声援学生团的行动，煽动排日。其他组织，如救国十人团及公共十人团等都标榜救国，时常开展演讲，与各界联合会及学生团等组织行动保持一致（在华公使暗中邮送）。

驻天津总领事船津辰一郎

日本驻上海总领事山崎致外务大臣电

1919 年 11 月 26 日

（18130 密电）

（第 436 号电报）据贵电第 1321 号，调查内容如下：

（一）当地学生团所属学校主要有：复旦大学、东吴大学、交通部工业专门学校、圣约翰大学、中国公学、华童工学、同济医工学堂、南洋路矿学堂，其他中学校、各种女学校等。以上专门学校中，除了两三所之外，其余都为美国系统，尤其是复旦大学及交通部专门学校完全就是美国系。

（二）当地学生团主要有：全国学生联合会总会、上海学生联合会两种。全国学生联合会总会主要组织支那各省及南洋、欧美、日本留学生联合会；上海学生联合会主要是由上海中学程度以上学生组织。各地学生联合会等之间的联络除了交换书状、印刷物之外，天津、汉口等地主要由地方官互相□□。

（三）加入以上联合会的学生中，以与美国关系最深的复旦

---

① 指船津总领事。

大学及东吴大学等学校的学生为主导者,此为确切事实。东吴大学狄侃为全国学生联合会总会的理事长,其干事长为复旦大学的贺芳。上海学生联合会的会长是复旦大学的程学愉,副会长是交通部工业专门学校的彭昕。(上海)最初的抵制日货运动是受到了北京学生骚动的影响,当时冯国璋经熊希龄手,支出运动经费四十万元。当时支那人之间多有传闻,如今似乎未见与政党有直接关系。

(四)抵制日货运动爆发时,美国教会附属印刷所印刷了排日传单,而且美国律师担任了学生团的顾问,时常出入其聚会处,此为事实。传闻英美烟草公司似乎对学生团提供了经费,但提供资金的证据十分难以获取。

(五)观察地方官宪对学生团的态度,似乎将学生团当作危险对象对待,多少显示出讨好学生的倾向,学生运动不发展至暴力活动不出手制止,最多不过警戒而已。

(六)一般实业家不满被学生再三勒索,对他们十分憎恶,但仅是表明态度都害怕遭受报刊的恶毒攻击,因此希望官宪强硬派对学生运动进行取缔。美国新闻记者时常接近学生团,进行排日煽动,详情将进行邮报。

驻上海总领事山崎
致在支公使天津、广东、汉口、福州、厦门、汕头密电

日本驻汕头代理领事市川致外务大臣电
1919 年 12 月 4 日

(18608 密电)

(第 76 号电报)据贵电第 1321 号,调查内容如下:

(一)当地学生团所属学校有:英华学校、汕头商业学校、角石中学校、回栏中学校、汕头工学校、旅汕中学校、正始中学校等。其中英华中学校是英国系,角石中学校是美国系,其他学

校则是公立学校，与外国人没有关系。

（二）当地排日学生团名称是全潮学生联合会，由汕头各学校共同发起，网罗了旧潮州治下各县学校。联合会中选举出会长以及其他役员，互相联络，展开抵制日货等活动。与外地的联络主要有上海、广东地区。主要利用书面方式，特别是报纸进行联络。最近因福州事件的关系，上海联合会的代表吴天囚来汕，此外没有其他代表来汕头。

（三）学生联合会长是英华学校学生□镇，副会长是商业学校学生张纯煨［煅］。其他成员都由上述诸学校学生中的有力者组成，似乎没有政党关系。（待续）

驻汕头代理领事市川

日本驻汕头代理领事市川致外务大臣电（续）
1919年12月4日

（18611密电）

（四）关于有无英美人煽动问题，英华学校以及角石中学校学生为排日的主力，无论是学生荒废学业还是引起骚动，学校的管理者都没有采取禁止的手段，因而值得充分怀疑，但无法列举具体的证据。尤其是如今学生运动陷入无法控制的状态，学校管理者也一副过分的样子，且在当地也很难捕捉到资金供给的形迹。

（五）地方官主要是以发布布告的形式取缔排日运动，但并无效果。学生自身也避免暴力行动，不给官宪干涉提供口实。诸新闻报纸将学生们奉为老祖宗，若官宪有干涉行为，则会受到来自各方面的攻击谩骂，因此官宪为了保持自身地位，不敢也没有勇气和实力进一步采取严厉的取缔措施，反而时常屈从于中国商人与学生团之间的纠纷，压迫商人，助长学生不讲理的行为。

（六）实际上，实业家因抵制日货受到很大损失，大多不满学生的不良行径，但他们担心学生依靠团体的力量日后对他们进行报复，因此没有公开反对，只是暗中希望官宪进行管制。

驻汕头代理领事市川

陆征祥致刘符诚手札（三）

崔 彤 整理

八十四
（1939年1月11日）

黼斋老弟爱鉴：

前日接到十二月廿六日于沪航途中手书，欣悉一是。承示谒见宋夫人及面交宋公小纪念品等各节，感感。

宋公加入中法工商银行，为该行前途贺。战后中外合作，为复兴计，系必经阶段，合作逾紧，复兴逾速而坚固。汪精卫之行动，为之叹息。

兹奉上证书二纸，察收见复为祷。匆匆。祇请近安，并贺年禧。

如小兄 征祥手启
廿八、一、十一

《百岁秘诀》乙书，业由金龄寄到，装潢美丽，必得老人快乐也。祥又及

整理者：崔彤，大连交通大学马克思主义学院讲师。法文由近代史研究所助理研究员任雯婧翻译。

八十五

（1939年3月14日）

黼斋老弟爱鉴：

叠奉离港赴申前三次航空手书，欣悉前寄证书已到，慰慰。小兄与先室相处情景，当与我弟与夫人同一。中外之隔，中外不同之点多于相同千万，能相敬相爱，始终不渝，亦上主之宠赐，非人力也明矣。

任先自投鬼域，更深痛惜。盖小兄与任先相知逾三十二年，交情不谓浅，而不能有所感化，小兄之罪也。兹有厚颜恳托者，自沈阳事变，小兄以全副精神，与前宗座比约十一世加紧表示孺慕之私，与比、法、和、英公教界人士竭力赠送宣传品，所赀巨款，均以各友人捐募医药费充补。

昨日院内支应处通知小兄，流水账透支已过千五百余方，日后用度恐未便再行支用。可否恳我老弟见爱，先汇赐千五百方，以清前欠。① 不情之请，尚祈原宥是幸。敢以奉扰，盖知己有耳，且情逾手足，作此将伯之呼，当不见拒故耳。专此奉恳。祗请程安。

如小兄　征祥手泐

奉上各件，留念是幸。宗座比约十一平日最爱圣面神像，与弟同一，××②敬爱圣面，我弟与比约亦可谓知己矣。此像由宗座亲赠于主教一束中检出赐小兄，以之移赠我弟，亦难得之好纪念也。祥又及

---

① 刘符诚旁注："既寄二千方。廿九日复。"
② 原文如此。

八十六

（1939年4月10日）

黼斋老弟爱鉴：

四月四日接到巴黎汇理银行函，藉悉老弟慨助宣传费二千比币，心感难以言喻。值此抗战进入第二阶段，最后胜利不远，似宜稍尽棉力，加紧宣传。购致刊物及邮费为数颇巨，目下得此巨款，足够本年费，深盼战事年内结束。

小兄上相老贺词中，亦有"希望我师'不还我河山不止'之呼声，百岁年内实现，以作永久纪念"。四月八日国内《益世报》庆祝相老百岁大寿，日内发出通知十七封，又附入冯副委员长寄来相老丝织肖像。钱大使有贺电，小兄附名电贺。相老住谅山，法文地址 Ma. Liang，Mission catholique, Lang-son, Indochine。①

欧局紧张，战事难免，老弟定五月十一日搭船返法，为之大慰，缘一旦有事，老弟在家可有办法耳。目昏不克多写。顺问近好，并祝风顺。

如小兄　征祥手泐
廿八、四、十

□指明年三月八日，适逢我【师】百岁大庆，远隔重洋，未克飞桂林祝嘏。兹乘刘荩忱谱弟回国之便，带呈法文《延年益寿妙术》一书，伏乞□存，以作荩弟与祥预祝小品纪念。每日圣祭中加诚祈祷，恳主□福全国抗战勇士，俾我【师】还我河山的呼声实现于一九三九年，以开民族复兴的新纪元，□偿我【师】平生切望的爱国宏愿。曷胜企盼之至。恭祝健康。

门人本笃会修士兼司铎陆征祥谨识

---

① 马良，天主教教士，谅山，印度支那。

八十七

（1939年4月14日）

黼弟爱鉴：

欧局异常紧张，内心深抱不安，每晨祈祷中特别求主，俾此次订定行期不致延缓。倘五月起程，六月中始能回法。家庭团聚，在此欧云密布，早不保暮之不景气象中，尚何乐字之可言哉！但求团聚一处，患难与共，遇危险事有个商酌，避逃时有个同伴。

小兄在院，与社会情形完全隔膜，战事发生，何处为安全域，毫无把握。我弟回法，尚可与大使馆探询，并可与颂南、乡仙接洽安置眷属地点，未知 Lisieux et Lourdes① 之宗教区域内，或可得相当之安全否？一切总盼我老弟早日赶回，尤不可向家中人稍露恐慌。亦无庸恐慌，盖愈恐慌愈无办法，"镇静"二字，为遇险出险不二法门也。

兹附上《中国二千年之预言》剪报，如荷代购五六册带下，尤感。匆匆奉托。祗请程安。

如小兄　征祥手启
廿八、四、十四

黼斋老弟爱鉴：

兹寄上《新经·保禄宗徒致格林多教友书》第十三章自一节至十三节法文原文一纸，并将中文抄录如下：

今有一人，语妙天下，吐词如神，若无[有]仁爱，如铜有声，如铙有响。即有天才，能知未来，识尽奥秘，穷极科学，

---

① 里修和露德。

并其信仰，足以移山。然无仁爱，如一无有，甚或倾家，救济贫苦，将其身体，投诸烈火。若无仁爱，皆属无益。至哉仁爱，既能坚忍，又拯纯善，不贪不燥，不骄不妄，不求自利，不动声色，不念微恶，不喜非义。其所慕爱，唯有真理，忧以天下，信以天下，希望无尽，担任无遗。先觉可死，仁爱不死。吾舌可断，仁爱不断。科学能灭，惟此仁爱，永远存在。由此观之，世有三大：一曰希望，一曰信仰，一曰仁爱，而最大者，莫如仁爱。等语。

一九三三年三月四日美总统罗斯福氏莅任就职宣誓引用此章。罗氏（下缺）

八十八
（1939年5月16日）

龠斋老弟爱鉴：

前日得金龄信，藉悉我弟行期改缓，且无定期，甚为失望。值此国家存亡危急之际，凡能尽一分心力，惟有放弃一切个人计划，而毅然以全心全力赴之之一法耳。质诸爱弟，必以为然也。

财力为战争之主力，银行为储蓄主力之地窖，故我弟对国尽力尽心之处，较诸驻外一大使馆，有过之无不及也。目前我辈人格之自植自励，宜效法三代以上之人物。盖三代以上之人不好名，而我辈亦应不好名，而但求尽心尽力，但求我心之所安，我力之所及，如是已耳。

兹寄上①国，望分神代购一册，交邮掷下，亟愿拜读为快，每日圣祭中加诚代祷。又相师百岁大庆，国府特颁明命令褒嘉，中［古］今罕有，民国前途之瑞兆，可喜之至。余容续布。祗

---

① "上"后原信被挖掉约十字。

请健安。

如小兄　征祥手启
廿八、五、十六

　　金龄来信同一表示，而以"忍"为福之根，可嘉可喜。有此佳女，为我弟喜。祥又及

　　再，南文院长于五月四日回比。此行虽久，结果尚好，各处教区兴发，比约十一世之所赐也。祥又及

八十九
（1939年5月30日）

黼斋老弟爱鉴：

　　两奉手书，领悉船期改缓，且难预定日期。既为行务重要，不得不移爱作忠，出于我弟忠诚职务，夫人、金龄当能谅解，益增敬爱，毫无疑义。且金龄来信有耐心即载福之道一语，令人慰佩。

　　兹寄上《益世报·海外通讯》剪报两纸。区区理想，屡向爱铎作谈笑资料，伊竟认为有见，殊出意外，曾于第四期以《罗斯福》为题，并以小兄陈腐思想做成一篇首论。伊煞费一番构思苦心，未便阻其登载。亟以剪寄我弟一阅，未知国内当局看法何如？老弟感想若何？望示我数行，以慰挂念。

　　入院以来，与世无争无求，值此国难期间，既以"有钱出钱，有力出力"为口号。身居修士，既无钱复无力，偶有外人或公教同胞来索宣传文字，一再与爱铎熟商，未便一概拒绝。如《公教呼声》出版，勉作一序，及他处对付文字，凡此，但求无过，不求有功。我弟知我有素，当能见谅，但不知外人评议如何耳。

　　相师百龄庆典，国府明令褒嘉，林主席专电祝贺，政府要人

隆重祝贺，古今罕闻，叨列门人，预有荣焉。小兄函告海外公使，十七人内有四位素无一面之缘，盖以尊老敬贤本无识面、不识面之别，故一律通告，谅不致见怪也。余容续布。祇请日安。

如小兄　征祥手启
廿八、五、卅，灯下

九十

（1939年7月4日）

黼斋老弟爱鉴：

叠奉香港航信，《中国二千年预言》《清算日本》等刊件拜领，谢谢。窃念老弟对于金龄，以及峻林、锡龄、桂龄教育之担负、前途之计划，至矣尽矣。求诸当世之族长，不可多得，其收获上主安排之，亭毒之，所谓尽其在我，成败委诸天命可也。

锡龄来法，桂龄留美，吸收欧美文化，设计妥帖。异日归国服务，亦两美俱集，应用益备。在家有三洲和合之宽大，出外有对付急需之运应，内外兼顾，甚为得计，羡羡佩佩。非我老弟眼界高远者，不克臻此。金龄来信，tramis① 六月可抵马埠，屈指水程不到一月，法邮船亦增加速率耶？或途中停顿时日之宿〔缩〕短耶？

欧局紧张，趋势难测，全盘计划都在英张、德希二巨头手中，亦不出"和""战"二字。此二字，一则保存文化，一则蹂躏世界，一放一收，影响不可限量，责任非同小可。前者守成，后者复业。小兄以拿布伦、威廉作前车之鉴，且希好人之所恶，恶人之所好，灾将逮其身耶？上主全智，独知之耳。南院长密告全体修士各节，有战祸难免一语，大可注意，顺以密闻。专此。

---

① 特拉米斯号。

祗请程安，并祝天伦乐叙无限。同乐。

如小兄　征祥手启
廿八、七、四

锡龄晕船否？念念，并以问好。

九十一
（1939年7月15日）

蕭斋老弟爱鉴：

前接十二日手札，欣悉弟驾平安到巴黎，且于预定日期前（金龄来信），尤为快捷慰人。携眷静息是正办，而神形两益。夫人素喜山居，先师文肃与小兄均喜饮泉坐汤之温泉区域。未知老弟能与夫人商酌前往维希 Vichy①，每日饮泉一杯，以扫荡胃肠；坐汤一次，以清洁肉体，半月或三星期后，顿觉舒适，如服仙丹。但须先访医生，讨论商酌，且饮水度数及坐汤温度、次数，均由医士开单指定，不可自作主张，反有害也。愚见尚祈与夫人参考，以备一格耳。

来比把晤，甚为欢迎，或先或后，悉听弟便。欧局趋势，惟主独知，或当局之两三巨头知之。然最后暴［爆］发或忽转和缓，亦惟上智安排，巨头亦处被动地位也。质诸老弟，以为何如？

爱神父日来筹备《益世报·海外通讯》第七期，资料业由国内空邮递到，现考量一切，煞费心思，忠诚如爱铎者，实不多见，令人钦感。金龄《女界通讯》一文加入，亦一好机会也，预贺预贺。

此间一切照常。暑假已届，鲁文修生及留学罗玛修士，亦将陆续回院，人数加增，亦增热闹。匆复。祗请双绥。

---

① 维希。

金龄、锡龄问好。

        如小兄　征祥手启
        廿八、七、十五午后

九十二
（1939 年 7 月 23 日）

黼斋老弟爱鉴：

  昨午今晨，促膝谈心，快慰非言语所能描写，彼此当有同感，自不待言而知。其不知者，每年来院访问一次，增我一岁之寿。故切盼阖第多住巴黎，多住一年，多来一次，多我一岁，多多益善，活到百岁，以步相老之后，何如？

  查《词源》，有古乐府《木兰篇》，所说诗是否一事？季璋所译书忘询及，便中示知尤感。牙痛谅系药性发展，或可平复，无须就医也。顺颂日祉。

        如小兄　陆征祥手启
        廿八、七、廿三灯下

九十三
（1939 年 8 月 22 日）

黼斋老弟爱鉴：

  避静前奉到手书及相片，又锡龄信暨《木兰辞》，在静默中未克复谢，曾代祷降福。

  出避静期，检拾旧破杂纸等，检得《古今笔记》《经史百家杂抄》《女论语》等，略志数语，交邮寄赠。未知何日递到，税关有何留难，特先奉告，以资接洽。

  兹附上绒袜样一件，前四年夫人连同雪靴等由 Bon Marché[①]

[①] 乐蓬马歇百货公司。

寄惠之物。此种厚绒袜，原为脚寒之人夜间用之，以温两脚，现下两脚畏寒，非白日用之不足避寒。可否恳夫人向原店代购两双，掷下应用，不情之请，尚祈格外鉴谅。匆匆奉恳。祗请双绥。

如小兄　征祥手启
廿八、八、廿二

附袜样乙件。

九十四①
(1939 年 8 月 25 日)

欧局恶化，战祸难免。所可慰者，老弟回法，夫人、金龄有所依靠。一切求主庇佑。至地点之选择，老弟成竹在胸，未便赘述，当代祈祷。匆匆。祗请黼弟日安。

如小兄　征祥手启
廿八、八、廿五晨

锡龄来法，多一作伴，亦幸事也。并及

黼弟惠鉴：

今晨曾上寸笺，谅登记室。值此战祸将临，人心惶惶，考诸《古经》，祈祷最有效力；证诸往事，亡人庇佑，历历不爽。以小兄入院以来，凡为国家，为社会，为亲友代求，莫不蒙主听纳所请，俯允所求。

晨间函致本笃女修院，购致前王、前后暨现王肖像三千份，分赠亲友，加诚祈祷，避免战祸之来临。该价比币八百七十五方

---

① 此日两件均为明信片。

frais①：875.00②，未知老弟能助此巨款否？倘比境不入漩涡，老弟携眷来比，早发夕至，且 Bruges③ 省城清静，亦多美术画物，贤夫妇来比勾留，聊作避难地点，亦颇相当，亦一难得机缘也。敢以密告，以备日后遇机考虑之一格。

如蒙金诺，慨助捐款，请以封面写法缮发支票，免到院转拆发生未便故耳。匆匆奉恳。袛请双绥。

附前王、前后、今王纪念三份。

如小兄　征祥手泐
廿八、八、廿五

九十五

（1939 年 8 月 27 日）

黼斋老弟爱鉴：

顷间接廿五日手书，领悉一是。承示 Lausanne④ 医士诊视，夫人近体血压过高，精神过劳，亟宜休养一节，适与本城专科每次面告小兄之言不约而同，足证修养系苦事，劳动乃乐事。换言之，服从医士之言，难如登天，随心所欲，服从私意，易于反掌。故病者不知保养，反怨医士无本领。倘夫人从此觉悟，节劳自卫，恢复精神，确有把握。

小兄前次因阅报过度，双眼流泪，如丧考妣。后经专科力劝，停止看报，一年以来，目力有增无减。然每次走经阅报室，心中内争，如迎大敌，心目向报案，双足向门出。值此气候温暖，舍阅报室之过道，而下楼穿花园，既免过失重

---

① 费用。
② 刘符诚旁注："已于八月廿八日寄去支票一纸如数。"
③ 布鲁日。
④ 洛桑。

患，复得呼吸清气，诚一举两得。为老弟述之，可见人身在世，实一战场，其最剧烈之战斗，当然在人生最后之几分钟。我人不得不自救自赎，以准备此最后胜利，与民国全体民众奋勇抗战到底，所希望博得者，同此最后胜利耳。质诸老弟，以为然乎？

《西安苦剧》一书，烦弟牢记代办，以献宗座，感感。按目前形势揣测，法有保障，波兰成约，比或可免入漩涡。望弟将该书寄下，由此间书店装订可也。绒袜三双，已接巴黎本店来函通知，又接比京代理人来单接洽关税，单内声明清付。外人办事，诚实亦便宜，商店之特色也。

昨函渎请募款一事，再思之后，反觉不安。窃思亚尔倍前王暨亚斯脱利前后在天之灵，庇佑比土及人民，当无疑义，倘能唤起较大的祈求呼声以催迫之，前者必更加紧，后者亦得慰藉。此举虽系个人私意，亦百年难逢之机会，如我弟素以慷慨为怀玉成之，不独小兄一人之感谢，比国上下蒙此荫庇者，必中心感激于久远，间接加增比人对祖国之同情于无形也。措词略说列下：

"Puis-je vous offrir deux images ci-jointes afin de pouvoir prier ensemble d'un même cœur et d'une même voix vos grands et augustes Souverains de veiller sur la Belgique pour lui épargner de sanglantes épreuves dont la pauvre Chine est XXinoublié?"[1]

专此。祗请日安。

如小兄　征祥手启
廿八、八、廿七晚

---

[1] 是否可向您附上两张图片，为您伟大而神圣的、守卫比国使其免受血腥磨难的历任君主共同祈祷，可怜的中国正遭受这种血腥的磨难？

九十六①

（1939年8月29日）

顷奉廿八日手书暨支票一纸，感感谢谢。窃念老弟受洗以来，上主宠恩有加无已。小兄得主赐我以后方粮台，源源接济。小兄凡百言动，惟主最颂。现遵弟嘱，多多祈祷。宗座位高极顶，亦惟有祈祷之一法耳。匆谢。祗请黼弟晚安。

如小兄　征祥手泐
廿九午后

九十七

（1939年8月30日）

顷间奉到《西安记》译法②一册，谢谢。法比邮便有断绝之谣，倘成事实，则奈何？所可聊以自慰者，夫人、金龄有老弟在法照料，则我心之过虑可释，确系上主显明之恩宠。

盖一年以来所早夕祈祷两事，现均实现，一老弟在华无危险；二赶早回法照料家务耳。借前王、前后之肖像祷文求和平、求保佑一事，颇得比友感情，并闻。祗请黼弟日安。

如小兄　征祥手泐
廿八、八、卅午后

九十八③

黼弟爱鉴：

三双绒袜已到，便宜商店之包封，伊经理人之可靠，令人羡羡。附上单纸，细到完备，以见一斑，可嘉之至。西人组织抗战中，正

---

① 以下两件为明信片。
② 即《西安半月记》法文译本。
③ 九十八、九十九两件分写于两张大小不同纸片，疑其实为一函。

在仿行,可嘉之至。爱铎奉命赴法北方办理要公,连日(以下缺)

九十九
(1939年9月1日)

爱铎奉差在法北境,未知能趋早赶回否?念念。

顷由同事面告,战事暴〔爆〕发,波已被炸,世界浩劫临头,惟有求主垂怜耳。兹附圣母像四枚,望同声同心同口虔祷,俾战期缩短,和平不久恢复。另封赠金龄刊物三册,作饭后谈料。匆上。祗请双绥。此上。黼弟惠鉴。

如小兄　征祥手启
廿八、九、一

一○○
(1939年9月5日)

一九一四年、一九一八年间,食物缺乏者,糖荒较他物为最剧。夫人食物中,糖是否必不可少之一?望早为之计。小兄八年不食糖物,健康仍能支持者,盖糖非我必需之物故耳。匆匆奉告。祗请黼弟日安,夫人叩安,金龄、锡龄问好。

如小兄　陆征祥手启
廿八、九、五

一○一①
(1939年9月5日)

法国巴黎第六区塞弗尔路47号

荩忱老弟爱鉴:

自今日起,书此卡片以表小兄之衷心祝愿。兄在一宁静乡村

---

① 以下四封为法文明信片。

致弟日安。至于此一乡村之地址，吾至今不知其详。三十余年轻神父已行动矣。老弟是否已经做储备？明日再絮。

如小兄　征祥手泐

一〇二

（1939年9月6日）

荩忱吾弟爱鉴：

四名法国司铎已走，教团人数锐减，吾等在祈祷时将怀双倍之诚意。爱铎离开一周，前不久从法国返回。诚如小兄一九一四年预言，爱铎受法国民众热烈之欢迎。人民有如此爱国之高尚灵魂耶！比利时国王已获军队之指挥权，实需耐心与信心。

如小兄　征祥手泐

一〇三

（1939年9月6日）

荩忱吾弟爱鉴：

今晨收悉爱弟九月二日之手书，知弟与家人团聚，安居巴黎。汝等前日方逃离中国之战区，今日又将置身于欧洲之残酷战区，小兄为汝等祈祷。弟是否考虑备置面具以防毒气，或有备无患。审核一旦施行，兄之来函或被截于边界。

如小兄　征祥手泐

一〇四

（1939年9月9日）

荩忱吾弟爱鉴：

三十三名年轻司铎投身医务，其中十名法国司铎已回法。纵使缺少司铎，教团将于九月十八日开始新学年。弟是否打算夜间安顿于巴黎边郊？或以此可避夜间轰炸。

如小兄　征祥手泐

一〇五

（1939 年 9 月 10 日）

黼弟爱鉴：

连日寄上邮片，聊表微意。每日在圣祭中为老弟全家代祷。

战火漫［蔓］延，如水如火，一日火不息、水不堤，虽严守中立，被卷而入漩涡亦难免事。比境经历既已深切，防患不得不周备，自王室以致于庶民，人人有戒心，所得于一九一四年、一九一八年之教训多多矣。本院修士比籍三十三位、法籍四位，均被征离院。

回想一九一四年八月六日至十六日，小兄由比往巴黎小住十日，生活节约，市面黯然，昔日兴盛气象一变而为孤岛。此景此情，恍在目前。处此环境，惟有看书自解之一法耳。附上剪报三件，俾作解闷资料何如？匆泐。祗请双绥，金龄、锡龄问好。

如小兄　征祥手启
廿八、九、十

一〇六

（1939 年 9 月 11 日）

黼弟爱鉴：

连日奉上邮片数纸，记号自一至四，其中三号重馥［复］，藉通一念，不满所欲言、所欲达，盖借明信片，冀易通过而早达览耳。

报传巴黎居民镇静，一切尚能安定，亦难得之情形，为之稍慰。承示夫人、金龄不愿乡居，令人敬佩。骨肉之情，甘苦同受，出于至性，实我弟待人真诚之感化也。

报传前皇威廉第二曾致书希得勒，促伊醒悮［悟］，有今日德国军情，实不如一九一四年之充实云云，未知确否。附上剪报《巴山哀》一百韵，我弟爱诗，留念可也。匆匆。祗请双绥。

如小兄　征祥手泐
廿八、九、十一

一〇七①
（1939年9月14日）

荩忱吾弟爱鉴：

是否置备面具？已试否？兄翻阅汝照片，陷入回忆。每事皆有其向好之面，诚然否？纵使战争与死亡，愿受难之人走上光荣之道！此一道路乃布满荆棘的重生之路。基督庇佑。

如小兄　征祥手泐

一〇八②
（1939年9月15日）

钱大使函称，法比邮便尚通，惟一信需时六七日。南文院长以明信片可早达，检查处容易通过，盖一九一四、一九一八年经验之言也。

英《泰晤时［士］报》传，汪逆有十月十日登台之谣，并有签订《中日和约》之奇闻，特将剪报寄上台阅，以观谣言之能否实现。日人利用欧战，不卜可知。如何变化，实难逆料，惟有求主佑庇耳。此上。黼弟爱鉴，并颂日祉。

如小兄　征祥手泐
廿八、九、十五

---

① 此件为法文明信片。

② 此件为明信片。

一〇九①
（1939年9月17日）

苾忱吾弟爱鉴：

　　吾之爱妻于一九一四年被困布鲁塞尔，自此每日寄出明信片以表问候之情，然大多并无回音。法比毗邻，诚盼寄出之信件如期送达。已向弟寄出九月十日《爱国者画报》。

如小兄　征祥手泐

一一〇
（1939年9月18日）

苾忱吾弟爱鉴：

　　今苏联卷入战事，结局难测。小兄自本月五日读报，然仍无法断言。仅以修士之职日夜祷告，祈主感知吾谦卑之祷告。一份《晚间画报》已寄出。

如小兄　征祥手泐

一一一
（1939年9月19日）

苾忱吾弟爱鉴：

　　今有人以为，此欧洲之新一轮战争是恶魔向上帝发起之战争。换言之，即黑暗与光明之战，邪恶与正义之战。蒋委员长已向世界宣布回击近卫（文麿）之暴行。祈主将恶魔赶回地狱，还世界之和平。祈主庇佑汝等。

如小兄　征祥手泐

---

①　以下五封为法文明信片。

一一二

（1939年9月21日）

荩忱吾弟爱鉴：

兄每晨祈主佑庇弟与弟家人，祈主常庇汝等！兄在此皆安，圣徒已返院。中国信使暂扣于此。

如小兄　征祥手泐

一一三

（1939年9月26日）

荩忱吾弟爱鉴：

弟十日前即九月十六日所寄四页长信，小兄于今晨收悉，不胜感激。兄向主祈祷，盼弟家人安好，事业重振，诸事顺遂。此地众人皆安。节衣缩食是必须，然小兄已获心灵之平静与内心之安定。主常佑对阿尔萨斯满怀信心者。兄向汝等四位表示无限之思念。

如小兄　征祥手泐

一一四

（1939年9月26日）

黼斋老弟爱鉴：

细读九月十六日四页手书，欣悉阖第安康，慰慰。并悉日常生活不改常态，尤为快慰。防毒面具亦已购置习用，金龄已开始写论文，夫人、锡龄各有日常工作，老弟每日到行办事。我弟治家有方，何等好气象，羡羡佩佩。

居此乱世，处之泰然，最为难能而难得。小兄区区祈祷之意，出于至诚，当蒙上主允我所求，降福潭府而加以佑庇也。

附上剪报二纸，尚有续刊，随后剪上，以资消遣耳。匆复。

祗请双绥。

> 如小兄　征祥手启
> 廿八、九、廿六

一一五
（1939 年 9 月 29 日）

黼斋老弟爱鉴：

前奉四页详信，珍之如金。盖近在咫尺，早发夕至，一旦为战事阻隔，鹄候引领，望眼欲穿。忽得此佳音，无限快慰。足证和平幸福，人世天堂。惜庸人自扰扰人，天下本无事，庸人自扰之，千古至理之言，不我欺也。

承示各节，势难避免，院内亦厉行节约。比国全境内粮食问题，政府亦预为筹划。院内牛乳、面包、菜蔬等，幸有田园、母牛等，尚能自给，毋须外来。倘战事延长，或有青黄不接之虞。目前饮食照常，惟其他用项一概节制，亦不得不预为之计耳。

我弟平日极少耗费，夫人、金龄向无嗜好，除居家不可少之需用外，本已节约守家。处此乱世，收缩之处，亦惟有酌度情形，以不妨健康为度耳。匆匆。祗请双安。

> 如小兄　征祥手泐
> 廿八、九、廿九

附剪报二纸，又另寄画报二件。

一一六
（1939 年 10 月 14 日）

黼斋老弟爱鉴：

今晨接奉巴黎九日手书，屈指四日，如是则信快于明信片矣。初以明信片检查处可从速检放，今则相反，嗣后通信胜于通片矣。

《前英王情史》日前已购致，交邮寄上。我弟不喜阅闲书，甚佩甚佩。盖无益之书，不值得消耗宝贵之光阴也。到时或但看画片，或转赠友人，悉听弟便可也。

承示伯言兄近状，为之系念。虽然经此阅历，实难逢机会，日后生命更觉宝贵，Ce sera une nouvelle vie。① 我弟函劝来法，甚善甚善。倘能经我老弟加以一二年之训练工夫，此子可成大器，而一生享用不尽矣。注使东归，当时曾为之不平，现今观之，诚如弟论"失马为福"。古人经历之语，不我欺也。伯言兄久未来信，此间亦久未去信，缘伊专心办公，未便多分其心故耳。

巴黎气象，但求维持一日，即多一日之安稳，实难得 beau jour。② 每日代祷，聊表感忱，盖我弟爱我、助我、鼓舞我，无以复加，实不知无以报答贤夫妇之恩情耳。匆匆。祗请双绥，金龄、锡龄均此问好。

如小兄　征祥手启
廿八、十、十四

一一七

（1939年10月17日）

黼弟爱鉴：

十五日奉到十二日灯下手札，读悉一是。老弟以金龄终身大事垂询，既佩弟之虚心若谷，复见弟爱女之诚，加刘紫老而上之，快慰、钦佩交集于脑海胸坎中，难以言喻。对于老试［式］希腊拉丁文一节，毫无疑义的进行。惟对于获得法籍一层，毫无踌躇的放弃于无形中可也。特以昔年在俄，与先师竹筼公讨论，外人入籍作客卿者，俄国最盛而最得利，而无流弊，故善用客

---

① 这将会是新的生活。
② 晴天。

卿，惟俄廷耳。自大彼得革新政治，得客卿之力居多，无庸讳言，谅老弟当有所闻，毋庸赘述。

现以前外务大臣 Giers① 及公法大家 Martens② 二人先例，曾经与许公谈话中细究二人放弃原籍，获得俄籍，一位极人臣，一名传世家。除此二人外，竹公以无入籍之必要。盖以外务大臣之尊、世界名誉之宝为入籍之代价，庶几可乎？又比国雷鸣远神父入华籍，为广扬公教起见，在传教史上亦不多见，且追随附骥者，迄无一人。以此三先例，我辈可决其孰从孰去矣。

连日稍有感冒，未克多述，然慨然叹曰："弟之问大矣，善哉。"小兄无先师，无此决断，而弟有此问，已获得 Saint Espirt③ 之默启矣，我二人当同口同心谢主可也。祇请日安。

如小兄　征祥手泐
廿八、十、十七灯下

一一八

（1939年10月19日）

黼斋老弟爱鉴：

十九日晨奉二、三号惠片，均于十七日发寄，十九日即到，可谓速矣。爱铎赴华，院内尚未发表。承弟邀赴午饭，伊虽未敢推辞，已心领之，盖战局前途一切在未定之天故耳。且赴华路程尚未确定，届时是否道经巴黎，或改遵他国航线，确定后当必事前通知，然弟之友谊，伊十分感谢也。

致金龄求学、立身一层，以入籍为代价，实所失不偿所得，前函已决然为弟谋之，而竭忠而谋之。今奉惠片，已作罢论，尤

---

① 格尔斯，即俄国外交大臣 Mikhail Nikolayevich von Giers。
② 马腾斯，为沙俄服务的法学家 Friedrich Fromhold Martens。
③ 圣神，又译圣灵。

深钦佩，作为无其计而无其谋可也。值此世界大更张、大改弦之际，我辈得目击而得其教训，岂非大幸乎，大可歌可庆乎。先师喜逢有事之秋，且有大难大畏之事，故尽可增进学识经验故耳。为弟告之，谅表同情也。匆匆。祗请双绥。

如小兄　征祥手启
廿八、十、十九

一一九
（1939年10月30日）

黼斋老弟爱鉴：

连日稍觉困顿，迟迟作复，歉甚歉甚。廿二日手札与令[金]龄廿日长信同日（廿七日）递到，诵读两书，快慰之至。人生重大之事，难有机会谈论，即遇机会，且无亲信之人可与谈论。小兄忝承信任，情重手足。此次金龄之事既有机会，且有情同手足可谈之人，双方开诚布公，畅所欲言，将此终身大事畅谈而确定之，此乃天假之缘，非我二人意料得到者也。

伯言世兄部令调土耳其，大慰大慰。连日寄上条约书，望便中转寄为祷。青年初入仕途，一心一意求学问、加经历，其余闲事尽可不管，便中转告尤感。目前比国境内虽无战事，然一切停顿情形，如临大敌，中立小国为难情形可想而知。大国虽有战争，尚能从愚[容]处之，此乃强大弱小之别也。

小兄近接比国亲友来信，纷纷挂心吊胆，过虑之处，情有可原。故回想个人在院种种安宁，应有尽有，如登天堂，一承南文院长及同事关切，一承我弟夫妇历年垂爱，非敢过为"扩大宣传"，事实所在，念念不忘，偶然动笔，即有表示，环境使然，非自知也。

爱神父道出巴黎，必亲到辞行，午餐一层，伊必欢领不辞也。匆匆。祗请双绥。

如小兄　征祥手启
廿八、十、卅

　　金龄来信，五页之详，议论切实，可爱可嘉，望先代致谢意，容休息一日，复谢不误。祥又及

一二〇
（1939年11月15日）

黼斋老弟爱鉴：

　　连奉六日灯下又十日手书，计六日信十一日到，十日信十五日到，均隔五日。嗣后倘无比境被侵之祸，则五日通信乙次，似可稳定矣。六日信附小方相片八纸，十日信附大长方相片一纸，均甚可贵而可爱。我弟照相手术猛进，可喜之至。相片可代笔记，描写真切，文字传神，相片传真，二者不可缺一矣。

　　近闻德人攻侵和兰之策业已内定，比王前赴和京面晤女主，密商对策后，发表居间调定之电，亦缓祸之一策。英王、法总统已有回电，而德尚须考量。德之有复无复，路人皆可测知，或以进攻即作复电，亦德之常态也。

　　院内在此非常时期，一切筹备业经院长通告，全体修士厉行节约，自饮食、衣装以至电力、电话、邮费等等，均已照办。承弟顾念，甚感甚感。小兄方面，每年葛诺发顾问之千方，恐难有望。闻葛君一家曾为北平伪政府下逐客之令，未知何故。倘我弟手下不至紧促，可否暂借千方，以五百作乙支票，写小兄名下，另五百写 Mr. le Directeur de l'administration du Postes à Bruxelles[①]，一则可少用院内邮费，一则可以充临时特别用项，不情之请，尚

---

① 布鲁塞尔邮政管理局经理先生。

祈鉴谅。

致爱铎东渡乙节，业经南院长内定改缓，拟以他人代之，盖爱铎系院内重要份子，南文院长之左臂也。

月之十三日，由驻比大使馆转到谅山来电，惊悉相师于月之四日仙逝。老成凋谢，曷胜痛悼。所可为马宅告慰者，年高百龄，得享人世极福，为相师、为后人可无遗憾。既为吊，复为贺，质诸老弟，以为然否？除电唁及献祭卅台 un trentain① 外，特以奉闻。祗请双安。

如小兄　征祥手启
廿八、十一、十五午后

金龄处原拟作复，竟为事阻，望代告，恕之。祥又及

— 二 —
（1939年11月17日）

黼弟爱鉴：

日来连写讣报多份，目力、手力颇觉困乏，不及详告院内、比境详情，歉甚。

德相之无理取闹，世人皆知，自扰扰人，所得不偿所失，路人亦莫不知。小兄每日圣祭中，虔为希脱勒祈祷，俾伊醒悟，则世界文化庶几可保存乎。

兹附《大公报》报条，可否续惠一年，尤为盼感。专恳。祗请双绥。

如小兄　征祥手启
廿八、十一、十七

---

① 三十日追思弥撒。

一二二
(1939年11月18日)

蘨斋老弟爱鉴：

细读月之六日手札，询及李香严一节。此人来历未知其详，亦未闻文肃公谈及。致许竹筼星使，确系文肃公。盖文肃常谈及曾慧敏可为外交之前驱，收回伊犁交涉之案，厥功伟大，一时声誉传布中外。

小兄到俄时，Marquis Tsang① 之名，外交团体中无人不知，亦无人不赞扬。犹巴黎之 Général Tcheng Ky tong②，妇孺皆知，街头见华人即呼之曰："Général Tcheng Ky tong"。住巴黎三日，每出门，路人呼小兄曰："Général Tcheng Ky tong"！犹贺俄皇加冕之李鸿章，一时莫斯科糖果铺、加非店、酒肆、饭馆、客栈等等，纷纷以李鸿章作广告者，不一而足。此三巨头之名，可谓中华四万万人中之最出名者，自孔子以来，未之前闻也。为我弟述之，亦一趣闻也。

老弟如写文艺之考据，考据之学，文肃极有高深之功夫，惜未得晤面之机缘。胡馨老在俄晋见，文肃极赏识之。紫升、仕熙两兄由小兄介绍，紫老携之同进京，仕兄派往哈尔滨充总监工文案。文肃之爱才，无出其右矣。

连日清理故纸旧书，检得鸿文书局出版之《曾文正公全籍[集]》袖珍本，铅印，清楚且便携带，由季璋兄写签，颇雅观。查《家训》前已寄赠作念，兹将全部计十七小册（连《家训》者作十八小册），包交邮局上递，到时哂存作念。前寄益智图及图片小匣，谅可递达，未知到否，念念。

---

① 曾侯爵，即曾纪泽，谥慧敏。
② 陈季桐将军。

附上相老九八纪念，此间翻印五百张，颇不走样。印刷进步，亦廿世纪文化之一大宗，世人享用不尽之福也。匆匆拉杂。祗请双绥。金龄、锡龄问好。

如小兄　征祥手启
廿八、十一、十八

一二三

（1939年11月24日）

黼斋老弟爱鉴：

今接十九日巴黎手书，欣悉法比邮递并不缓迟。承示汇款一节，自不急急。资金外溢，在交战国实不得不限制。

《益世【报】·海外通讯》专刊，原有单行本之定议，爱铎曾电询重庆应印若干本，嗣接回电，定印千册，价银已汇等语。迄今两月，未见汇款到来。昨发航信探问，亦受限制外汇之例。现为省便起见，仍将比都友人地址、邮汇号码附上，或出支票，亦写此君名下。一千整数不必分为两纸，一俟弟处觅得妥当办法，怂恿〔从容〕进行，万勿急切是祷。看此光景，葛君之年仪更无希望矣。

爱铎缓行一层，实出上主之安排，即如相老谢世，连日与爱铎商酌通知罗玛宗座办法，前日定稿发出。倘无爱铎在旁帮忙动笔，小兄单独孤立且无商酌之友，则有虚愿而未能实行，惟有付之一叹耳。盖此等可遇不可求之绝大机缘，且相老人格、地位实与民族、国家、国体、民格有相互之关系，万一宗座有所表示，于马氏之光事小，于民族之荣事大。于斌主教有无举动，未敢悬测，有则双方并进，无则补其所缺。

又前次宗座加冕典礼，小兄曾与爱铎酌一贺函发出，函稿曾寄金龄留念。当时盼一复信，嗣在罗玛半官报读悉通告："猥以函电堆积如山，势难一一答谢，爰以通告代之"云云。原拟将

回信寄示金龄，望便中告知，以资接洽。

细思爱铎赴华传教，一系伊十余年之宿愿，二可发展其才能，有益于中华公教界，自不待言，然非战事结束，和平恢复，则无用武之地也。质诸老弟，以为然否？

王石使偕伊女公子王念祖前日来院访问，钱大使同来畅谈，探知李永福径赴土耳其。恳我弟将各书邮寄土京 Ankara[①] 为祷，并恳分神，切切谆嘱，务求外交学识经验万勿放弃，宝贵光阴大可利用。锡之兄在外交方面多数同事之旧日友谊而自暴自弃也。倘小兄居俄时不务职任，偏听各方评论文肃之谰言，则文肃虽有一番训练美意，而小兄不能受教守职，则等于无文肃一样，而个人并为同仁所轻视，将我远大前程交臂失之，思之寒心。故受教守职在我，而非他人所能代庖也。匆匆拉杂。祗请双绥。金龄、锡龄问好。

如小兄　征祥手启
廿八、十一、廿四午后

相片两纸，谢谢，留念。石使夫人略受虚惊，稍有不适。并及

一二四
（1939年12月1日）

黼弟爱鉴：

连日清理旧书，分寄旧日同仁，免遭秦火。缘院内凡修士之远出者，其住房内一切器具，或油漆，或水洗清洁后，备后来者居住，遇有旧书籍不归图书处者，付诸一炬。目下既有余力清理一次，可送者送，可毁者毁，既可免遭焚毁之可惜，复可腾出有

---

① 安卡拉。

用之书架，眼前为之一清。明年我老弟来院，慎独书室当可改观，而有盘旋之余地矣。一笑。

顷接廿六巴黎手札，领悉一是。相老后事曾由于斌主教由渝飞谅山料理，灵榇暂厝谅山，战事结束，国葬迁回，逆料届时必有空前绝后之隆重典礼，为相老慰。国老死逢其时，而得其安所矣。现为相老制追思纪念，所请千方，即为此项用款，已经比都友人垫付。此数我弟于年底前数日，函恳阶使划归比友不迟也。屡扰老弟，不安之至，尚祈格外鉴谅是幸。

承弟函托香港友人代办续订《大公报》一节，甚感甚感。该报记自去年十二月份起，既已告知前途赓续，前订日期中间虽有间断，仍可得其补寄缺期。老弟思虑周密，尤为感佩。

陈季桐法语法文、演讲口才，法人中亦可谓上选，所著：l'homme jaune, mon pays, les Parisiens peints par un Chinois, les Chinois peints par eux-mêmes, le théâtre chinois etc①，凡此五书，或可于旧书摊内觅得之，未可知也。致其借款事，确为李文忠尽力，而薛使反对，且深恶之，告发后革职回国备审，文忠力保而免。此亦一段外交史中之污点也。然其于未犯此案之前，声誉之隆，街头妇孺皆知其名，亦一奇谈也。

今日比报登载相老遗像，加以简短注语，有 la Chine perd un grand homme② 云云。明日接到该报，另购数号，当即剪寄备阅。

金龄预备论文，其题谅已择定，便中告知尤感。伊末次来信，畅论圣女 Sainte Cathérine de Sienne③ 之平生，小兄剪去其末尾谈"改籍"一节外，曾示爱铎暨小兄学习期内之神师，二人

---

① 《黄衫客传奇》《吾国》《中国人笔下的巴黎》《中国人自画像》《中国戏剧》等。
② 中国损失一名伟人。
③ 圣·卡特琳娜。

惊异，赞叹不绝，明日拟呈南文院长一读。此女不凡，特先密告，且暂存老弟心内，我二人似当尽我目力之所见到，而心力之所能办到者，预为之计，庶不负上主之恩赐也。专此。祗请双绥，金龄、锡龄问好。

如小兄　征祥手启
廿八、十二、一

一二五
（1939年12月9日）

黼斋老弟爱鉴：

　　昨接阶平大使函称，业将老弟所托垫付比京 Mr. Salu[①] 君之千方付交前途，登入敝账。今晨接巴黎四日手札，以免稽迟误用，感念爱情，更难言喻。孤子一身如小兄者，将何以报答于万一，惟有求主代报，降福我弟阖族健康，福寿无疆，子孙绵绵耳。

　　承示南宁被侵，报有失守之耗，前日比报载有反攻顺利之电。诚如弟信所述，此地与中法合作上大有关系，深盼早日收复，当代虔祷。

　　金龄大学开课，择定动物、植物、生理各门，试验、听讲，并驾齐进，一日时间有限，工作如是勤密，既少暇晷，恐缺休息，于卫生、健康尚祈老弟暨夫人注意及之，幸勿轻视。此间爱铎、前任学习班神师，以及南文院长，拜读金龄世妹长信，赞扬不已，三人同声归功于夫人及我弟之家教有方，赞佩之余，复为金龄祈祷。公教界之爱才不拘亲疏，可见一斑，何怪外人之罗致，教习之介绍、授课，均出于爱才之热烈。文肃公爱才如命，西人亦莫不然也。深为我弟喜，且为夫人贺。

---

　　① 萨鲁先生。

每月束脩之收入小得，此特别之待遇，大不独一家之萤，亦祖国之光也。羡羡贺贺。在小兄年近七旬，享此同乐，受此异宠，感主谢主不置矣。

附上相老剪报一纸，细读赞语，要言不烦，环顾中外，具此资格者已不多见。现备相老纪念，制成奉上。

又，刚总主教函稿乙件，刚公唁片抄稿乙纸，便中交金龄一阅，缴还不急急也。专此奉谢。祗请双绥。

如小兄　征祥手泐
廿八、十二、九

一二六

（1939年12月18日）

黼弟爱鉴：

前日寄上卫生书十七种，用后或送人，或留存巴黎图书馆，比较院内清理住屋付诸一炬的习惯，益人之处多多矣。圣诞在即，今日交邮寄上蒋委员长及夫人邮片四份，加慕庐小夹子，为赠老弟、夫人、金龄、锡龄作念。另加各廿份，备送人之用。院内南院长、爱铎等均甚欢迎，区区微物，博得好感，殊出意料。倘在巴黎有人索取，示知即续寄。此种宣传品，所费不巨，收效并不甚小，全在个人稍稍用心而费些空闲时光耳。

国府八日命令褒扬相老，抄奉如下："国民政府委员马良，学识宏通，神明贞固，平岁研精科学，讲求时务，扬历中外，望重一时。自捐巨款，在沪创办学校，殚心教育垂四十年，成就人材甚众。近年廑怀御侮，入赞中枢，方冀长享遐龄，为国柱式，遽闻溘逝，悼惜良深。着发给治丧费三千元，生平事迹存备，宣付史馆，用示国家笃念勋耆之至意。此令。"等语。死后哀荣，近世罕见，凡列门庠，与有荣焉。

承示季璋兄代拟挽联，可感之至。小兄所惜者，未能与相老相处一方，早夕请益一二年，获益身心，较读万卷书上上矣。相老一生适遇祖国衰微，百事不振，生于忧患，长于忧患，百年之寿，饱尝辛苦，比较四万万国民中，无有过于相老者。故伊欣然迁居新都，居近国籍首任主教，吐气扬眉，增寿百龄。小兄追随老人在心坑中已廿余年，拜门亦足十年。回思当时约季璋代拜老师，且同拜老人为师，迄今思之，实与季璋兄我两人毕生绝大绝好纪念也。特将老人当时复信摄影一纸，寄上作念。细玩此一百七十二字亲笔手札中，老人之心悦神乐，溢于言表，称以公字未免太谦，自称蹩脚，又谦又乐，既愿成我之美，复以无背福音为训。终引古事，以自慰自解，且引古事，以祝以贺。此简短之八行书，汇集古今文章之妙，包含敬主爱人之热，文章道德至矣极矣。读此札者，可谓观止矣，直质老弟，以为然否？惜原本遗失，可否恳弟寄香港友人，将此摄本放为原样八行书之原本，石印五百份，加以"马相伯先生墨迹"封套（此封面题签可否托季璋缮写，加以"门人林某某题"下款），以便送人作念之用。小兄视此信如宏宝，特以寄上，尚祈老弟分神代办，尤感尤祷。

现与爱铎筹备小传，陈报罗玛教宗，一俟脱稿，再行奉闻。祗请双绥。

如小兄　陆征祥手启
廿八、十二、十八灯下

近印哭亲邮片，倘欲送人，示知即寄。小兄祥又及

一二七

（1939年12月19日）

黼斋老弟爱鉴：

顷接十六日手札暨《大公报》收据，比京友人收条照收留存，以备查考。承示国内行务强弟于一二月中东渡，目下战事漫

[蔓]延，人人为国征用，无论在前线、在后方，同一为国出力，夫人、金龄深明大义，我弟爱国牺牲，生离冒险，慷慨服务，令人钦佩。

巴黎一切业经安置妥贴，夫人、金龄、锡龄当知适从，几成习惯，我弟亦可安心登程。致意外不测，平时难免，人生世上，防不胜防，我尽我心，天主莫不佑庇，且信仰主者，主不放弃也。我人惟主是依是赖耳。

晨间奉上寸笺，详述相老死后哀荣，一切后事由于斌主教飞往谅山，躬亲料理。灵榇暂厝该地，战事结束，国葬迁回，我辈门人亦可代先魂慰藉矣。兹又检出相老短简《论传教事》，异常揭要，真切经历之言，非寻常人所能见到而言之痛快也。敢恳老弟与全函摄影，放大后一并付印。一讲传道，一论爱人敬主，两函足足表现老人心理、描写老人丰仪，故小兄爱不释手，珍藏久矣。前信原本去年①过比时忆曾面托保存，但主教内外奔走，日不暇给，未知有无遗失，亦难逆料。有此摄影放大刊印，以保遗墨，谅我弟必乐为协助也。且除我弟外无人可托，亦无人能表同情于此等片纸只字之保留癖也。

顷告爱铎，我弟征尘安定不到一年，国内行务复催东渡，所幸巴黎一切布置妥贴，家人对于战时环境已有经历习惯，差可为行者、坐者代慰代解。彼亦甚表谅解，并许为弟全家随时在圣祭中代祷。小兄以司铎名义为阖府祈祷，非上主代为安排在前，曷克臻此哉。匆陈。祗请双绥。

如小兄　陆征祥手启
廿八、十二、十九午后

---

① "年"后原信被挖掉数字。

一二八①
（1940年1月1日）

廿九年元旦口占：今年仍是旧年人，何必衣裳崭崭新。人生在世几何年，曷勿革旧作新人。录呈黼斋老弟正之，并祝新禧。

如小兄　陆征祥手录

本笃修院铭（套版文）

山不在高，有仙则名，水不在深，有龙则灵，斯地苦修，惟有德馨。草色入帘青，苔痕上阶绿，谈笑有家庭，往来无俗丁。可以调钢琴，阅《圣经》，无丝竹之乱耳，无案牍之劳形。始创稣比谷，复开蒙格山。本笃云：何苦之有？

贡一粲耳。

小注：修院可铭，惟在有德，初创 Subiaco②，复开 Montcassin③。初基曾有十二院之盛，终基仍归于一。安德勒［肋］修院实中华本笃会之母院，犹蒙格山乃英国本笃会之母院也。如小兄征祥录奉。廿九年元旦涂鸦。祥又识

一二九
（1940年1月14日）

黼斋老弟爱鉴：

连奉两函，领悉一是。十二月廿四日手书封面有 controle postal militaire④，廿四发，正月五日到达。一月五日信，十

---

① 此封为明信片。
② 稣比谷。
③ 蒙格山。
④ 军事邮政管控。

日到。

现弟部署行装，忙碌可知，加以战时交通迟速无定，来比一说，当然改缓。兹将托办之件条开列下：相师二信在上海翻印为便，并非急需之物。卫生书送目纳弗中国国际图书馆收存甚好，嗣后检出他种书籍，当择其较有价值者径寄该馆。

Mr. M. Maspero① 所托之事范围甚广，调查立表详加说明各节，爱铎亟愿稍效微劳。所苦者，本院杂志专诚研究传教历来方法，对于尊孔敬祖先礼俗问题，以及中国教区教民、中外主教等，并无一有统系之详细调查记载，势难报命。据伊之意见，惟有罗玛传信部独独收藏近廿年来之中国各教区之报告中能搜得之，然非一人专心在 Archives② 悉心翻阅五六月工夫，恐难办到也。望弟婉达前途，免生误会。盖来信所索各节，实一近廿年来中国传教史，即函询任无[何]区之主教，难得全国之详情。据实奉告，谅我弟必能谅解。且登入 Revue des deux Mondes③ 此篇文字，非出于四五十年传教之老手，恐难博读者同情而使之动目也。小兄入院十余年，在祖国传教情形仍觉茫然，盖每日经课之外，实无余晷研究他项问题，偶然提及一节一事，略作谈论而即搁置矣。区区苦衷，不可为外人道也。

老弟往上海，必晤季璋兄，兹有恳者，可否代办南文斋、爱德斋、慕庐及安德肋修院四幅横匾书法，以附上慎独斋作样，缘古体西人万难认识。其尺寸照平常尺寸，修院横匾似较大些，悬在会客厅，更觉动目。尚祈代酌办理，即作我弟下次来院面赠本院纪念品，必十分欢迎也。横匾白纸黑卍字边或他花边均可，惟黑色为宜。

---

① 马佩罗先生。
② 档案处。
③ 《两世界评论》。

附上①广告、会文堂地址等，望弟到港时托友人代购妥装，径寄敝院。盖此半身像正合西人眼光，径寄小兄名下，或由弟回欧时随身带来尤感。

附上剪报二纸，恭颂德政，外交旧日同仁与有荣焉。晤许、刘两兄，代为伸贺。相师追悼大会有王正廷先生之名，望便中探悉伊之住址，函告尤感。昨日交邮寄上纪念三份，送魏公使，许、刘两兄，望弟带交为祷。另附上惜衣惜食邮片纪念二张，另封挂号寄赠许念兄百份，以便寄回分送亲友之用。小兄深佩许君同莘之孝意，特为表扬，以表区区钦佩之忱耳。

又，上海出版二十八期十二月号《西风》，内载有小兄《哭嘉兴》乙文，望托季璋兄代购十册寄下，因有友来信索阅故耳。Mr. M. Maspero 嘱托一事，上海徐神父办有《中华全国教务统计》Annuaire des Missions Catholiques de Chine②，倘老弟能抽暇前往与徐神父一谭，或耶稣会搜集中华全国教区详情，当有相当材料供给 Mr. Maspero 君，未可知也。盖 Mr. Maspero 之意，实可嘉可佩，惟公教亦一专门学问，门外汉万难动笔作论说，或说的不当，不合神哲学理，或说的不透，所谓隔靴挠痒也，尚祈老弟酌之。

我弟临行时安置家事，接洽行务，尚以琐事奉扰，深感不安，叨在情同手足，渥承爱我，日增有加，小兄方面亦以一"爱"字仰答万一。我人在世，不出一"爱"字，幼时爱父母兄妹，壮时爱友朋亲戚，晚年爱后辈青年。我人在世，当善用其爱，爱主事主，爱人如己，以爱存心，以爱行事，以爱为言，思言行为，无一不在"爱"字范围中，虽不成贤作圣，亦不远矣。质诸我敬爱的老弟，以为何如？以爱作宣传品，天下无敌矣。我

---

① "上"后原信被挖掉七字。
② 《中华全国教务统计》。

主耶稣以爱救人、赎人,爱之至矣!匆匆。祗请行安,并祝航空风顺,阖府问好。附件另封。

如小兄　征祥手启
廿九、一、十四

一三〇

（1940年1月20日）

黼弟爱鉴：

顷奉巴黎十二日手札,屈计八日之久,邮递较迟,谅必边界军事紧张,可无疑义。璋兄来片收到,伊致南文院长及勒赛神父两片,当为代转。承示相老做寿及追悼筹款结果,美其名而无其实,为之一叹。在此过度时代,诚如老弟卓见,法律不颁行,惩恶劝善,实乏良法,惟有待诸后启新人而反对恶习出于良心者,方有济耳。

顷间收拾旧纸,检得相老亲笔墨迹三张,一并附上,翻印加入为感。相老病后,尚未复元,得此墨迹,更为难得。此二纸之价值,虽万金买不到也。老人爱国乐天之情,溢于言表,更令人拜服不置,且与季兄有关,亦一极贵介绍书,将来分赠政府当局,不无相当影响也。

我弟行期提早,廿九早出发,当代为祈祷,一路风顺,安抵祖国。到达香港,望赐一片,以慰系念。目下世界不安,人人有为国为民牺牲之义务,无论男女老少,均难避免。我弟此行当作 mobilisé[①] 看,亦事实也,无可讳言,一切布置,亦当如是看。谅我弟公私必有万一之准备,毋庸小兄过虑也,一切心照。

前寄上长信及托带河内魏、许、刘三君件,当可行前递到。

[①] 行军。

匆匆奉复。祗请程安。夫人前请安，金龄、锡龄均此问好。

　　　　　　　　　如小兄　征祥手启
　　　　　　　　　廿九、一、廿

一三一

（1940年4月17日）

龥斋老弟如晤：

　　两奉三月十二日、廿六日手书，欣悉一是。弟驾在渝两星期，终日辛劳，不卜可知。

　　承示外交护照特别签证宽免普通限制以及税捐一节，得向亮畴部长一谭而解决此冒充外交官之疑团，海外闻之，可喜可贺。足见贤弟处世办事，正直无私，小心谨慎，公私兼顾，尤不愿令人为难，遇有相当机会利用而求解决之法，应机随变，迎刃而解，此乃老弟数十年来历世之经验，环视旧日同仁者，惜不多见。王外长能了解此处境之难处，不加讨论追索，一口允许发给聘书，以快邮通知使馆，眼光远大，加人一等矣。

　　此间封斋期内亦有一事可为追述，又见上主恩宠有加无已，我二人惟有一心诚意依主、信主、爱主、事主，希冀多得主恩耳。法国维雅纳本铎 Mr. Vianney，爱主爱人，一生救灵，有功公教，为世界所共闻共仰。此次读其行实，不禁神往心慕，特向矮尔斯教会 Messeorid Ars 购致遗像，九日敬礼诵等，当即谨敬心诵口。维一九日教礼 la neuvaine 默求，转恳我主赏赐恩宠，惟不将各项恩宠一一叙明。盖我主知我人之所缺，而所需如慈父之对其儿女，所赐必中而必当，或赐于本人，或赐于其亲友，亦惟主是听。不出三日，即得此喜报，特将矮尔斯本铎遗像寄赠夫人、金龄外，奉上一帧，作我弟之干城，何如？

　　致卫生之法，诚如老弟经历之言，"衣则能多毋缺，而食则反是"。专复。祇问程安,并祝早归巴黎,一路风顺。

如小兄　征祥手启
廿九、四、十七

再托件承念,感感,容后面谢。祥又及

一三二

(1940年4月18日)

黼斋老弟爱鉴:

晨间奉到四月三日由港来示,欣悉于四日搭乘法船Jean Labonde① 赴沪,留十余日返港,如一切计划进行顺利,则五月中下旬可遄返巴黎,闻之快慰。屡次恳托各件,渥承分神代劳,且于公忙中留一部分亲加料理,尤为感激。

颜大使出席太平洋会议,为国宣劳,佩之。前在报纸读伊宣言,谓中日事件,美国无论如何不能不担任了[料]理之责,适与愚见相同。卜斯茅资和议行将重演耶,未可知也。

细读手札,近来夫人精神不爽,理想过分,增弟挂念,亦代为悬系。兹特附上矮尔斯本铎 Le Saint Curé d'Ars② 遗物一件、九日敬礼诵一纸,到时望老弟连诵九日,默求上主宠赐夫人精神复旧,健康如常。由矮尔斯本铎转求更为得力,盖维雅纳司铎 Le père J. Q. Vianney③ 列为圣品,案内所显疗病圣迹有十七起之【多】。一面小兄由明日起,亦作九日敬礼,同一吁求,其遗物我弟随带在身,藉可避免危害。此等工作,全在信赖。维雅纳司铎生时表显圣迹,尤足惊人,一时全欧善男信女千百成群,前往

---

① 让拉蓬号。
② 矮尔斯(今译阿尔斯)的圣本堂神父。
③ 维雅纳司铎。

祈祷、告解免罪，种种请求、赦罪免罚，有得赦而自怨自艾者，奇闻异谈不可枚举。读其行实，不禁赞美不置，倾心信赖，望弟全心全力信仰之，必得所求也。遄返巴黎，尚可亲往 Ars① 祈求，亦一朝拜圣躯之快心事也。匆匆。祗请程安。

如小兄　征祥手启
廿九、四、十八灯下

附遗物、九日诵各乙纸。

一三三
（1940年□月□日）

黼斋老弟爱鉴：

自去岁十二月八日罗玛传信部颁布新训令，恢复尊孔敬先礼节，并停止赴华传教士之宣誓，不独祖国公教前途去一极大障碍，且于国民个人守孝之道，加一极大鼓励。兹有奉恳一节，详陈老弟，务望便中审慎考虑示复为盼。

小兄进院修道，本属意外，晋铎一层，更属初料所不及。嗣承老弟从旁催促，复与爱铎详细讨论，末征城内专科意见，俾知精力能否加工神学一年，既得三方同意，复于攻苦神学时，毫无枝节横生，证明上主之意，留此残躯作主之代表，传扬圣教于祖国，显而易见矣。私意欲于晋铎后，将每日献祭孝敬先父母以尽孝道，惟恐罗玛闻之加以阻力，故有此孝意而未敢陈明南院长，施诸实行者五年于兹矣。区区孝思亦未敢密陈于老弟之前者，深恐事未成而徒表此虚忱耳。

现有求于吾弟者，系每日祭费须有人担任（每台十方），倘承老弟每日省约用度十方作祭费，则不独私愿得偿，且先人受超

---

① 矮尔斯。

度之益无穷矣。今晨将敝意面陈院长，颇蒙奖许，并为略筹久长计，告曰：每日献祭孝敬先父母，正合中国敬先之意，可为刘、陆两族先人祈祷。陆某献祭，刘某认费，故每台献祭应由两氏同诏圣宠，并允此费可作陆神父传道用费，如购致神像、印刷品以及邮费等等。询问每年用费有预算否，答以十年以来所费不赀，结果能得①私愿实属幸事（兹将夫人亲笔信抄呈弟阅）。每年总结用费，约在六千方左右。院长据汝所说，前后所费均由旧日同仁及刘先生捐助，则日后办法，可将所【捐】祭费全充此项用度云云。南文公如此慷慨允许，足见伊对小兄之宣传公教完全赞许。今晨面谈一节，未便转告爱铎，因伊反对。前支应神父曾将所带院之十五万方购买刚果铜矿股票，变成废纸。据伊看法，院应赔补，方合公道，故提及经济问题，伊即发气。此人之忠，令人可感，然偏见固执，反生恶感，于事无益，故凡遇钱财事，绝不与谈矣。细思院长代筹之长计，补赔之意，亦寓其中矣。院内追亡弥撒，原系大宗收入，阶平大使来院访问时，亦拟将献祭追亡祭费充作宣教费用一层面告，倘伊通告旧日同仁，或遇先人周期献祭五台、十台，多至三十台，则他日或可获得收入，以资宣教，未可知也。司铎每日只能献祭一台，如遇他人函索献祭，则刘、陆两氏之日祭不得不让出，而吾弟承认之十方祭费，于他人索献期内，即作宣教捐费。如是互让补助，则每年六千方之预算亦可筹足，而不致欠缺矣。特将上拟办法详陈老弟。素知老弟纯孝为怀，与有同情。昔日颖考叔能以己孝感君之孝，而锡及其畴类。孝子不匮，永锡尔类。我两人似当互相劝勉，不让于颖考叔，故敢以此奉赠而渎请也。匆匆。祗请程安。

如小兄　征祥手启

---

① "得"后原信被挖掉约十余字。

每日圣祭中特为夫人①

再者，目下每日上台献祭，系为院内增加收入，均由管理祭费主任神父发给祭双单，一单祭毕，续给他单。终年如是办理。并以附闻。祥又及

一三四
（1941年6月23日）

黼弟如握：

五月廿六日，维希旅次写来长而且详之千金手书，得之如宝，读之一而再，再而三。所叙皆吾老弟平生大事，俗语说"件件皆心头事"，尤见吾弟做族长、家长之深谋远虑，加人一等，佩佩羡羡。

致圣祭献仪六千方，值此生计艰难，百物昂贵，非常时期间，复承慨赐，尤令人感激无地矣。惟当时未接（前次复信遗失，亦意中事）来示允许担任，故未陈明。南院长现仍代本院献弥撒。敝意留此六千方献仪，作一九四二全年弥撒，专为夫人献祭，虔求上主降福，恢复健康，分弟忧虑，并代为加一疗治之法。我主全能全善全慈，虔感动天，则夫人恢复健康，不费上主一垂顾也。兹附上各件，略计如下：

一、红十字会相片五张。本院看护救伤兵、治病兵工作，望代向国人作宣传。

二、小兄相片。一赠吾弟，一寄曹润老（到美寄，不急急），现住北平颐和园别庄。望在巴黎购《活百年法》二册（作弟七旬纪念），一弟留浏，一寄润老作念。书名列下："Pour vivre cent ans" ou l'Art de prolonger ses jours par le Dr. A. Guénist,

---

① "人"后原信被挖掉数字。

Paris librairie J. B. Baillière et Fils, 19 rue Hautefeuillle 1936.①

三、相老纪念二纸。一纸吾弟留念，一纸加入罗玛宗座复谕内，亦望作宣传品，恳吾弟便中向国内亲友以及各界熟人，尤其是外交界旧友注意宣传。

兹将宣传简略说明如下：小兄一生做事，尤其是在外交途内，恰遵文肃遗训，故凡事进行，毫无困难，一切方针手续，一为文肃为我预定预言（此系事实，非自诩，亦非自谦）。文肃遗训，揭要二语："不可自生化外"，"欲探虎子，须入虎穴"。不取消极，而取积极，故凡世界公会，如红十字会、保和会、电政邮政公会、铁路公会等，祖国必须加入，即如传教公会，亦须加入。所难者，传教人才耳。目下教廷方面，通使传教问题渐渐成熟，此路业已打通，一得机会，即可进行，全赖当局善用时机耳。小兄奉上宗座复谕一件，可说业已探得虎子何如？故虎穴已通，敢告老弟作宣传，望弟再加酌度进言，量不致毫无影响。尚祈考量，审慎行之。

承示金龄、锡龄、桂龄之成绩、品格，皆吾弟一手造就之力，造固在弟，收获在弟。所谓种瓜得瓜，种果得果，故人之言，不我欺也。小兄之满足艳羡，不独与弟共同，且有过之无不及。说到金龄，想到夫人廿年来之抚育，苦心孤诣。在法时，每日伴同送学、接学之劳苦功高，尤令人景仰不置，尤为老弟得内助为庆，亦世福中最宝贵、最难得者也。因夫人病状，追念先室二年半之病况，我二人亦有同感同痛矣。

一年以来，清理旧信旧书，书室为之一新面目，此即我之新秩序。桂龄寄来之耶稣像，锡龄之"高山仰止"，峻林之"学道爱人"四字，用邮票贴成，作我书案之陈列品。又峻林当时来

---

① 杰尼斯特博士1936年在巴黎贝利叶书店出版《活百年法》，或延长生命的方法，出版社位于奥特福街19号。

信，既诉本人资质愚笨，复感舅父之恩爱高厚，末憾厚恩之何以报答，小兄读之，曷胜感动。此子之心地明白，受恩不忘，知报难图，即此三端，已属目前青年中难得而难觅者。为弟述及，望随时稍加鼓舞耳。匆匆布臆，即颂旅安，诸维心照。

如小兄　陆征祥手启
三十、六、廿三①

南院长面嘱致意，并特为夫人祈祷。爱德华现在城内病院就治 Le pubis 骨病，大约月底可离院，无须紫光之射照矣。

黼弟惠存，作六十祝寿纪念，屈指老弟生于一八八一，当已进入六旬寿辰，远隔战区，何以为寿？寄此七十小照，聊表心意，哂存是幸。

如小兄　陆征祥寄赠
三十、六、廿三

一三五

（1941年6月24日）

黼弟如握：

　　昨奉五页函暨相片等，谅可先后达览。细读夫人病状，深为忧虑。询诸本院医学修士，亦谓 Neurasthénic aigue②，然非不治之症。第一脱离环境，遵水回国，为期虽长，得此长期休息，加以海风含有卫生养［氧］气，此行必日有起色。务望宽怀，勿过愁郁，至祷至祷。

　　小兄每日圣祭中，特别祈求上主降福默佑，俾一路风顺，安

---

① 刘符诚旁注："15，9，1945 得收。"
② 急性神经衰弱。

抵西贡，换船还沪。日前得季璋兄来信，据称月前已得吾弟由马赛惠寄二百元，深感厚爱，且函内有"上海尚为一片暂安之土"一语，为弟述之，亦可安心。

锡龄两年来亲侍舅母左右，亦已察知舅母性情，一切必能迎合妥贴。小兄尚有一英国远表姊妹，据内姊 Mme Harford① 所述，病状相同，数年以来，安然静养得法，迄今安然无恙，此次内侄等逃难赴英，到站迎接欢迎，留居伊宅。此证明调养得法，虽不克完全恢复原状，亦可延年安存，与先室脑充血不治之症大有出入。敢告我弟，勉自节忧，借以自解。明知弟心苦矣，仰靠上主，听主命，饮苦爵，以悦主心。先室病中亦无他依靠也。

昨函拟将六千方献仪专为夫人祈求病痊献祭费，今得 La Messe des Vivants② 小册子，略志数语，寄赠吾弟。并望便中寄季璋兄转交徐神父，译汉刊行，以广流传，功德匪浅，亦传教救灵之善法也。匆匆。祇请旅安。

如小兄　陆征祥手启
三十、六、廿四

金龄问好，论文考试成绩虽未接信见示，必然不坏，贺贺。

再密启者：去年德侵比境，院内修士被调充前线救伤队者五十余人，纷纷逃往法境避难者甚夥，修院为之一空。爱铎当时特来面许作伴同往，或法或英。小兄明知伊一番好意，出于忠诚，未便拒绝，故伊代为购办皮箱、药料等五百佛郎。嗣伊见小兄未将行李收拾，又来催询，当即直告未便离院，决意追随院长，以

---

① 哈尔福德夫人。
② 《永生祈祷》。

表共难之意。伊亦同声附和，事即作罢。小兄即函恳阶平大使，暂借五百方，以偿还爱铎，说明事后由我弟处筹还。敢以奉告，未知弟处手下尚有余款代清此债否？不情之处，尚祈格外原宥。特为密闻。临颖神驰左右。再颂日祉。

如小兄　征祥再启

一三六

（1941年6月28日）

黼斋老弟如握：

　　昨日午后乘马车（来去费两小时光）进城，赴专科处及眼科，乘便往视爱德华神父，七时一刻回院。爱铎得悉夫人病状，代为加诚祈祷。

　　善勃赫专科 Professeur Sebrechts①，世界有名之外科，真有妙手回春之手术。小兄面告夫人病状，征求意见。伊称此种神经感受环境之病状，第一脱离环境，现已由水路回华，一到上海，必然恢复健康，无庸过虑等语。闻之快慰，特以奉闻，以慰老弟暨金龄。

　　一年以来，目蒙加增，现每三个月往眼科处，点药水于双目，加以小刺手术，维持目力，颇有功效，计算一年四次，并不受累。眼科亦系名医。专科处探尿道、验便质，以防糖质。得此医药之补助弱体，亦非上智安排，曷克臻此哉。

　　院内上下均吉。去年征调赴前线作救伤工作修士五十余人，现均无恙回院，内中仅死一人，亦不幸中之大幸也。收容本院疗治之病伤兵士共计六百余人，内中重伤者六十三人殒命，余均恢复健康，安回家中。并闻，以代面晤。祗请日安，金龄问好。

如小兄　征祥手启
三十、六、廿八

---

① 善勃赫专科。

再者，明日 29 Juin 1941① 系晋铎第七周年瞻礼，当为夫人求病痊献祭，特闻。祥又及

一三七
（1941年6月29日）

再者，值此世界大变，远东、欧洲同声同口提倡"新秩序"，目前鼎足之势已成。柏林、罗玛、东京所谓 Totalitaires②，伦敦、华盛顿、重庆所谓 Démocraties③。重庆抗战足足四年，以弱抗强，世界震动，深致钦尊。伦敦坚抗一年有余，尚未屈服，延长抗战能达四稔，世界大势或可大定。

我弟赴美完成金龄教育，为计甚大，贺贺羡羡。盖《三字经》内有"我教子，惟一经"句，我弟实行，深佩极赞，较诸"人遗子，金满籯"有天壤之别矣。

法国占领区难进难出，由维希进巴黎，既若是之困难，则我两人之谋面，其困难更不庸说矣。惟有静候大战后，求主赏赐此特恩耳。小兄一年以来，凡事完全依靠圣母，深得圣母之默佑。特将爱慕圣母之小册子书名、书店地址录下，以便我弟购致，一读为快：

Voilà votre mère par Joseph de Tonquédec Gabriel Beauchesne, Éditeurs Paris, rue de Rennes, 117.④ 匆匆。再颂行安。

如小兄　征祥手再启
三十、六、廿九

---

① 1941年6月29日。
② 极权。
③ 民主。
④ 约瑟夫·德·东格代克《这是您母亲》，由加布里埃尔博切内出版社出版，巴黎雷恩路117号。

一三八

（1941年8月10日）

黼斋老弟如晤：

兹乘佳便，托转数行渴思，当可确达，但未知吾弟尚在巴黎否？深以为念。此间一切照常，自南院长以下，均各健爽。惟爱铎三月前患 pubis[①] 骨痛病，嗣用电光诊治，现已痊愈，下乡休养四五星期，当可完全恢复原气，或可胜于病前。

夫人途中平安，谅已安抵上海，一切心照。匆匆。祇请旅安。金龄问好。

如小兄　征祥手启
三十、八、十[②]

一三九[③]

比国梅西爱枢机主教祖坟墓碑，刻有辣丁文二语 "Surrexil Christus spes mea"[④]，"opera enim illorum sequuntur illos"[⑤]，其追慕先人与我国尊敬祖先，与列邦凭吊阵亡忠魂，追思之诚，中外同情。值此复活佳节，用以默想耶稣苦难，并以恭祝我主完成起地立天、开生灭死之使命云尔。

本笃会修士兼司铎陆征祥谨赠，时年七十有三

附梅主教遗像一。

---

① 耻骨。
② 刘符诚旁注："15，9，1946 收。"
③ 此件为印刷体宣传卡片，旁书："黼斋老弟惠存。"
④ 主是我希望。
⑤ 他们的功行常随着他们。语出天主教思高本《圣经·默示录》第14章13节。

一四〇[①]

（1945年11月27日）

黼斋老弟爱鉴：

自维希到巴黎曾接来信，嗣后音信断绝。比境完全被德军占领，安德肋修院德军征用房屋，全体同仁分散于十二处所。每日圣祭中，为爱弟所祈求者，公私顺遂，夫人健康，金龄世妹婚事完成。贱体尚能支持，幸勿远念，先奉短简，不尽欲言。祗请日安。

小兄　征祥手启
三四、十一、廿七

一四一

（1946年4月9日）

黼斋爱弟如握：

金纯孺大使回比，交到卅四年十一月三十日手书，详述我弟一九四一年回国后经过情形，洋洋数千言，言之痛切，令人不忍卒读。

承述夫人带病回国沿途困难，到沪后忽患疯症，复大病一次，卧床经月，嗣得注射治疗之剂，竟得起死回生各详情。去岁九月初，复患疯症，竟致长辞，呜呼痛哉！海外读之，不禁泪泠泠下，盖小兄受夫人之恩爱，匪浅鲜也。特自三月十二日起，至四月十一日止，连献圣祭三十台，俾我主早赐荣冠，升入天国，享永福焉。身后殡殓各事，我弟办理妥善周到，尤佩尤慰，盖世间幸福，惟家庭之福耳。所惜者，金龄在美，未克奉侍左右，为憾事耳。夫人一生精神全副贡献其夫与女二人身

[①] 此封为明信片。

上，凡与我弟有交情者，莫不知之也。先室在世时，常为小兄提及而赞美之也。老弟得此佳偶，亦天赐之也，谢主可也，可无遗憾矣。

承示颜、唐、施老友近况，快慰之至。近悉注东、挺斋、鞠如作故之耗，为之痛惜。我二人心中积思，真如一部《二十四史》，不知从何说起。现在二次大战终止，和平条约尚未签订，然已重见天日，恍若复活于第二世界矣，谢主感主于无穷期矣。

金龄侄女未知已回沪否？前由纽约寄到食物一匣，当即函谢。此大匣食物，实为难得，已与爱德华神父之妹二人共分食矣。又金龄侄女婚事一节，老弟离法前来函告知，或在美或在华举行，故去年寄出之《追忆及感想》一书内，误写"寄弟及徐君夫人"一语，尚祈格外原谅，勿责小兄唐突也是幸。

中法工商银行汇到佛郎三万，合比币一万一千零廿五佛郎又卅五生丁。如是巨款，受之有愧，却之不恭，小兄受宠若惊矣，惟有撙节支用，以重款项耳。

敝体目蒙、腿软、手颤，夜间全体作痒，小便加速，此外无他病也。此非病，乃老年常态也，望勿远念。

田耕莘红衣主教月前来访，邀小兄回国合作传教工作，俟南长回院再行面陈，以作计议。爱铎健在，面嘱附笔致候。匆匆先复大概，余容续告。此问近安。

小兄　征祥手泐
三五、四、九

徐神父来信，告注东公使殇中受洗而去世，闻之悲喜交集，诸老友前代为致候尤感。

一四二
（1946年5月24日）

黼斋老弟爱鉴：

前奉寸笺，谅登记室。月之十八日，南文院长接到罗玛来电，得知圣父授小兄本笃会名誉院长 Abbi titulaire de St. Pius à Gand。① 圣眷日隆，曷胜惶悚，不知何以仰报于万一，惟有为教为国努力自勉，免致陨越。尚祈代祷，至恳至恳。

授职典礼定期再闻，届时敢望远赐一念，以资策励，不胜盼切之至。

金龄侄女是否回沪，念念。旧日同僚务望一一告知尤感。匆匆。祇请日安。

小兄　陆征祥拜启
三五、五、廿四

又，伯禄古院简略沿革载在背面，如荷分神俾登杂志，以广宣传而显亨荣尤感。祥又及

金龄侄女问好，旧日同僚均此问好。

爱铎附笔致意。

一四三
（1946年6月19日）

黼斋老弟如握：

月之十六日，接奉爱弟五月廿二日长函，洋洋数千字，读之欣喜，不知老之将至，雀跃不置。同日接到金龄侄女来信，读之更令我喜出望外。乃知我亲爱侄女在美结婚，老弟得一美籍佳

---

① 根特圣比约会长。

婿，可喜可贺。值此世界大同，不分畛域，天下一家，人以谓弃材异域，我独以谓沟通中西。老弟、侄女有功中华，可告无罪于祖邦，后世必有颂赞艳羡者，文肃再世必鼓掌不置也。

　　老弟续娶一事，办法正当，合情合理。子诚、劼孚、少川诸兄办理在前，Lloyd Georges① 晚年续娶，中西共知。晚年守节，此为例外，盖上智另有委任②，老弟祈求而得明明上智安排，得此良伴，尚有其他后命，未可测知也。小兄当在每日圣祭中代为祈求，异日出一圣人于天津刘氏族中，未可知也。既为贤夫妇贺，且为刘氏族中拭目俟之矣。祖国历史，刘族之盛，非他族所能比例也。

　　小兄十九年苦修，始初进院，但求一枝，不料晋升铎品，代表耶稣每日献祭，为人类、为祖国、为亲友、为同胞献祭祈祷，求福寿、求和平、求丰盛，何等荣幸。忽于五月主保瞻礼前日，渥蒙罗玛宗座圣宠有加，擢升本笃会名誉院长。前次寄上一函，当可接洽，现在准备授职典礼，日期定于八月十日 fête de Saint Laurent③ 举行。来客有中华大使、公使，如钱泰、金问泗、谢寿康、谢维麟等，教廷驻比大使及各修院院长等。授职主教系本城主教 Monseigneur Lamiroy④。小兄应佩戴胸前金十字，手戴金权，嵌以红宝石，手执权杖。此三物均为比国男女公教进行会全体同人所赠。头戴院长帽，为女修院所赠。中华朋友如能捐赠一新式 Auto⑤，以便出院旅行之用，则腿软免搭车之劳，感荷隆情于无穷期矣。吾老弟能发起向旧日僚友捐赠款否？寄金大使在比京购赠。吾弟能偕弟妇来比参加典礼，则不胜感祷之至。专此奉请。

---

① 劳合·乔治。
② "任"后原信被挖掉约十字。
③ 圣罗兰节（天主教圣佳兰贞女纪念日）。
④ 拉米罗主教。
⑤ 汽车。

祇请双安。

小兄　征祥手启

附上剪报一纸。
徐神父处代为问好，中国公教信友有何举动①

一四四
（1946年6月20日）

黼斋老弟如晤：

　　昨日发上飞函，当可先此达览，兹将前信所未尽者略述之。我国俗语曰"作善之家，必有余庆"。老弟一生为善，善心动天，上天必有以报之，且必报之于我弟生前也，将来得一贵子，亦意中事。小兄所祈求者，得一圣子，我辈既经皈依公教，理宜将子贡献天主，弟意何如？

　　小兄细考刘氏大族，有刘裕，南北朝中宋朝的开国主；刘崇，五代时北汉的君主；刘渊，五朝前汉的君主；刘备，三国时蜀汉的开国主；刘隐，五代时南汉的君主；刘知远，五代时汉之高祖。尚有刘海蟾（道家）；刘晨及刘阮二人，均相传入天台山采药遇仙。内计作君主者六人，一道家，二成仙。刘族之盛大，可想而知，超过陆氏多多矣。查陆氏，有陆云、陆机、陆逊、陆九渊、陆九龄、陆贽（谥宣公），内有忠臣名将及儒家而已。论清代刘坤一，亦一代之名臣，与李文忠同时，亦有谥，想系文端，不甚清楚矣。

　　承示我弟外甥杨峻林、外甥女赵锡龄、桂龄皆能成就，均出于我弟一手培植抚育之力。求诸今日亲友中，亦不多见矣，钦佩钦佩。来信述及新弟妇之品格为人，待人宽厚，侍弟忠诚，尤为

---

① "动"后原信被挖掉数字。

难得，为之快慰。人生在世，福在家庭，世海茫茫，无他福也。吾弟得之，羡羡贺贺。吾弟对内对外，一生作事，诚实厚道，处心积虑，关怀时局，大大方方，堂堂正正，众目所睹，众口所颂，中外所共认，小兄所心服也。

前信恳托发启捐赠 Auto 之举，现在物价腾贵，凡我旧友，均在艰苦生活中，小兄之请求，未免不情，尚祈老弟斟酌进行可也。附上剪报一纸，以贡一粲耳。祗请双绥。

小兄　征祥手泐
三五、六、廿

南长、爱铎附笔致意。

一四五

（1946 年 6 月 21 日）

黼斋老弟爱鉴：

连日发上两函。金龄出阁、吾弟续弦、小兄苦修升受名誉院长三件喜事，不约同来。

环顾中外目前情势，适大相径庭。世界混乱，人心摇动，天灾人祸，无国无之。或饥荒，或内讧，或经济恐荒，或物价高涨，种种怪现象，不一而足。溯其病源，异端横行，充塞于天地间，迷惑人心，不知适从所致。补救之方，惟有提倡道德，尊重精神，指示正道，竭力扩大新生活运动，虽觉迂远，实系根本办法，直质老弟，以为何如？

我系公教信徒，即从公教入手。附上徐文定公灵表一纸、祷文一件，又许夫人祷文一件，求弟便中往晤徐润农神父，商议加印各一万张，估价若干，示知为祷，以作小兄八月十日授职后，散布教友及教外友人小纪念。

又,魏公使夫妇先后去世情形,如荷探示一二尤感。又,新弟妇对于公教观念、感想如何,如能早日准备,得子受洗,取名后,照例分送小纪念,以开风气。儒释道三教外,世界通行者,耶稣、天主二教耳,回回、犹太二教以及苏俄 Eglise orthodoxe[①]传布甚少,信徒者亦稀。回想先师许公先见之明,令人且感且佩。老弟受洗进教,亦捷足先登,加入一等,乃上主默启。小兄每日登台献祭,无日不为老弟谢主也。论到政治方面,Démocratie[②] 目前趋势,同归民治,潮流高涨,莫可抵御,顺从民意,乃存亡关系。我国三民主义,最合时宜。中山所见远大,研究阅历所得,且与我邦根本古制不相违背,斟酌妥定,实费苦心矣。弟意如何,示知尤感。此第三函略贡政见,未识有当否。余容面谈,倾我衷曲,俟诸异日。专此。祗请双绥。

小兄 征祥手泐
卅五、六、廿一

每日登台献祭,为老弟夫妇特别加诚祈祷,并为刘、杨、赵三家亡者、存者、来者,在圣祭中专诚纪念之。

小兄 陆征祥再识
三五、六、廿一

一四六

(1946年7月10日)

黼斋老弟如握:

前月连上三函,谅可前后达览。前晨金大使由电话探询八月

[①] 东正教。
[②] 民主。

十日祝福典礼曾否通知国内旧友，如颜、唐、施、林、刘（子楷）等，当告以业经我弟通知矣。特再奉托。致礼物一节，当即取消，缘目前金融关系，如荷我弟每月接济车费五百比币，足够敷用矣。凡权杖、胸前金十字、金链、靴帽、手套等，均由比国男女信友捐赠祝福。典礼请帖有金大使、钱大使、罗玛谢公使、瑞典谢公使、顾大使、郭复初、胡世泽，未必能来，新任郑天锡大使亦邀请。我弟远隔重洋，前此晋铎未蒙降临，然在国内代为接待南长，代劳多多。此次仍望在国内稍稍庆祝，俾［俾］教内教外重视宗座对祖国之美意，略表感忱耳。

我弟续弦大喜，特寄赠本笃金牌，望代呈新妇作念。区区微物，聊表敬意耳。昨日上徐神父信，谅伊必将原函送阅也。匆匆布意，不尽欲言，即请双安。

小兄　征祥手启
三五、七、十

再启者，细思值此生活程度，百物昂贵，臻于极度，节约日用，无人无家，官吏士民，非雷厉风行，不克渡此难关，故庆祝宴筵，势必取消。八月十日之庆祝，请商诸徐润农兄，如能在徐汇教堂邀请上海惠济良主教唱一台弥撒，最为相宜而大方。在沪旧友发帖邀请恭预，并登报通知，俾上海天主、耶稣教友，暨外教亲友都能前来参加。敝意如是，尚祈分神代酌进行。且中西友人，均可前来致意，老弟银行中同事，以及法籍熟识即［暨］不熟识者，亦可表示虔诚。一面感谢圣父，一面感谢天主佑庇祖国，默启宗座降谕，将中国传教区一变而为总主教及主教区。此等变动，非有天佑，万难一跃而得而遇也。我弟与小兄躬逢其盛，文肃再世，含笑鼓掌不置矣。目前种种困难，必能处以镇静而争胜于无形大局。幸甚幸甚。祥又及又再者：① 对此祝福典礼，有何表示？北平田枢机总主教有何举动？阜成门外陆公墓墓堂内可否举行弥撒一台，俾北方旧友李锡之、王曾思、刘仕熙、戴雨农、曹润老等均能参预。刘长清未知近况，尚未得信。辅仁大学张百龄君亦系旧友。外交中亦有 Docteur Bussiere，Dorman② 等，法国医院、中央医院彼处亦有旧友③，均有旧识之人，一时想不起来。总而言之，此事关系公教前途，非小兄个人私事，且于民国政教合作有极大之影响也。老弟所见远大，小兄出国廿余年，情形隔膜，然以比国对此次宗座发表命令之态度，上下为之震动，函电询问如雪片而来，颇有应接不暇之势。敢为老弟告，不可为外人道也。比国信友勇跃送礼，亦一难得之表情，敢以奉告，作进行之步骤可也。小兄祥又及

正发函间，本院南文院长接到刚城 Gand④ 地方自治会及彼德教区理事会公函，据称此次罗玛圣座开一创例，升受外籍修士充本城本区彼德古院名誉院长，特此今日两会议决赠陆院长彼得古院壁基方石一块，上刊古院创办年（685）月日及陆院长升受名誉院长祝福年月日 Bénédiction abbatiale⑤，以作永久纪念等语，并请择定日期欢迎新院长，同时恭赠纪念石。南文院长接信后，报告本院，同仁认为特别表情为比国本笃会从未前闻，即圣座此举之影响，超出望外多多矣。圣座闻悉，亦必喜出望外，且经前日刚城自治会一份子密告，拟向军政部商请将彼德古院发还本笃会原主（自法国革命，该院已充作兵房故耳），物归原主，圣座一举两得，实时为之也。事出意外，非人力所能办到。匆匆奉告，并恳上达当局。小兄祥又及

---

① 此处原信被挖掉约二十字。
② 贝熙业大夫、铎尔孟。
③ "友"后原信被挖掉约十字。
④ 刚城，今称"根特"。
⑤ 修道院祝圣。

一四七
（1946 年 7 月 19 日）

黼斋老弟如握：

　　海天重隔，未能晤言一室，一罄数年积愫，洵为憾事。值此世界尚未安定，举首仰望，前途尚未稳固，不独个人不能置身事外，无论何国，未能袖手旁观。我辈生活修院，业已出世修道，得此世外桃源，似可独善其身。【非】经此二次大战之后，实不知修院非世外桃源，亦非极乐世界。盖此次战争，明系善与恶之战争，换言之，即我主耶稣与魔鬼之战争 Le Christ et l'Antichrist。① 我辈既系耶稣之勇兵，不得不枕戈以待，质诸老弟，必以为然也。②

　　兹附上罗玛宗座列圣品大典，求我弟携往徐汇，与润农神甫商谈准备文定公列品办法，尽人力以邀主宠。小兄在世一日，即尽一日之力，每次献祭，亦必以列品一事特别纪念，即作死前心头事、口头禅，逢人必谈，每信内必加以祷文一纸，以虔诚冀感动我主，何如？匆匆。祗请日安，夫人前问安。

小兄　征祥手启

一四八
（1946 年 8 月 7 日）

黼斋老弟如握：

　　密启者。此次田枢机主教来院访问，面邀东归，共同工作，小兄以年岁过迈，精力日就衰微，心有余而力不足。奈何田称：

---

① 基督与反基督。
② 刘符诚旁注："一九四六 七月十九日发比，十月一日收 沪。"

"我①先生回国，安居院中，无劳清神，借重大名。此十年中，我们的努力非常重要。如南文院长允许先生回国，派二三修士同行，前来北平，蔡宁主教代表公署留让先生与同来修士居住，当可舒适。如能附设一个中小学校，教育青年更好。"小兄以如此殷殷，未便坚却，故慨允所请矣。

兹接金大使函称，老弟来电嘱购赠Austin②汽车，甚感甚感。南长之意，以此笔费用移作归国路费，故托金使电复，并达谢忱，当可达览。且车费过巨，未敢收受，反增惭愧。路费以二等船舱计算可也，多则三人耳。匆匆。先密闻，余容从通［容］接洽，归期当在1947间矣。陆隐耕兄处，即以此函示之，恕不另启，并代达谢忱。世界大乱后，民众渴望和平，我们作和平使者，上主定必佑庇也。不尽欲言，顺问近安。

新弟妇前代为问安，并祝健康。

小兄　陆征祥手启
三五、八、七，祝圣前三日

一四九③

（1946年8月10日）

本日猥以晚岁晋受名誉院长之职，渥蒙宠贺殷殷，深资策励，感奋交集，愧无以报，惟于每日圣祭中，虔诚祷主佑庇祖国日臻上理，与世界列邦共存共荣，聊答盛情，藉志感忱。附赠受职纪念，敬祈察存是幸。肃此伸谢，不尽神驰。祗颂福祉。

比国冈城本笃会圣伯多禄名誉院长　陆征祥拜启
三十五年八月十日

---

① "我"后原信被挖掉约六七字。
② 奥斯汀。
③ 以下两封为明信片。

先师嘉兴许公竹篑尝云：欧西文化潜势力不在武备，不在科学，而在养成基督教风。凡我邦人士赴欧，考察政治风化者，亟应特加注意，切不可轻视而忽略之。盖明治维新采取欧化之缺点，在特重物质，轻视精神。此乃人之通病，无足深责。但一旦破绽毕呈，恐无法挽救，如不我信，俟诸异日，汝生难见，汝子或孙谅可目击等语。

回溯先师此番谈话，确具先见之明，证诸目前事实，亦非先师所能逆料，令人且佩且慄，故敢追述前言，忠告国内之关心大局者，免蹈东邻覆辙。值此祖国凡百革新之际，物质、精神不可偏废，畸轻畸重，亦非所宜。务须慎重考量，平心体察，以期适合环境之需要，顺从时代之潮流，确当制宜，庶几策之万全也。人力虽属有限，尚冀仰邀天宠，或可告无罪于来世耶。

本笃会名誉院长陆征祥谨述，时年七十有六，作受职日纪念

一五〇

（1946年9月1日）

黼斋老弟爱鉴：

八月廿九日接读十日来信，欣悉一是。在华旧友承弟通告，感感谢谢。北平同僚仕熙、念劬作古，为之痛惜。锡之兄所遇甚惨，代为祈祷，俾得脱险。

汽车一事，南长闻之甚为感动，此事作罢，所留印象甚佳。缘手指、胸前十字架及法杖三件，均由比国公教界男女信徒所赠。《国内教友之表情》发表后，全院欣羡，大足相抵，老弟与陆隐耕两人之力也。兹附上剪报乙纸，便中送交隐耕、润农兄，并请转呈惠主教台阅为祷。此次礼节隆重，医者嘱先复［服］补剂，以增精力。又月之廿六日，往刚城接受基石礼节甚盛，剪报续后寄上。现入避静七日，且借此休息作默想，感谢上主，亦

甚宜甚得也。背后八字下次示知。又感。匆匆不尽，顺问双绥。区区纪念，尚承遢及，尤增颜汗。夫人何其谦也，为之代祷，并祝三多。

小兄　陆征祥手泐
三五、九、一

上海前同僚便中先代致意，谢帖在印，当汇寄我弟，代为分致也。祥又及

一五一
(1946年9月5日)

黼斋老弟爱鉴：

避静第四日中，一面退思补过，一面清理函电，并为我弟夫妇祈祷。自一九二七年进院迄今，每此避静 retraite①，颇得进益。现届第十八次矣，因战事停做一次。讲道师系多明我 Dominicain② 修士，道德文章，传重一时，各处邀请，彼苦无分身之术。此来系践去年陈约，每日所讲，不出耶稣顺父救人之大道。讲题 L'obéissance au Pèrioct lesalut du monde③ 虽简单，发挥独有见地，惜不克与弟同领为憾事耳。

明年秋冬或可随南长回华避静，我弟或能前来同享此洗心之益耶。附上剪报三种，阅后望送陆、徐二君一阅为祷。顺问双绥。

小兄　征祥手泐
三五、九、五

---

① 避静。
② 多明我。
③ 顺从圣父与救赎世界。

一五二

（1946 年 9 月 13 日）

黼斋老弟爱鉴：

九月十一日接八月廿一日信，欣悉一切。我弟要求赴法护照，盼于十月间成行，小兄亟愿相见，面罄种种，并拜识弟妇，快愉不言而喻。但和平大局未定，巴黎会议结果尚无把握，兹附上剪报一件密存，以观后效。

又寄上谢函暨通启一件，各处谢信，俟受职典礼法文纪念印成，即行汇齐寄上，敢恳老弟分神寄递为祷。承详告北平酒兹府街与史家胡同之距离甚近，将来到京居住，往来之便，实天赐之乐，当先谢主而后领此宏恩矣。

南长于十月赴罗马，当随往面谢，宗座一切对祖国种种表情，提高国际地位，不独公教方面之种种益处也。侄女、Violette①、老弟到美赴欧之前，必能稍稍盘垣［桓］为快矣。羡羡。

爱德华神父忠诚可感，院内一切由伊帮忙，尚能对付过去。因年岁关系，每日工作时间不能不减少，休息时间加多，寝食照常，幸勿远念。顺问近好，夫人前问安。

小兄　征祥手泐
卅五、九、十三

一五三

（1946 年 9 月 23 日）

黼斋老弟爱鉴：

九月廿二日接八月廿八日来信，欣悉一切。当即致函钱大使

---

① 维奥莱特。

恳请协助，电文甚妥，内有"名誉"二字，中央或可采纳，盖不费中央一分钱，最可动听也。小兄逆料，此请恐难成为事实。老弟欧行改缓，在1947年实行较为妥贴，一则旅行方便，二则和局妥定。我弟偕夫人作蜜月旅行，由美来欧，由欧回国，环游全球一周，以广眼界，以增眼福，一举数得也。

周叔廉兄慨助美钞百元，当为献弥撒九台。Soeur Wangonepeng①，前北平仁慈堂大姑奶奶，曾为 Lily② 之义母而介绍与先室者，寿至九十，耳目清楚。刘媚媚来函报告甚详，已为虔祷矣。

小兄现得南长同意，前赴永城晋谒宗座，面谢一切。偕 Père Edouard③ 同行，十月十日启行，留罗玛一二星期。在罗玛住本笃会，可称合宜，惟旅费、车费两项耳。美钞百元，望设法汇交金大使转交为祷。专复。祗请双安。

小兄　征祥手泐
三五、九、廿三

一五四

（1946年10月4日）

黼斋老弟爱鉴：

昨接阶平大使复信，略称英馆因有善后债票种种关系，向有财务参事之设，系由财政部指派，并由财部发给经费。法馆向无此项名目，如须添置，须得财部同意，外部亦未能备案了事。最好托曾镕浦兄疏通，由财部径派，似较妥协云，并嘱代达歉忱。细思之下，确系实情。前在俄都审知，俄驻华财务参事亦由俄财

---

① 王婉彭修女。此处人名为音译。
② 莉莉，陆征祥养女。
③ 爱德华司铎。

部指派，筹给经费，不独中国有此办法。但未知曾君能为老弟疏通由财部径派否？敝意似静候和局妥定，再作欧游计，较为稳妥。夫人初次出洋，务求安适愉快。

际遇耶？命运耶？国有国运，人有命运。造命者天主，顺命者世人，逆命者亦世人。先师千言万语，不出"顺命"二字耳。敢告老弟，以代促膝。祇请双绥。

陆征祥手泐
三五、十、四

日内赶将各处贺电及函复谢了事。上海、南京、北平、天津各处，下次开列清单，备齐寄上，拜托老弟分寄各处。先闻。

一五五①
(1946年10月19日)

顷奉十月八日我弟来书，欣审种切。既得财部专员名义，外部发给官员护照，此行之顺利进行，又得金龄同行，尤臻美满。小兄行期因有感冒，改缓月余，或可于十二月内把晤院内，曷胜盼祷。

兹有恳者，美国新发明水笔 Stylo Pen②，不用金笔冒[帽]，但用笔针，专为通讯员速记之用，如荷探询代购一枝，带下备用尤感。

附上剪报相片。此片乃刚城伯多禄教堂，曾到堂接受名职礼节。匆匆奉复，祇请双绥。顾大使夫妇代致意为感。

小兄　征祥手泐
三五、十、十九

---

① 此封为明信片。
② 水性笔。

一五六

（1946 年 10 月 27 日）

黼斋老弟如握：

昨日由驻比大使馆转到美金支票 120 元。百元系前周叔廉兄面交我弟者，廿元谅系后来加入者，但不知何人慨助耳。

敝处原定十一月四日赴永城晋谒教宗，叩谢一切，不料忽受风寒，略有热度，颇觉困顿，当即将所定睡车榻位辞却。连日静养，寒热幸退，当不致另生枝节。现值秋凉初届，未敢冒寒登程，罗马之行，势必俟春和再定日期。我弟能于十二月内来比，无任欢迎，倘能来过圣诞节，尤为天假之缘。夫人及金龄夫妇同来，益增快慰。国外得此欢聚，千金万金买不到的。特先奉邀，以表爱慕之诚耳。

纽约 O. N. U①大会，我弟万不可失此机会，参加二三次，即以财部专员名义，谅复初大使必能索得请帖列席，作终身莫大纪念。前托代觅速记水笔，望在纽约购得，并带入会场，代开代用，以作纪念。琐事奉恳，当不见责也。

老年人以纪念作生活，多一纪念，多加一岁。倘我弟能将此意代向旧日同仁略为宣传，尤为感激无穷矣。尤其能得各同仁夫人的小小纪念，或一念珠，或一小十字架，或一护书夹，或一名片夹，或一圣母像，或一教堂邮片，凡修士能收受而不过于美丽者为限。此乃老人童心之表现（未知有犯孔戒否？一笑）。匆布一一。祗请旅安，夫人前问安，金龄侄女、侄婿均此问好。

小兄　陆征祥手泐

三五、十、廿七

---

① 联合国。

一五七
（1946年10月29日）

黼斋老弟如握：

今晨接十月十七日航信，得悉行旆将发，搭戈登将军舰放洋，喜极。盖隐修之志固在我，然成我志者，我弟及先弟妇二人也。遁世十有九年，年岁忽虚度至七十有五，实初料所不及也，圣母玛利亚佑我庇我无疑也。苦修无他苦，苦无恒，苦肉体不胜其苦而中途止也。现幸叨主恩，积十九年之恒心，肉体亦能耐劳，虽有病痛之反动足足二年，幸得医士调治之力支持过去，不止［致］中途出院还俗，亦一大幸也。致"看破红尘，弊［敝］屣尊劳"此等开面语，我与老弟二人可说心腹语，无庸自诩自傲，失其真面目也。小兄受职纪念上用"慎独"二字之意义在此，而不在彼也。

本年八月十日，身经受职隆重典礼，加以廿六日在刚城复亲受异常隆重之接受伯多禄名誉礼节。此等典礼，青年修士尚觉其累，而七十有余老人遽能支持过去，我弟可卜我自勉自励之内衷矣。目前内体反动，感冒而身热，身热而困顿，困顿而停止上祭，故不得不更换天气环境，而调养休息矣。南长已在义南境觅一清静修院，一俟复原，即行南渡。前函在比面晤，一变而在义之南方矣。老弟偕夫人来义过冬，亦甚相宜也。匆匆接洽，俾弟亦可预计在歇行程秩序，一省时光，亦省东西奔走之劳。小兄一身经历，尤见"相爱固难得""相谅尤难得"。相爱相谅，君臣之德备，夫妇之道尽矣。直质老弟，以为何如？专此。以代促膝，祗请旅安，夫人请安，金龄夫妇问好。

小兄　征祥手泐
三五、十、廿九

一五八

（1946年11月20日）

黼斋老弟如握：

今日贤夫妇起飞，明日飞抵明城，自天而降，此游可谓仙游矣。文忠有诗曰："出入承明五十年，忽来海外地行仙。"地字改为天字何如？文忠晚岁环游欧美，何等勇毅，令人钦佩，中外同仰。清代人物，曾文正、李文忠确系一代伟人。昔在俄，曾蒙垂青，并赐提携，迄今心感。未识吾弟与夫人偕金龄愿来比听文忠逸事否？久未以毛笔，闻弟驾来欧，检出笔砚，挥此数行，以表欢迎耳。祗请旅安，夫人、金龄均此问好。

小兄　陆征祥手启
三五、十一、廿

一五九

（1946年12月1日）

黼斋老弟爱鉴：

细读来书，在十二月内到欧洲，今日乃十二月一日，即我二人相见有望之月。自前月底老弟偕嫂夫人自上海放洋之日起，无日不在想念中、祈祷中，夫人晕船否？尤为挂念。

南文院长廿八晚回院，廿九日亲做大弥撒，报告在永城受各方面欢迎情形，甚为乐观。比约十二精神甚健，注意传教事业，关念世界大局，念念不忘，洵全世界大父，慈爱为怀，令人感戴不置矣。

金龄在美相见，新婿能操法语否？念念。少川大使夫妇、复初大使、胡公使等相见为快。林语堂夫妇有机见面否？念念。巴黎教育公会，有程天放前驻德大使熟人。该会开有三星期完毕之预定期，当在圣诞节左右矣。钱大使夫妇必甚欢迎。谢东发先生谅系旧友，亦必把谈。法国方面熟人，谅均十分快乐。经此黑暗之年，重见天日，畅谈往事，互相庆祝矣。院内自南长以下，恭候驾临，畅领谈笑生风之快，又得认识新夫人，无任荣幸。特先奉邀，尚祈珍摄，勿过劳神。祗请双绥。

小兄　征祥手启
三五、十二、一日

一六〇
（1946年12月19日）

黼斋老弟如握：

此信到达，当在我弟夫妇到法之后，未知航空能带冬衣否？念念。

此次来欧，至少居留半年，一、接洽行务；二、观察战后变局；三、游览战区，凭吊战场；四、晋谒教宗，拜望刚总主教。我国占得红衣主教传教区，升格为独立教区，南京、北平两大总主教，小兄之升任院长，皆出于刚恒毅总主教之力，理应面谢一切。且我弟之坚振亦出伊之手。匆匆写此数行，以资接洽。即请到安，夫人、金龄均此问好。

小兄　征祥手泐
三五、十二、十九

一六一
（1946年12月27日）

黼斋老弟如握：

昨晚奉到巴黎廿四日二页长信，默读乙过，始知飞机迟到一日，并悉在美购物访友，详述美人风俗习惯，令人敬爱、艳羡，亟愿摹仿，达到新民国之程度，冀与四大并驾齐驱。五大虚名加在头上，衷心未安，盖名实不符，奈何奈何。

承示行务前途当有把握，足见得人当家，可喜可贺。在美少川未得面晤而得见伊夫人，在会期中，已算有交情。一九一八年巴黎和会，一切公事均归四代表出马办理，故颇有闲空接见来客，汪精卫即在巴黎认识。少川事事躬亲，无怪其无闲见客矣。

原子笔亟愿一试，望弟包寄金大使转下为感。文忠墨宝系石印，非真迹。其真迹写在海牙海滨客店金书内，店主视若至宝。但未知战后是否保存无恙否。石印本留存北平宅中，亦难得之纪念也。

邮片供夫人与国内亲友通信之用，何如？区区微物，不足挂齿也。《圣咏》译汉，承弟寄赠，喜出望外，自南长以下，全院惊异。本会大日课即《圣咏》也。回国后，即可作大日课而歌颂矣。感甚感甚。赵劳园仙人安在否，念念。匆复续布。即请双安，金龄同此。

小兄　征祥手启
三五、十二、廿七灯下

一六二

（1946年12月28日）

识公伊始，惟俄旧都。奕奕伟望，震［宸］辉寰区。今兹和会，怀念前模。倘公健在，遹奋宏图。皖山不骞，淝水不枯。铸金而事，冥漠相孚。

民国九年陆征祥泐铭谨献

录呈黼斋老弟正之。

名正肃
三五、十二、廿八

安特生与翁文灏往来函

李锐洁 选译

说明：瑞典地质学家约翰·古纳·安特生（Johan Gunnar Andersson，1874—1960）于1914年应聘来华担任北京政府农商部矿政顾问，从事煤铁资源调查。在华期间，安特生先是在宣化龙关和烟筒山发现赤铁矿床，并参与中国钢铁工业规划设计，后转向考古学，于1921年在河南省渑池发现史前文明"仰韶文化"遗址。1925年回国后，安特生创办斯德哥尔摩东方博物馆并担任馆长，继续致力于仰韶文物整理与研究，先后出版有《中华远古之文化》《甘肃考古记》《中国史前史研究》等多部著作。

本篇以中瑞合作开展仰韶文化研究为核心，选译安特生与中国地质调查所所长翁文灏的往来函百余件，涉及文物搜集、整理、研究，以及归属、返还等一系列科学合作过程，于近代中国科学史研究有重要参考价值。原件均为英文，收存于瑞典东方博物馆档案 EIA-01 至 EIA-19 卷。

翁文灏致安特生
（1925年10月15日）

安特生博士惠鉴：

方自农商部获悉，瑞典方面赠我勋章一枚。对您为我争取此

译者：李锐洁，中国社会科学院大学历史学院博士研究生。

崇高荣誉深表感谢。

周赞衡先生或已函告您,《甘肃考古记》(Archeological Research in Kansu)、《人体骨骼》(human skeleton) 和《仰韶彩陶》(paintes pottery of Yang Shao) 三篇论文——现已全部完成印制并开始分发。记得您离开北京前告诉过我,您会将论文拟寄送名单交给我或周先生,但至今尚未收到。请您回忆一下,并告知我或周先生该做些什么。

最近有几家矿业公司允诺,将为地质调查所陈列馆的扩建提供至少五年、每年二万元的捐助。丁博士正在努力争取中基会①资助。如无意外,明年或可开始施工。与此同时,在您离开后不久,夏雨严重损坏了我们的非金属展厅,因此该厅所有展品亦不得不移出。

我已收到维曼②博士来函,称其已为调查所陈列馆准备好化石标本和模型,包括比较稀有的种类,此外还为其他中国机构准备了一些标本。我将另函维曼先生,但首先要感谢您争取到这些应急之物。

值此中秋佳节之际,您或可从财政部获得三个月的补发工资。阿克曼小姐(Miss Akerman)已按照您的指示去做了。

很高兴收到您的任何消息,尤其关于工作进展情形。

翁文灏敬启

安特生致翁文灏
(1925 年 11 月 3 日)

亲爱的翁博士:

  首先,迟复为歉。在新环境中安顿下来花费了我相当多的

---

① 即由美国退还庚款成立的中华教育文化基金董事会,简称中基会。
② 维曼(Carl Wiman, 1867—1944),瑞典古脊椎动物学家,曾任乌普萨拉大学古生物和地质学教授。

时间,过去数月里,我所有时间都倾注于考古采集品的拆包和研究准备工作。目前工作进展顺利,主管部门已尽可能地给予了很多方便,为我在历史博物馆安排了多间房屋,还有一间很好的实验室。近一半的甘肃采集品现已拆包并准备拍照和描述,我有五名助手,工作正在顺利进行中。我们刚刚开始拍照和对完整陶瓷的详细描述。希望来春能够完成更多采集品的拍照和描述工作,其中部分将重新打包并返还中国地质调查所。

至于我们的瑞典出版基金,如您所知,近期支出很多,但已印刷大量关于哺乳动物化石的专著。此外,赫勒①的工作也取得了很大进展。

寄给您一份克鲁格基金(Kreuger fund)截至9月8日的支出账目,其中显示已支出34187.67瑞典克朗,余额为21497.78瑞典克朗。

9月初,我与拉各雷留斯②、维曼和赫勒会面,讨论了未来出版计划。鉴于目前情况,我们同意将剩余金额分成三等份,一份给维曼,一份给赫勒,一份给我。我认为,如此安排或可稍有助于各部门经费的节省。

同时,我与维曼和赫勒也讨论了在不降低专著出版标准情况下进一步削减开支的方法。他们两位也都非常愿意与我共同努力。我们决定向您提出如下建议:

1. 除部分采用珂罗版(heliotype)印刷外,尽量都采用铜版(copperplate)印刷。寄给您两张分别用珂罗版和铜版印制的师

---

① 赫勒(T. G. Halle, 1884—1964),瑞典古植物学家、皇家自然历史博物馆教授。1916—1917年应农商部地质调查所之邀来华从事古植物学研究工作。

② 拉各雷留斯(Axel Lagrelius, 1863—1944),瑞典富商,为"瑞典支持安特生在华科学研究委员会"成员之一。

丹斯基①著作试印版。您会发现铜版图明显逊色,但我可以断言差异不大,许多情况下可以使用较便宜的铜版。在附录表格中,您会看到珂罗版和铜版印刷的图版估价。

鉴于目前情况,采用较便宜的铜版印刷似乎是明智之举,我们非常乐意听取您的意见。

2. 用较小的字体印刷《中国古生物志》,我们也做了试验,并寄给您两张纸样,一张是目前使用的印刷字体,另一张是较小的印刷字体。我计算过,使用这些更小的字体可以多打印37%的文本,而据拉各雷留斯先生计算,这样节省出的文本印刷费将达到文本排版、纸张和印刷等总成本的□%。

毫无疑问,在收到您的意见之前,我们仍将沿用旧的大号字体。所有人当然都希望使用目前的大号字体和珂罗版,这样看起来要好得多,但大家也都觉得有必要提出削减开支的建议。

几天后您将收到我关于其他诸事的信件。在此谨向丁博士和您致以最诚挚的问候。

您非常诚挚的

安特生致翁文灏②

(1925年11月20日)

亲爱的翁博士:

(前略)从比较中可以看出,使用铜版和小号字体印刷所节省的费用并不多。事实上,差别并不大,我们很怀疑用这些低劣

---

① 奥托·师丹斯基(Otto Zdansky, 1894—1988),奥地利古生物学家。1925—1930年在中国地质调查所从事古脊椎动物化石研究,曾参加周口店发掘工作。

② 各有一封标注11月20日的信函,前部分内容与11月3日信函相同,在此仅译出末尾部分。

方法来降低专著印刷标准的做法是否值得，望您与丁博士慎重考虑。希望及时收到您关于上述两点的指示。

此外只有一个办法，即要求作者简化次要细节描述，而集中于基本特征。这是唯一能够削减开支的技术性建议。

至于此时正在明兴（Muenchen）留学的杨钟健先生一事，我在9月初曾和维曼教授有所讨论。所有的大型哺乳动物群都已准备就绪，但他建议将啮齿类化石交给杨先生。这部份体量较小的材料，比较容易寄到明兴。我很高兴地从维曼教授处得知，这些材料不久前已经寄给杨先生。

9月初，我到乌普萨拉拜访维曼教授，并深为他的工作所感动。他正准备寄给您的食肉动物（Carnivores）标本真是十分壮观，您一定非常高兴将其放在您的陈列馆里展出。

几天后您将收到我关于其他诸事的信件。在此谨向丁博士和您致以最诚挚的问候。

您最诚挚的

安特生致丁文江翁文灏
（1926年5月3日）

亲爱的丁博士、翁博士：

3月29日去函当已收悉。我希望能获准将假期延至9月初，条件是除300元退休金外，我的工资将捐赠给出版基金，而且这两个月的延长假以及接下来在北京的时间，我的工作都听从您的安排。当务之急是我需要获批这两个月的无薪延长假，其他问题可待我抵达北京后再作安排。

谨向您简要报告我们的工作进展情况：

石器的编目工作已基本完成，希望尽快找人来研究这些材料。不过，在搬进更宽敞的新实验室前，尚无法找人开展工作。7月1日起我们方有权使用这些房屋。

新楼的阁楼已接近完工，大约本月15日左右便可供我使用。

之后，我会将来自许多遗址的动物骨骼进行拆封，交由负责这项工作的年轻动物学家达尔①博士研究。仅拆封这些骨骼材料并仔细贴标，就需花上两个月甚至更长的时间，因此这项工作急需在我的持续监督下完成。

我们现在正在给金属器物贴标和编目，但铜制品的制备是一项非常困难的工作。由于金属已完全变成氧化物或者碳酸盐，因此变得非常脆。我的助手巴尔姆格伦②博士，最近正在哥本哈根研究通过将金属物转化为金属铜以保存金属器物的新方法。

关于罐内土壤样本的研究正在顺利进行。当务之急是推进第二期陶罐的描述工作，以便在我 8 月 15 日前往北京之前，能将大量标本送回北京。

我们正在为贵所图书馆复制第二套关于东亚考古学的卡片目录。这套目录是我们为自己准备的指南，已经列出了大约三千册书籍和小册子，但此项工作还远未完成。

我还在等一些其他数据，稍后会致函详述《中国古生物志》的印刷费用。维曼和他的同事正在加紧工作。现已为贵所陈列馆准备好一批精美的第三纪食肉动物（Tertiary Carnivores）标本，即将从乌普萨拉运往北京。

您非常真诚的

翁文灏致安特生
（1926 年 5 月 29 日）

安特生博士惠鉴：

3 月 15、16 日及 5 月 3 日来函收悉。由于北京政局动荡不

---

① 埃利亚斯·达尔（Elias Dahr, 1897—1985），瑞典动物学家。
② 巴尔姆格伦（Nils O E Palmgren, 1890—1955），或译为潘古仁，瑞典艺术史学家和艺术评论家，撰有《半山及马厂随葬陶器》。

断,总长职位有一段时间空缺,因此您的来函被耽搁了一段时间才呈送总长。我先将您的来函呈递林大间①先生,他非常同意我们的意见。今天我向秦(Ching)②先生报告此事,他既是议员也是代理次长,现在是部里唯一的主事者。他已批准您两个半月延长假(从6月1日到8月中旬)的申请。我已向他解释,您需要时间来研究和准备要带回来的考古材料。我未提及任何有关合同的事宜,待您回来后再作安排。

丁博士现在担任淞沪总办的重要职位。

我们已从美国归还庚子赔款基金中获得一笔为期三年的小额款项,将于下个财政年度开始支取。在政府资助有名无实的情况下,这真是一件使地质调查所免于完全解体的幸事。一些矿业公司承诺为我们陈列馆的扩建提供一定的资金,但由于华北地区形势恶化,矿业深受其害,因此扩建工程尚未施行。我希望此事能逐步实施。我们陈列馆的工作非常需要您的帮助。

中基会大部分补助金将用于在北京建筑一个大型图书馆,由梁启超先生担任馆长,李四光教授担任副馆长。该馆对我们帮助很大,因为我们可以请他们购买所有可能超出地质调查所图书馆范围的必要文献。

昆塞尔③教授约一周前来访,目前他在山西。虽然赶不上中国地质学会的年会,但希望他回来后能答应作一次演讲。从昆塞尔教授处欣悉,赫勒博士关于山西古生代植物的研究很快会在《中国古生物志》上发表。很遗憾,由于丁博士坚持要亲自审读手稿,并作一些修改或说明,赫勒关于中国西南部植物化石的论

---

① 林大间(T. L. Ling),字剑秋,浙江瑞安人。早年赴日留学,曾任北京政府农商部参事、矿政司司长、代理次长,时任矿政司司长。

② 此人似为秦瑞玠,时任农商部代理次长。

③ 昆塞尔(Percy D. Quensel, 1881—1966),瑞典地质学家、矿物学家,斯德哥尔摩大学教授。

文虽然印版早已备好，但至今仍未开印。

丁博士一直忙于其他事务，故此项工作至今尚未完成。

翁文灏敬启

安特生致翁文灏
（1927 年 3 月 31 日）

尊敬的翁博士：

我恐怕还未曾正式向您确认已收到《甘肃考古记》的副本。我实已收到 61 份邮包，希望剩余的 130 多份留在地质调查所，等待我的进一步安排。亲爱的翁博士，请接受我迟来的感谢，谢谢您寄给我这些副本。谨随函附上该论文的拟赠送名单，请您将该名单连同我的信函一起交予周先生，希望他能帮忙将副本按该名单分发。其余的副本最好留在北京，等我 9 月底到达北京时再作处理。

您非常真诚的

翁文灏致安特生
（1927 年 5 月 25 日）

安特生博士惠鉴：

您 5 月 10 日从哈尔滨（Kharbin）的来函收悉。

在过去一段时间里，我收到来自各方对您承诺返还考古材料的质疑。对于相关协议将在文字和精神上都得到充分履行，我确信不疑。但鉴于这里普遍存在的不信任气氛，我不禁要提醒您，迅速返还所承诺的采集品比我的解释或说明更为有效。我确信，当北京的人们看到大量精美的采集品送还这里时，他们对您的印象会发生根本性改变，地质调查所的困难也将随之消失。

我已为 37 箱陶器和化石运输之事致电上海，目前它们正在运往天津的路上。依据在部里备案的您1925年1月的信函，大部分材料将在从中国运出之日起的两年内返还中国。很理解您的中国之行造成工作的一些延误，但希望您能充分意识到在当前形势下守时的必要性。因此，我希望在这第一批材料返还之后，其它的返还工作也可以迅速跟进。相信您会为此尽最大努力。

我将乐闻您返回瑞典后会为此所做之工作。通过这些工作，您将为与您工作密切相关的地质调查所做出巨大贡献。

翁文灏敬启

翁文灏致安特生
（1927年7月5日）

安特生博士惠鉴：

去年您寄给我一张在瑞典印制《中国古生物志》丙种而应由北京方面付费的账单。很抱歉，由于我不久后去了日本，之后一直忙于其他事务，故此事一直搁置。很高兴拉各雷留斯先生来函提醒了我：

"在此，我们谨将1926年10月2日《中国古生物志》的账目副本发送给您，金额是3020元，由拉各雷留斯先生转交予您。如您能在方便时尽早将这笔款项汇给我们，将不胜感激。

杨钟健先生的论文手稿现已收到，但希望在收到您的汇款后再行开印。"

现在杨先生研究报告的印刷是小事，如果拉各雷留斯先生不想在瑞典印刷，我很愿意在北京印刷，不过我们最好能就出版基金的支付问题达成明确共识。根据从丁博士那里了解到的情况以及您的多次来函，我愿对此问题做一总结，并为未来制定一个切实可行的计划。

最初的协议是，克鲁格①先生捐赠的瑞典基金50000克朗，约合25000中国元，全部用于印刷《中国古生物志》，唯一条件是在瑞典印刷。该基金的管理权交给瑞典委员会，委员会则需每年向中国地质调查所提交一份收支账目。您们友好地称之为"丁文江出版基金"（V. K. Ting Publication Fund）的北京基金，用于在中国或瑞典以外地方印刷《中国古生物志》，或用于丁文江博士自由支配的其他出版用途。

协议现在已依照您去年提出的建议进行了一些重要修改，即在瑞典印制的《中国古生物志》丙种分册也将由北京支付。原因显而易见，正如您在1925年4月所建议，当时剩余的瑞典基金36000克朗被分成考古学、古脊椎动物学和古植物学三等份，而保留给脊椎动物的部分目前大概已经用完。

丁博士在1925年2月9日的去信中，已明确表达了我们对资金使用的构想，但是只要符合《中国古生物志》整体以及中国地质调查所出版物的利益，我们乐于接受任何新的付款方式。为了对整体情况有一清晰认识，随函附上三张表格。表一列出了北京基金的确切账目。表二是基于您提供给我的瑞典平均印刷成本。截至目前，我尚未收到瑞典委员会的任何账目。表三很有意思地显示了未来所需资金。目前情况如下：

除瑞典剩余资金外，仍需要的资金约为70000元。北京剩余资金20000元，安特生20个月的工资28120元，合计48120元。仍有大约2200元的差额或赤字，因此北京的资金并不像看上去那么充足。对此我们不能过分依赖您的工资这一不确定因素，它到账非常缓慢。假设在接下来六年内您的工资可以付清，我尝试制定了未来九年出版物的年度预算如下：

---

① 伊瓦·克鲁格（Ivar Kreuger, 1880—1932），瑞典金融家、企业家，是《中国古生物志》早期的重要捐助人。

第1—3年安特生的工资3670元，定期存款的银行利息1800元，共5470元。三年总计16410元。

第4—6年安特生工资5700元，定期存款的银行利息1800元，共7500元。三年总计22500元。

第7—9年资本基金6000元，平均利息600元，共计6600元。三年内总计19800元。

九年总计58710元。

还有约10000元的赤字，或许可以通过严格节约制版费用等方面来解决。我最近与这里的印刷人员谈过，如能保证每年有稳定的印刷量，文字和图版的报价还有可能降低。换言之，按照丁博士的明智建议，通过定期存款的方式来保持资本基金，未来九年内，每年可以约有6000元用于支付所有计划出版物的费用。

在6000至7500元的年度总额中，至少必须保留一半用于《中国古生物志》乙种的古生物学著作，或用于其他在中国完成或由中国古生物学家完成的专著的出版。另一半左右将用于您的考古学出版物，或印刷斯德哥尔摩基金可能无法支付的少数古脊椎动物和植物化石专著（如表三所示）。

在最初两三年里，收入少于6000元，瑞典基金虽然大部分已预留给您的考古出版物，但剩余部分基本可以弥补这一不足。无论如何，通过此方式保留的资金总体上可以满足表三（1）中的"进一步的需要"。

因此，在瑞典基金仍有剩余，北京基金按上述方式使用的情况下，我们能够以合理速度出版所有系列出版物，并在相对较短的时间内发行所有计划的出版物，除非财政部未能按照预期支付您的工资。假若如此，除非有其他资源，否则我们可能不得不相应地减少印刷量。但财政部也有可能支付更多，那么我们就能拥有多于18000元的定期存款，从而产生更多的利息。

为了执行上述计划，今年由北京向斯德哥尔摩支付高达

3000元的费用有点困难,因为该提议虽然合理,但对我而言是始料未及的。不过,我会尽力适应新的形势。目前北京方面已经出版了三部研究报告,即李四光的《中国北部之䗴科》、赵亚曾的《中国长身贝科化石》和赫勒的《云南古生界植物化石》(仅文本)。这意味着总成本约为3600元。

您和丁博士为《中国古生物志》精心安排的,是一项中国地质调查所和瑞典科学家之间非常精彩的合作,为中国古生物学做出了巨大贡献。但是当杨钟健先生在维曼博士和我们的建议下特意到瑞典印刷其论文时,拉各雷留斯却表示拒绝,除非由杨本人承担大部分印刷费用。这很容易给年轻的中国学生造成印象:《中国古生物志》基金专为瑞典学者而设,对于地质调查所而言有名无实。希望通过执行我所提出的计划,《中国古生物志》基金即事实上的安特生基金,将被所有中国古生物学家永远铭记在心。

翁文灏敬启

表 I　　　　　　　北京出版基金的收支总额

年份	收入	支出
1921	1954.29	无
1922	4523.80	3183.90
1923	5656.74	3514.00
1924	8672.14	2785.26
1925	11933.13	3699.26
1926	3474.55	3460.32
总计	36214.65	16642.74
	16642.74	
1926年底余额	19571.91	

注:收入包括所有银行利息和金先生①的捐赠。

---

① 即《中国古生物志》的赞助人金叔(沁园)。

注：除印刷费（13275元）外，支出还包括绘画、照片、从上海运往瑞典的费用等等。

每年年底制作一份详细的收支账目，连同完整的凭证一起提交给农商部进行审核和批准。

表 Ⅱ   预计已支付的印刷费用

	瑞典出版基金	北京出版基金
分册数	6	11④
页数	540	1140
文本印刷费	4644元①	8550元⑤
图版数	58②	72
图版印刷费	3190元③	2592元⑥
瑞典印刷分册的汉译（60 p. cost）		420元
封面装订	240元	950元
总花费	8074元=16148克朗	12512元

瑞典基金的结余为 50000 - 16148 = 33800 克朗 = 16900 元

①根据安特生博士1925年4月23日来函所告知，按每页8.60元计。②包括赫勒博士的云南植物图版。③根据安特生博士告知，按每个图版55.00元计。④9本《中国古生物志》分册和2篇安特生博士发表在《地质汇报》和《地质专报》的考古学论文。⑤按每页7.50元计。⑥按每个图版36.00元计。

以上两组数据都是理论上的，因为实际费用会根据具体印刷份数而变化。例如，安特生博士的一些论文原计划印刷1000份甚至1200份，其中200份分发给《中国古生物志》乙种的作者，而实际上只印刷了600或650份，因此成本最低。丙种有两个分册在澳大利亚印刷，成本略高。等等。

直接支付给印刷厂的款项，总计约为13275元。

表Ⅲ 出版经费的估计需求和供应

1. 安特生博士计划出版的《中国古生物志》所需资金

根据 1925 年 4 月 23 日安特生博士对不同种类的出版物规模的估计,以及他提出将当时在瑞典的剩余基金(约 3600 克朗)平均分配给考古学、古脊椎动物和古植物学的安排(从那时起,已在瑞典出版了一本考古学分册和几本脊椎动物学分册),情况可能如下:

剩余瑞典基金及未来所需资金

考古学	6000 元	21000 元
(包括人类学)		(5000)
古脊椎动物学	几乎耗尽	5500
古植物学	600 元	3600
软体动物化石	无预留资金	580
总计	12000 元(??)①(或 16900)	30680

2. 北京计划出版的《中国古生物志》所需资金

乙种至少有 30 个分册已经在准备或计划中,平均成本为:

每个分册 1000 元	30000 元
周口店专著等	10000
总计	40000

北京剩余基金约 19500 元

---

① 原文如此。

3. 未来的资金供给

安特生博士 20 个月的工资：950 元 × 8 + 1710 × 12 = 28120 元。根据去年经验，一年只发三四个月的工资，所以每年实际收入仅有 950 元 × 3 = 2850 至 1710 元 × 3 = 5130。

安特生致翁文灏
（1927 年 8 月 12 日）

亲爱的翁博士：

现对您 1927 年 7 月 5 日来函中关于《中国古生物志》瑞典印刷费用问题回复如下：

首先，关于协议规定的每年向您提交克鲁格基金账目事宜，参考拉各雷留斯先生应我要求转来的解释，我了解到，1925 年底曾向您提交过一份克鲁格基金报告，但至去年年底还没有提交相应报告，显然是因为拉各雷留斯先生和我都不在瑞典所导致，为此我必须向您致以最诚挚的歉意。

拉各雷留斯先生致函予您，言及他打算推迟出版杨钟健先生论文之事。此全系我之过失，需要作出充分解释。

1925 年我回到瑞典时，从拉各雷留斯先生处得知，我两位好友出版的两部大型科学著作未能全额付款，导致二人亏欠拉各雷留斯先生公司债务的悲剧后果。其中斯文赫定博士因为《西藏南部》[①] 欠下大约 200000 瑞典克朗的债务；奥托—诺登斯约尔德[②]教授因有关南极的出版物欠下 30000 克朗的债务。因为拉各雷留斯先生急欲帮助科学著作的出版，在仅承诺能筹集到更多资金的情况下便应允开印，因此造成这种悲剧性的事态。最后，

[①] 即《1906—1908 年西藏南部科学考察报告》。
[②] 奥托—诺登斯约尔德（Otto Nordenskjöld, 1869—1928），瑞典地理学家、探险家。

拉各雷留斯先生不得不靠从私人捐助者那里筹集资金，偿还债务，而我几乎没有为帮助赫定博士和奥托—诺登斯约尔德教授解决巨额债务做出任何贡献。

两件悲剧性事件最终解决后，我向拉各雷留斯先生提出的建议：无论发生什么事情，在结清所有以前的账目之前，我们绝不再应允印刷任何新的论文——是避免积累类似债务的合理措施。

当拉各雷留斯向我报告，给您寄到北京的账单尚未付清，而他犹豫是否要着手印刷杨的论文时，我建议他推迟印刷，并请您汇款支付未付清账单。然而，当从维曼那里得知，杨先生到乌普萨拉的目的就是印刷他的论文时，我们立即下令开始印刷。我们急欲为这位迷人而能干的年轻中国合作者提供一切可能的便利。

如果您7月5日写信时，对拉各雷留斯先生延迟印刷杨先生论文一事感到有些恼火，希望我上述坦率而详尽的解释能够消除所有可能的误解。在澄清此事之后，也请您同意我和拉各雷留斯先生的意见，即在此前论文印刷费付清之前，不再印刷新的著作。赫定和奥托—诺登斯约尔德事件非常不愉快的经历，让我们认为这是避免累积未付账单的唯一方法。

现在我们继续讨论未来《中国古生物志》瑞典书稿的印刷需求。

首先，您当记得，开始只希望我的薪资仅用于印刷基于我和助手采集品研究完成的论文。然而，当丁博士提出将其中部分用于印刷其他古脊椎动物化石研究论文时，我同意了此项安排。后来，丁博士非常妥善地安排了部分来自我薪金积累的欠薪基金。我同意这个安排，仅想声明，我把薪资完全交给您和丁博士，希望确保未来有资金用于支付印刷基于我的采集品研究的论文。我绝不建议动用欠薪基金，但我充满信心地将其交由您和丁博士负责，用于确保论文一出版就能付清费用。

当我回到瑞典时，克鲁格基金还剩下21000克朗——正如您所知——我建议将这笔钱分成三部分：一份给维曼，一份给赫勒，一份给我。我作出如此安排，目的是让两位同事明白节约的必要性，特别是在使用珂罗版方面。

然而，看了您上一封信后，我和拉各雷留斯先生决定，只要克鲁格基金还没用完，最好先用其余额来支付斯德哥尔摩这里的所有印刷费用。就我们目前所见，现在正在印刷的师丹斯基、密勒①和杨钟健的论文，以及赫勒教授的大型专著，很可能会完全耗尽克鲁格基金。一旦上述论文完成印刷，您便会收到相关的详细账单信息。您会注意到，如此安排使用余下的克鲁格基金而完全不考虑出版著作的类型，那么当我开始出版考古学著作时将会两手空空。这于我而言有点难堪，是我发起了这项事业，并在丁博士和拉各雷留斯先生的帮助下设立了克鲁格基金。

不过我丝毫不感到沮丧，因为我完全相信您和丁博士定会想方设法，让出版的考古著作配得上这些极好的材料。如果财政部未能如期支付（欠薪），我希望能从各种庚子赔款（所设立的基金）中有所获益。

本着我们之前愉快合作的精神，为尽到我们的责任，拉各雷留斯先生和我已经开始在斯德哥尔摩成立一个小型的调整基金，这将使我们能够每次只向中国地质调查所收取已商定的费用。这样一来，您们将有相当大的优势，您的员工在校对等方面可以不费吹灰之力就能获得优质的瑞典印刷品，且成本与在北京印刷相同。

随着工作的推进，我将向您提交现已初步成型的考古著作出版的详细计划。我确信丁博士和您都同意我的观点，即考古出版

---

① 密勒（Gerrit S. Miller, 1869—1956），美国动物学家和植物学家，曾任美国自然历史博物馆馆长。出版有《蒙古第三纪哺乳类动物定名之订正》（《中国古生物志》丙种第五号第二册，中国地质调查所，1927年）。

物的编撰方式应能充分反映材料的精美性。

最后，相信对于由我引起的杨钟健这件小小不幸事件，我的解释能令您感到满意，也相信我们将以同样友好和信任的精神完成出版工作。多亏了这种精神，让我们成功地克服了欠薪偿还期间更大的危机。

您非常忠诚的

安特生致翁文灏
（1927年8月25日）

亲爱的翁博士：

因为我想向您报告一些实质性成果，所以此前尚未函告藏品返还的相关事宜。5月底回到瑞典后，一直忙于为研究所安排家具及此类实用的物品。现在很高兴向您报告，工作进展相当顺利。我们又挑选了一大批完整的不同时期的史前随葬陶瓮，准备运回北京。摄影师已经工作了几周，为这些器物拍摄了完整的照片，我的助手巴尔姆格伦博士将在接下来四周内对这些器皿进行详细描述。您很清楚，在返还这些器物之前，有必要对它们进行详尽的研究，而正是这项工作花费了大量的时间。不过，我很高兴向您保证，几个月内将有相当数量的货物运回。事实上，属于您的那一半完整陶瓮，届时大部分都会返还。

这段时间以来工作压力很大，我需要休息。九月我将去意大利北部度假，在那里会写信向您做更完整的报告。

请将此函送丁博士一阅，告诉他我一旦在意大利里维埃拉（Riviera）海边安顿下来，会就很多问题写信给他。

您所有的瑞典朋友和我一起，向您和丁博士致以最诚挚的问候。

您非常忠诚的

安特生致翁文灏

(1927年10月3日)

亲爱的翁博士：

如前函所述，瑞典出版基金，即克鲁格基金因支付已刊著作的印刷费，及为赫勒的大型专著出版提供大部分费用，现已完全用尽。

对于师丹斯基博士已经提交的完整书稿，一部有关周口店动物群研究的重要专著，拉各雷留斯先生还在犹豫，在收到您有关未来付款安排的消息前，应否印刷任何著作。

然而，我认为，就地质调查所目前与步达生博士合作开展的周口店工作而言，尽快出版师丹斯基博士的专著非常重要。为此，我向拉各雷留斯先生提供了书面承诺，保证支付师丹斯基博士的论文印刷费。随函附上该承诺书的副本，同时请您与我和拉各雷留斯先生讨论今后在斯德哥尔摩印刷《中国古生物志》的付款方式。

我将与维曼教授和赫勒教授一起，对剩余著作出版费用进行初步估算。您会明白，对于维曼博士所剩无几的著作而言，做出估算并不困难。对于赫勒来说则相对不易，因为他只完成了约三分之一的书稿。而对我的考古部门来说，才刚开始为第一卷"遗址的地形描述"收集材料，很难做出准确可靠的估计。考虑到考古材料的重要性、美观性和数量的庞大，正如我早先所估计的，印制一部与这些材料相称的著作肯定要花费一笔巨款。另一方面，您会从前函中注意到，我们正在努力争取以1925年北京印刷定价的相同价格，提供斯德哥尔摩印刷公司的高质量产品。

亲爱的翁博士，相信您会找到办法为这些著作出版提供所需资金。我正在就工资支付问题写信给韩佩尔（Hempel）小姐，相信您一定会给予她一切可能的支持。提交给您的预算准备完毕时，我再与您更详细地讨论这个问题。

向丁博士、葛利普博士和我们所有的朋友致以最亲切的问候。

您非常诚挚的

翁文灏致安特生

（1927 年 11 月 28 日）

安特生博士惠鉴：

鉴于对周口店洞穴沉积物的极大兴趣，我们准备在陈列馆举办周口店洞穴标本的特别展览，重要的是至少牙齿铸模要一起展出。因此，如您能请维曼教授或其他负责人将师丹斯基博士发现的牙齿做个铸模，像寄给步达生博士的铸模那样立即寄给地质调查所，我将不胜感激。我猜想牙齿的原型现在乌普萨拉。我现在也致函舒罗塞（Schlosoer）教授，看看能否获得他提及过的那颗牙齿铸模。当然，我们也乐于将步达生博士正在研究的标本模型作为回馈。他的工作非常出色，相关研究报告将作为《中国古生物志》特刊很快出版。

顺便问一下，我何时能见到您前函中提到的第二批考古采集品的返还？第一批返还的完整陶瓷受到中国参观者的赞赏，而且更多的种类将使我们的展览更加有趣。

翁文灏敬启

翁文灏致安特生

（1927 年 11 月 28 日）

安特生博士惠鉴：

我刚从北满地区旅行归来，立即回复您 10 月 3 日来函以及我离开期间收到的上一函。在回程路上，我还匆忙去大连会见了丁博士。他给我看了您的来信。拉各雷留斯先生对师丹斯基博士周口店论文的印刷估价也已收到。

步达生博士已向您告知,周口店又发现了一颗牙齿。鉴于对周口店材料的极大兴趣,尽快出版师丹斯基博士的研究报告无疑是非常重要的。我会负责支付该研究报告在北京的印刷费用,并已函告拉各雷留斯先生,向其确认您10月3日来函。

完全同意您对出版物的关注,也希望您能意识到我们当前面临的财政困难。在目前的情况下,您的薪资没有支付的希望,政府对中外员工的欠薪现已全部停发。因此,北京的出版基金几乎没有收入,也几乎没有其他的资金来源。

商务印书馆为您的甘肃考古遗址专著制作了全套地图和剖面图。我会支付这些图版的印刷费,因为它们在两年多前就已完成制版。您是否已准备好要印刷的文本?这些著作如在北京印刷,并与早已备好的图版一起装订,也许会更方便些。

在向您提交了较高的价格之后,我们又与商务印书馆洽定了新的印刷价格,若印600份,现在每2页12元,每图版36元。(《中国古生物志》)乙种所有分册都在这里印刷600份,包括为作者提供的50或100份。

翁文灏敬启

安特生致翁文灏
(1927年12月15日)

亲爱的翁博士:

现将我关于中国的著作德文版另寄予您。我并未负责排版,由我亲自监督的瑞典文版看起来比这个版本好很多。

同一邮件中有两个给丁博士的包裹也寄到您处,请您转交。我估计他一月份会到北京参加地质学会的年会。

大量准备返还北京的完整陶瓷已完成拍照,我们正在对第二期的全部材料进行详细描述,因此预计二月份将会寄给您一百个陶瓮。我们已在新的研究实验室里建立了良好的基础，相信在未来一年里，考古专著的准备工作会取得良好的进展。我很快就会把赫勒教授、维曼教授及我本人编写的出版物新预算转发予您。

向您和您的家人致以新年最美好的祝福。

您非常真诚的

翁文灏致安特生

（1928年2月7日）

安特生博士惠鉴：

您去年12月15日来函及《龙与洋鬼子》一书已收悉。丁博士几天前来过，也收到了您寄给他的东西。

很高兴获悉您在甘肃材料方面的工作进展，希望能尽快收到第二批拟返还的考古材料，以便在赫定探险队回来之前有足够的材料可以展出。我想您会同意我的看法，即我们展出的这些您在河南和甘肃获得的成果，与赫定博士的采集品相比毫不逊色。

很高兴能为拉各雷留斯先生补齐一套《中国古生物志》，他此前来华时我已赠送过几册。

去年出版的《中国古生物志》比以往任何一年都多，总共出版了葛利普、赫勒、李四光、赵亚曾和步达生的六个分册。该基金目前还有大约17500元结余。我曾向顾临博士[①]申请洛克菲勒基金会的资助。他对此项目评价很高，正在向纽约转发这一申请，但目前还无法给出明确承诺。如前所述，从北京现政府获得资金毫无希望，除非外交部准备用海关收入支付外国顾问的酬金。

据说赫勒博士的《山西古生界之植物化石》及杨钟健的论

---

① 顾临（Roger Sherman Greene，1881—1947），美国外交官、社会活动家，曾任中华教育文化基金董事会董事，洛氏基金会副主席、驻华代表。

文已在瑞典出版，我目前尚未收到。

翁文灏敬启

安特生致翁文灏
（1928年4月23日）

亲爱的翁博士：

非常感谢您2月7日来函，未能及时回复，深表歉意。

在深入讨论细节之前，我想谈谈为方便我们研究工作而建立的这个小型研究所的财务状况。我从政府获得的年度预算为18000克朗，即10000北京银元。这笔钱不仅要支付我的助手和其他合作者的工资，还要支付供暖费和电费。工作之初便已明显感到，未来几年我们有大量材料要准备、研究、拍摄和描述，这笔小钱显然不足。

今年年初，对预算不足的担忧使我完全偏离了正常轨道。拉各雷留斯先生一直是我本人以及工作上的忠实伙伴。我们协商后认为，在未来五年内有必要发起一项从私人渠道筹集10000克朗的运动。我认为，我们可以在五年内相当出色地完成史前材料的描述工作。资金筹集工作相当艰巨，令我无法从事其他工作，包括修订已完成的下一批返还器物的文字描述。

但是，我很高兴地报告，财务工作取得了相当大的成功。过去的几天里，我已经恢复了系统的科学研究工作。非常抱歉，返还器物的装运因此也不可避免地被延误。现在我已重新开始处理此项工作，争取在两周内完成材料打包并装船。货物一旦启运，我即向您报告。

关于已印制完成的地图，如您所知，它们是《中国北方史前遗址》（The Prehistoric Sites of Northern China）地形卷的配图。大部分写作现已完成，我希望能带着完整的书稿前往北京。当前情况下，无疑需要到北京监督印刷。

然而，这本重要专著还需要配上大量能展现挖掘地点的景观图。这些图版的照片原件已经准备完毕。为节省费用，我建议大部分图版尽量用铜版印刷，无法用低价铜版印制的原件方使用珂罗版。如您所知，瑞典铜版印刷质量比中国更好。

在完成这本地形学专著的同时，我正在准备另一卷有关甘肃墓穴大型陶瓮的著作。最近巴黎的王涅克①商行收购了大量甘肃随葬瓮。这些陶瓮现已销往欧洲各个古董商。在此情况下，我认为推进《甘肃仰韶期陶瓮》（Mortuary Urns of the Yang Shao Period in Kansu）的编写工作非常重要。该卷大部分文稿已经准备完毕，我们现在开始组合图版。考虑到该书成本必定极高，因为除有大量珂罗版外，还需数张彩色图版，因此恳请您提供5000元的临时补助。（下缺）

翁文灏致安特生
（1928年5月12日）

安特生博士惠鉴：

正在北京的丁博士和我在为您长期的缄默感到纳闷之时，刚好收到您4月23日的来函。我们很担心您的健康状况。欣闻您的研究所目前财务状况好转，而您也回到了科学工作中。

收到您的来函之前，我已收到拉各雷留斯博士4月18日来函，并附有一张2003金元的账单和电报回复的要求。将此事告知丁博士后我即电复：账单即将支付，并请安特生博士送还史前文物。很高兴得知第二批返还文物即将送回，也很高兴收到维曼博士和赫勒博士的古生物标本。

昨天，我在北京大学看到一些日本人从大连东部貔子窝（Pi Tzu Wo）送来的新石器时期陶器，与甘肃标本非常相似，也非

---

① 王涅克（L. Wannieck），或译为瓦涅克、万年克，法国古董商。

常完整。他们还发现了一些三足器。香港的韩义理博士①给我寄来了少量石器和陶片。安得思②的探险队再次前往蒙古。您可能会对这些新闻感兴趣。我知道您现在专注于陶器研究,石器和骨器等其他材料,是否也有人在研究?

到目前为止,我们一直未能为《中国古生物志》争取到新的资金,也未从财政部获得您的薪金。如您所知,最近中国政局动荡,但我们肯定会为您预留今明两年(1928—1929)印刷考古研究报告所需的 5000 元经费。

北京的形势正在迅速变化。幸运的是,地质调查所的工作得到国内普遍认可。希望我们这项工作能够继续。不过,我不久可能辞去现任职务,将其留给更能干的人。您会明白,在此情况下,我将乐见任职期间安排的某些事务(如标本的返还)尽可能完成。

翁文灏敬启

安特生致翁文灏

(1928 年 8 月 15 日)

亲爱的翁博士:

我们现正准备航运装有 50(65)③ 件仰韶时期甘肃陶瓷的 20 箱返还器物。箱子编号为 1 到 20,并带有以下标记:翁,地质调查所,北京。这批器物将经由哥德堡运至上海维昌洋行,由其交付给您,我们投保价值为 5000(改:6500)瑞典克朗。陶器的详细清单将在几天内寄您。随后将有更多的器物返还。下一批

---

① 韩义理(G. M. Heanley, 1877—1970),20 世纪 20 年代曾在香港开展业余考古活动。

② 安得思(Roy Chapman Andrews, 1884—1960),美国探险家、博物学家,曾任美国自然历史博物馆馆长,以 20 世纪初对中国、蒙古等地的探险而出名。

③ 原文如此。

将包含马厂期的陶瓷。在过去一两个月里,维曼教授和赫勒教授都已向您寄送了返还器物。

大约一个月前,步达生博士访问了斯德哥尔摩和乌普萨拉,主要是与我讨论他的实地工作计划。稍后几天,我会就此事给您和丁博士去信。几天前孙先生①来此看我,我很高兴地接待了他,得知他的工作也取得了出色的进展。

您真诚的

安特生致翁文灏
(1928年9月8日)

亲爱的翁博士:

有关第二批返还考古采集品一事此前已函告于您,现特附上20箱器物清单及其埋藏地点清单。

8月初已向航运公司查证,第一艘驶往上海的轮船于9月21日从哥德堡启程。因此,这些箱子将于9月14日从斯德哥尔摩用汽轮运出,以便及时到达哥德堡。按照惯例,我们将支付至上海维昌洋行的运费和保险费,请您与该洋行联系,以便通过海关并在北京安全交付。

您非常真诚的

安特生致翁文灏
(1928年9月21日)

亲爱的翁博士:

在此寄送您的特殊包裹,是师丹斯基采集品中两颗原始人牙齿的石膏模型,分别来自维曼教授和我。这些精心制作的模型与原件完全相同,希望您也认为它们值得在您的陈列馆展出。前两

---

① 应为北京大学教授、古生物学家孙云铸。

函中提及的返还的史前陶器，将于今天或明天从哥德堡发出。

致以最亲切的问候。

您非常真诚的

翁文灏致安特生

（1928年10月12日）

安特生博士惠鉴：

我刚从南方长途旅行归来。在新政权下，地质调查所与所有机构一样都要进行彻底改组。改组工作仍在进行之中。我曾想辞去所长一职，但还是暂时留任了。

8月15日和9月8日来函均已收悉，欣闻化石及史前器物正从瑞典返还。我已电告维昌洋行，请其及时转发北京。无论地质调查所如何重组，都将作为国立机构留在北京，或者至少部分留在北京（因为有可能与其他地质研究所合并）。我们利用私人捐款最近在兵马司建成一栋新楼，用作办公室和实验室。工程将于一个月内完成，届时整个丰盛胡同大院将用作陈列馆。即使在完全重建之前，我们一些修好的旧办公室也可用于展览。这将使我们的空间增加一倍。因此您会看到，您、维曼博士和赫勒博士返还的标本可以在短时间内展出，我们真的需要更多的标本来填充新的空间，希望更多的器物能很快源源而来。

两颗周口店牙齿铸模刚刚收到，已安排展出。感谢您和维曼博士及时处理此事。

您9月8日关于薪金问题的来函也已收悉。我将致函雷尧武德男爵①，以确认您为《中国古生物志》捐款的自愿声明。

我在南京见到冯玉祥将军和现任工商部长孔先生，他们都对

---

① 雷尧武德（Carl Leijonhufvud），时任瑞典驻华领事。

您记忆犹新。丁博士现在正远赴广西从事地质调查。

翁文灏敬启

翁文灏致安特生

（1928 年 10 月 24 日）

安特生博士惠鉴：

9 月 8 日来函已如期收悉，从南京返抵北京时即已回复，相信您很快就能收到。应您的要求，我已致函雷尧武德男爵，确认您在前函中的声明。

因出版经费不足，我已致函拉各雷留斯先生，说明我们必须为《中国古生物志》丙种外的其他系列预留一定数额的资金，请他在印刷任何论文之前先通报于我。随函附上我的信函副本。

尽管目前没有固定资金维持，地质调查所的工作仍在照常运转，希望能够很快度过困境。

致以亲切的问候。

翁文灏敬启

安特生致翁文灏

（1928 年 12 月 7 日）

亲爱的翁博士：

据雷尧武德男爵告知，宝道①先生正在为外国顾问欠薪问题与官方谈判。他建议我放弃对索赔养老金的坚持，以保住付给出版基金的欠款和清欠工作大局。毫无疑问，我并不想放弃养老金，但也认为有必要听取雷尧武德男爵和宝道先生等善于审时度

---

① 宝道（M. Georges Padoux，1867—1960），法国人。1914 年任北京政府审计院顾问，1919 年任司法部顾问，曾一度担任华洋义赈局副会长。1928 年前后任国民政府立法、司法院和交通部法律顾问。

势者的意见。而且我更愿意用养老金支持出版基金，尤其是支持考古著作出版。所以我在此声明，愿在下列条件下放弃未来对养老金的索赔：

1. 所有欠薪和养老金均在今年年底前支付，不再拖延。
2. 未来应得的养老金将付给《中国古生物志》出版基金，专门用于印刷基于我的采集品而完成的考古学专著。

您能否向雷尧武德男爵咨询此事。他已收到该函副本。一旦收到您对上述提议的批准，他肯定会将其内容向宝道先生转达。

您非常真诚的

翁文灏致安特生
（1929 年 1 月 31 日）

安特生博士惠鉴：

您 12 月 7 日来函中的第二个条件，我认为对中国政府毫无吸引力。也就是说，财政部在意的是必须支付养老金，至于您是自用或是用于印刷什么东西他们并不在意。我以为，如果您能按照雷尧武德男爵和宝道先生的建议，以现金方式支取欠薪而牺牲养老金实际上更为有利。您还记得，过去农商部已多次提出取消养老金的问题。

当然，我们非常感谢您将该款用于印刷《中国古生物志》考古出版物的想法，但这只是地质调查所的观点。财政部不会理解科学利益，只会认为这笔钱越发没必要支付。

这点不仅适用于养老金，也适用于工资。当得知您拿到现金并确确实实将其中几乎一半都捐给出版基金时，人们一定会高度赞赏您对地质调查所出版物的无私帮助。但在此之前，关键是财政部能否支付，而他们从不过问这笔钱如何使用。

翁文灏敬启

安特生致翁文灏

(1929年2月3日)

亲爱的翁博士：

关于我前函提及将部分工资用于出版《中国古生物志》一事，请您务必与雷尧武德男爵一见，以商讨此紧要之事。您一定记得我于前函中说过，我已致函雷尧武德男爵，向其解释节省这部分工资对我们科学工作的重要性。您还记得我在前一函中说过，只要能够保全养老金，我甚至愿意交出我的养老金以支持出版基金。如您与雷尧武德男爵和宝道先生无法就此事达成共识，我很担心用于《中国古生物志》的部分工资能否在持续的谈判中延续下去。

亲爱的翁博士，如果您觉得我们旧的工资协议有任何不适用于南京政府的地方，请坦率告知雷尧武德男爵和我本人。您肯定能理解，我很想保留工资中用于出版的部分，但雷尧武德男爵同样急欲推动谈判走向成功。

希望能尽早收到您对此重要事情的回复。（下缺）

安特生致翁文灏

(1929年9月4日)

亲爱的翁博士：

7月20日来函刚刚收悉。该函因西伯利亚边境的麻烦而被耽搁。我已订购了6个调平镜①，以确保您的指示在最短时间内得到落实执行。借此机会向您告知，一大批史前陶器即将准备运返北京。关于甘肃陶瓷的专著，我们也取得了极好进展。

您非常真诚的

---

① 翁文灏此前函请安特生代购。

翁文灏致安特生
(1929年10月9日)

安特生博士惠鉴：

9月4日复函收悉。欣闻第三批史前陶器即将运出，请函告确切箱数，以便我及时办理海关免税通行手续。您也研究石器吗？我预留了充足的《中国古生物志》出版基金（约5000元）用于印刷您的作品，而且已经支付了图版（地图和剖面图）的印制费用。

乐见维曼教授关于恐龙研究的著作提前发行，但不清楚，除很久以前寄给我的一份样书外，为何至今尚未收到正式印本。截至目前，我们已如期支付了拉各雷留斯的所有账单。不过我也提醒他们，在未通报我之前，切勿印刷太多，并且每次正式印刷务必征得我的付款同意。鉴于资金有限，这样的预防措施实属必要。

翁文灏敬启

翁文灏致安特生
(1929年11月19日)

安特生博士惠鉴：

我已与步达生博士讨论了您再次返华、合作从事新生代研究的可能性。步达生博士告知，您愿意为地质调查所新生代研究室工作。不言而喻，我极为乐见您再次为地质调查所和科学利益工作，但也希望您能了解，地质调查所已被中国朋友指责（无论对错）过去在处理采集品时过于慷慨。我们的政策是避免与外国有任何复杂的联系，除非对方可以完全为地质调查所工作，而地质调查所对所有收集的材料和完成的工作拥有完全的所有权。

从您最近来函中，欣闻一批新石器时代陶器正在返还中国。

也想提醒您，1924 年您与农商部约定，大约一半的外运标本将在两年内返还中国。现在已经过去五年，我十分理解准备和研究工作需要时间，但是鉴于您获得部里许可的条件，您应当对推迟和必要的延长期限做出声明或解释。每次从贵方收到返还材料我都会呈报到部。为了履行承诺，您应当返还的不仅是甘肃陶器，还有其他器物和动物化石。地质调查所并非因为陶器的文物和商业价值才要求返还，而是希望看到所有协议均得到彻底执行。如果疑问由官方提出，尤其当下正在讨论外国顾问欠薪问题，那将是相当尴尬的。返还工作延迟，除了给中国学界提供攻击的靶子，还可能成为进一步削减您欠薪的借口。当收到更多返还采集品后，我们想举办一次特别展览，以此向北平的其他科学机构表明，您的采集品并不比此前其他外国探险队差，从而为您未来的工作打下基础。总之，希望您尽快将考古材料航运返还中国，并让我清楚了解完成标本返还工作还需要多长时间。如有必要，我会从部里获得必要授权，以合理延长特定种类的时间。此事受到社会广泛关注，为了双方的利益，有必要明确条件并忠实执行。我觉得有责任坦率地向您告知真实情况。丁博士对于您长时间的缄默也表示担忧。一个月前启程赴四川、贵州之际收到您的函电，令他十分高兴。

非常感谢您帮助地质调查所购买调平镜，希望已经寄出，并请将账单寄我。

翁文灏敬启

安特生致翁文灏

（1930 年 2 月）

亲爱的翁博士：

我上月 30 日致电与您，内容如下：第三批陶瓷 2 月运送，石器 4 月，信随后。之所以等了许久才写信给您，为的是能向您报告轮船□□的确切行程。

今日收到雷尧武德男爵1月28日来函,提及您为货物返还事宜拜访他的情况。我今天已复电雷尧武德男爵:已于1月30日就第三批致电翁,告知24箱货物将于3月12日由长良(Nagara)号运离哥德堡。该批货物包括65个第三期陶瓷。

目前正在研究石器,并将于4月寄出那批器物。

您很快就会收到我们为《中国古生物志》撰写的专著。

安特生致翁文灏
(1930年2月27日)

亲爱的翁博士:

现已准备好第三批24箱的返还物品,其中包含65个甘肃史前第三期的陶瓷。箱子编号为1到24,并带有以下标记:翁,地质调查所,北京。这批物品将由哥德堡运往上海维昌洋行,由其交付予您。我们将为货物投保,价值为6500瑞典克朗。这些陶器的详细清单将在几天内寄出。

您非常真诚的安特生

安特生致翁文灏
(1930年3月22日)

亲爱的翁博士:

非常高兴今天将两份重要文稿转发给《地质汇报》。一份是俄德诺[①]博士关于丁博士送检的软体动物的报告。俄德诺博士很长一段时间都在竞选自然历史博物馆无脊椎动物学系的主管职位,不过他落选了。现在他终于完成中国华南软体动物的报告,我很高兴将其转发给您。请将此报告送达情况告知丁博士。我觉

---

① 俄德诺(Odhner, Nils Hjalmar, 1884—1973),瑞典动物学家,擅长软体动物研究,曾供职于瑞典自然历史博物馆。

得寄至您的地址更为保险,因为丁博士可能正在南方旅行。

今天还寄去一个装有软体动物标本的邮包,同样寄到您那里,也请您将送达情况转告丁博士,并将此函副本转寄丁博士。

第二份报告极其重要。在研究陶器碎片时,我注意到某些陶片上有植物印痕。其中一只最具研究价值的碎片,转交给了两位专门从事植物遗迹微观鉴定的年轻植物学家。他们有关陶片研究的成果意义非常重大。您将从他们论文中所看到,他们已证实水稻在仰韶文化中的存在。这一发现将水稻文化的历史溯推一千多年。这一重大发现对研究中国史前气候的重要性,我将在《史前中国》一书中予以阐述。相信整个中国知识界都会对这一发现产生极大的兴趣。

寄给您四份我们的《东方博物馆馆刊》,一份给您,一份给丁博士,一份给您的图书馆,一份给葛利普博士。我们的《(东方博物馆)馆刊》还分别寄给北平北海图书馆、燕京大学和步达生博士。如需更多,敬请告知。

致以最亲切的问候。

您非常诚挚的安特生

附言:两篇报告如能有各 100 份赠送作者,他们将非常高兴。他们在此项重要研究上投入了很多时间,相信您会满足他们的需求。同时,图版请用最好的技术制作,如无法制作上乘的铜版,能否用珂罗版制作?

安特生致翁文灏
(1930 年 4 月 25 日)

亲爱的翁博士:

很高兴给您寄去 24 箱器物的发货单据。该批器物于 3 月 1

日从这里寄出,同月 14 日左右离开哥德堡。器物投保到上海的保险金额为 6500 瑞典克朗。此函寄达之时,器物应该已经到达中国水域,请与维昌洋行联系,以便安排将其转运北京。

列有每箱器物的清单一并附上。

您非常真诚的

安特生致翁文灏
(1930 年 7 月 3 日)

亲爱的翁博士:

我们驻北京公使馆馆长劳格培①先生寄来您 5 月 14 日函件的副本,其中提及返还考古采集品的事宜。

我非常清楚,由于我履行义务的进展缓慢,您一定经历了严重的困难。另一方面,我希望您能理解延迟的原因。我并非是一名受过专业训练的考古学家。返回瑞典的头几年,我先是募捐筹建了一个研究图书馆,然后才开始研究工作。此外,事实证明,陶瓷的修复工作比我们最初预期的要困难和乏味得多。依照劳格培先生的建议,我将就此向您详细函告,包括用照片来说明修复工作的不同阶段。衷心希望第三批货物已安全送达且完好无损。

目前正在准备第四批货物,近期即将寄出,其中包括:1. 第四期(辛店)陶瓷。2. 仰韶村彩绘陶片。3. 大量来自不同地方的石器。

此函主要是向您汇报我们在今年年中之前的工作进展。10 月 1 日和年底,我还会向您发送新的报告。

我想告诉您,工作期间,我将尽我所能于一年内返还所有应返还北京的采集品。希望明年秋天能去北京为您效劳,在地质调查所陈列馆展出我的考古采集品,使之与斯德哥尔摩的展览相

---

① 劳格培(Lagerberg),时任瑞典驻华领事。

媲美。

几天前，诸公使①和中国驻柏林公使及南京政府一位高官，花了三个小时在此研究中国考古材料。他们对标本的修复方法很感兴趣，我也向他们解释了返还器物的计划进度。

致以最诚挚的问候。

您最真诚的

翁文灏致安特生
（1930 年 8 月 5 日）

安特生博士惠鉴：

中国地质调查所有幸向您赠送一具极其罕见的"北京人"头盖骨模型，供您研究与展览。模型将由大英博物馆巴洛先生（Mr. Barlow）直接从伦敦寄送。请在收到后发函确认，不胜感激之至。

翁文灏敬启

翁文灏致安特生
（1930 年 8 月 22 日）

安特生博士惠鉴：

7 月 3 日来函收悉。与此同时，劳格培先生亦交来瑞典王储殿下电报的副本，说明您正在努力分配采集品，此项工作确应尽快推进；还说到您将每三个月发送一份采集品准备及装运情况的简报。非常感谢王储殿下对此事的关注。

第三批器物已安全抵达，完好无损。去年冬天您曾电告第四批器物将于 4 月装运，而您 7 月来函说该批器物即将发出，并欣闻从 7 月算起的一年内，您将尽一切可能返还所有应当返还北京

---

① 即中国驻瑞典公使诸昌年。

的采集品。

感谢您寄赠镜子和裁纸刀。谨致最衷心的问候。

翁文灏敬启

安特生致翁文灏
（1930 年 11 月 21 日）

亲爱的翁博士：

在给丁博士的私信中，我已解释了第四批返还器物延迟发出的原因。目前器物正在打包，一旦从斯德哥尔摩启程，立即向您电告。详细的物品清单和箱数将同时寄给您。

第五批和第六批器物都在准备之中。第五批主要是陶器修复品，为此我们花费了大量的时间、精力和资金。我很自豪地把部分绝妙的修复品返还与您。唯一能胜任这项工作的人供职于隆德（Lund）的民族学博物馆，在相当苛刻的条件下暂时借调给我。

目前我正在准备有关这些修复品的技术说明并附有照片，即将寄送给您。

您真诚的

翁文灏致安特生
（1931 年 2 月 2 日）

安特生博士惠鉴：

从四川回来后，非常高兴地读到您 11 月 21 日、12 月 12 日来函以及致丁博士信函副本。您与丁博士秉持我们以往合作所特有的友谊精神，找到了摆脱困境的方法，不胜感激之至。

收到维昌洋行通知，22 箱陶器已运抵上海。很遗憾，截止目前尚未收到您的提货单，也未能提前知晓箱子数量，无法办理免税手续。我们正在尽力争取交货，但与此同时也请您查明提单并邮寄给我们。对于第五、第六批及后续器物，请务必将提单寄到这里，并告知我们箱数及其内容，以便我们及时与海关交涉。

我已让劳格培先生将师丹斯基的论文印本送至地质调查所，之后我会立即付款。对于其他出版物，我希望您或维曼教授至少制定一个明确的年度出版预算，以便于了解我们确切的财务责任并找到解决办法。按照目前的汇率，我找不到任何理由按照拉各雷留斯先生向我们收取的价格继续在瑞典印刷。如果您是我的上司，当我用官方预算来支付瑞典方面的高昂印刷费用，而我们知道还有物美价廉的其他途径时，您会怎么说呢？

我想丁博士已经写信告诉过您伦敦的胶版印刷价格。我希望您慎重考虑此事，并给我一些切实可行的建议。我很欣赏目前正在开展的科学工作，也愿意为印刷工作竭尽所能，但您了解我不可能像拉各雷留斯先生用瑞典基金付款那样付款给他。

我曾寄给维曼教授一份脊椎动物化石清单，列出了从那些已描述材料中挑选并寄给我们的复本。我希望他能看到，返还这里的材料几乎不能称为"以慷慨精神平分的有代表性的集合"。我还向他承诺，如有需要，地质调查所愿意将其他脊椎动物化石的复本或模型送至乌普萨拉。我正在写信给他，索要一些猕猴属[①]的铸模（或标本）以进行比较。

翁文灏敬启

翁文灏致安特生
（1931年4月11日）

安特生博士惠鉴：

3月28日来函及随函附寄的第五批返还器物的发货单据和详细清单均已收悉，非常感谢。很高兴地告诉您，第四批器物已

---

① 原件为maccus，根据1931年8月3日信推测似乎应为Macacus。

经收到,完好无损。

翁文灏敬启

安特生致翁文灏
(1931年6月25日)

亲爱的翁博士:

随函附上一份由我们委员会三位成员签署的备忘录,以说明我们对欧洲不同公司印刷成本的调查结果。可以看到,伯采尔(Börtzell)(拉各雷留斯先生的印刷公司)的报价实际上与霍尔茨豪森(Holzhausen)的报价一样便宜。如您同意把计划在欧洲印刷的《中国古生物志》仍留在斯德哥尔摩印刷,我们认为这是极大的善意。

赫勒教授和我已经做好了尽量在中国印刷的准备。我希望能亲自到北平监看我的史前遗址线描图的印刷,但请允许将景观图/半色调版(halftone plates)在欧洲印刷。一旦对第二、第三期陶瓷研究的大型专著(半山遗址等)完成图版和全部文本,我即刻向您提交具体方案。我曾多次向赫勒教授咨询印刷事宜,他善意地解释说,准备在欧洲印刷图版,在中国印刷文本。

维曼教授未印著作所余不多,如您允许所余专著在拉各雷留斯先生的印刷公司印制,他将不胜感激。恳请您授权印刷鲁维[①]的论文《中国和蒙古的鸵鸟遗骸》(随函附上估价)。

其他专著一旦完成,我们即刻向您送呈印刷成本估价,以及中国和欧洲间印刷量分配的建议。

您非常真诚的

---

① 鲁维(Percy R. Lowe, 1870—1948),英国鸟类学家。

附言：因高本汉①教授出国一个多月，我们刚刚才得到他的签字，这也是文件延期发送的原因。

翁文灏致安特生
（1931年8月3日）

安特生博士惠鉴：

非常感谢6月25日来函及附件。关于鲁维的论文和估价，经与丁文江博士协商，同意委员会的意见，由报价2193.30瑞典克朗的伯采尔承担这项工作。

由于银元贬值，现在印刷费支付非常困难。今年的预算中需支付拉各雷留斯先生800余元，用于师丹斯基第三纪早期化石研究报告的印刷。正如丁文江博士向您传达的，我们每年预留且只能有5000银元（$5000 silver）用于瑞典朋友的古生物学或考古学论文印刷。由于积欠拉各雷留斯先生800元金元（$800 gold）债务，今年的预算尤其沉重。但是斯德哥尔摩委员会确定在瑞典印刷的著作，所需费用定当竭力支付。应支款项除了旧债，还包括鲁维的论文。因此将为《中国古生物志》瑞典方面著作支付高达9000银元（$9000 silver）印制费。我想这是今年所能做的全部。

由于瑞典朋友打下了良好的基础，中国的古生物学研究获得蓬勃发展，几乎超出了我们的预期。目前，除了有专门印刷基金的周口店沉积研究相关著作外，在北平待出版的专著不少于七部。因此，我们忙得不可开交，不知如何筹集足够的资金。如您所知，我们真诚欢迎瑞典朋友在我们的出版物中发表论文。印刷资金分配时，科学价值是我们唯一的考量。我们已经且仍将尽最

---

① 高本汉（Bernhard Karlgren，1889—1978），瑞典汉学家，曾任哥德堡大学教授，为瑞典中国委员会成员之一，后任东方博物馆馆长。

大努力使其早日面世。鉴于出版需要迫切，而可用资金有限，我想知道，既然王储和其他瑞典朋友在推动相关研究方面做了这么多努力，他们能否再次斡旋，从瑞典或其他途径为《中国古生物志》争取额外资助？鉴于印刷成本如此之高，出版的需求又如此迫切，如能获得此类资助，我们将不胜感激。如能获得此类额外资助，肯定是全部用于瑞典方面的印刷。当然，这只是我作为老朋友向您提出的初步愿望。

截至目前，我们已收到五批考古材料，而且已经在对公众开放的特展中展出。我想肯定还有其他材料应返还中国，乐闻早日收到通知。

关于返还的古生物材料，坦率地讲我们对赫勒博士处返还的古植物采集品非常满意。这些采集品对比较研究的帮助很大，他的相关描述也会被广泛使用。去年春天，本人从六河沟（Liuhokou）采集了一批丁氏羊齿植物群（Tingia flora）化石，并已全部寄给了他的实验室。

维曼博士实验室返还的材料很不完整，或许只有您还在北京农商部时返还的第一批材料除外。目前为止，山东中生代和第三纪早期动物群的任何材料都还未曾返还，而相关成果早已在《中国古生物志》发表。因实际研究需要，杨钟健博士现在特别希望能有在《中国古生物志》丙种第五号第三册（啮齿动物）、丙种第二号第三册（鹿类）和丙种第五号第五册（猪类）[①] 中描述过的标本进行比较。如能借到安氏猕猴（Macaccus anderssoni）[②] 的原始标本，他也非常高兴。

[①] 即杨钟健《中国北部之啮齿类化石》（《中国古生物志》丙种第五号第三册，1928年）、师丹斯基《中国之鹿类化石》（《中国古生物志》丙种第二号第三册，1925年）、裴尔森《中国猪类化石》（《中国古生物志》丙种第五号第五册，1928年）。

[②] 可能是 macacus anderssoni。

总而言之，我们希望得到各种类型的标本以进行比较研究。可否将重要类型的标本进行铸模？如有必要，地质调查所愿意分摊相关费用。如果维曼教授需要，地质调查所也愿意向乌普萨拉寄送我们收集的其他标本或化石模型作为回报。

翁文灏敬启

翁文灏致安特生
（1931年8月21日）

安特生博士惠鉴：

8月3日，我就鲁维鸵鸟研究报告的印刷事宜致函予您。此后赫勒博士来函亦提及此事。据他调查，马尔默（Malmo）一家公司的报价是8块印版375瑞典克朗，800份，（版本）尺寸为31厘米×25厘米，比伯采尔便宜很多。4块印版的报价是270瑞典克朗，虽然并不很便宜，但仍然比伯采尔低。不清楚马尔默这家公司质量是否和其他公司一样。专此提醒。

翁文灏敬启

安特生致翁文灏
（1931年12月11日）

亲爱的翁博士：

现就《中国古生物志》出版安排及其相关事项报告如下：

8月3日来函收悉，即依照您的指示，将鲁维论文交由伯采尔印刷。8月3日来函所提到问题，在过去两年中我与赫勒教授也已反复讨论。信中提到的马尔默公司（Malmö Ljustrycksanstalt），我们一直考虑将其作为拉各雷留斯研究所（总参谋部平面印刷厂）的替代者。众所周知，马尔默有些成果已经相当出色，但其他产品仍不太能令人满意，这是成长中公司的正常情况。

在我们委员会10月1日的会上，我提请对马尔默和拉各雷留斯两家机构进行平行测试，并决定半色调和胶版两种都尝试一下，因为现在胶版和半色调价格同样便宜。试验方案是：选取巴尔姆格伦著作中的一块图版，由两家机构同时以半色调和胶版进行复制。试验结果将连同成本报价一起转发给您。委员会将在1月初再次开会。我希望全部试验情况都转发给您。毫无疑问，在收到您对试验结果的意见之前，我们不会采取任何行动。

关于印刷厂的选择，有些现实性的考虑需要向您解释。拉各雷留斯机构及与之联盟的伯采尔印刷厂一直价格昂贵。这在老牌企业来说司空见惯。但另一方面，除了出色的工艺和位于斯德哥尔摩的优势之外，他们还能长期赊账。这对我们而言相当重要。我担心其他的公司，无论国外的还是马尔默，会比拉各雷留斯集团更急迫地要求我们即时付款。因此，我目前的策略是邀请其他公司提供有竞争力的报价，然后试图说服拉各雷留斯集团提供相同的条件。无须向您隐瞒，谈判有时相当艰难，但我坚信这是在为我们的共同利益而努力。

在此附上目前准备在《中国古生物志》发表的瑞典出版物的说明。

今年秋天，我和高本汉教授花了很多时间，与维曼就返还标本、返还北京类型标本以及准备石膏铸模等事进行商议。您的要求我已在委员会上次会议中提及，并强烈主张对您的愿望应尽可能予以满足。王储和高本汉教授非常果断地接受了我们的意见，但维曼教授相当难应付，甚至我当着高本汉教授面向他呼吁时，他表现出很不友好的态度。一旦与维曼达成最终和解，我和高本汉教授将向您呈送完整报告。

恭贺佳节。

您非常真诚的

附言：正在准备一批新的返还考古材料，新年后很快运出。

翁文灏致安特生
（1932 年 1 月 12 日）

安特生博士惠鉴：

12 月 11 日来函收悉，我正焦急等待着您的消息。很高兴得知您赞同我的看法，即印刷工作必须厉行节约，并为此采取切实可行的措施。

非常感谢您为返还标本一事与维曼教授进行商谈所付出的努力，也感谢王储和高本汉教授对此事的同情态度。希望维曼教授能够明白我的主张不仅合乎情理，而且也符合中瑞合作的友好精神。希望委员会能尽快顺利地达成一个可行的解决方案。

欣闻您正在准备返还新的考古材料，希望此时已经发运。相信通过随后的装运程序，返还工作很快就能完成，并希望您能提交一份完整的报告，说明已返还材料的性质和数量，以及瑞典留存材料的情况。就目前已收到的材料而言，晚于仰韶时期的很少。上次见到劳格培先生时，他也问及这些材料的返还情况。

您还记得，您的研究报告《甘肃史前遗址》图版早已在北平制好。若您完成文本写作，报告即可付印。

翁文灏敬启

安特生致翁文灏
（1932 年 1 月 15 日）

亲爱的翁博士：

研究委员会昨天的会议取得了令人非常满意的结果，高本汉教授和维曼教授都将就哺乳动物化石的返还事宜写信与您沟通。

至于《中国古生物志》的印刷问题，我将在一周内向您报告，并寄去马尔默和斯德哥尔摩的测试印版。拉各雷留斯先生已同意胶印图版（heliotype plates）与马尔默同价，而他的工艺水平要好很多，这令我万分欣喜。

向丁博士和其他朋友致以最诚挚的问候。您很快就会收到我的信。

您诚挚的

安特生致翁文灏
（1932年4月8日）

亲爱的翁博士：

新年过后不久，新一批要返还的采集品已完成打包。因我想附上齐家坪的材料（甘肃史前文化第一期），而这批材料比林小姐①正在利用研究中，目前她的专著已取得很大进展。由于各种专著都在筹备之中，整个冬季摄影师都非常忙碌，所以比林小姐的照片尚未全部准备完毕。不过仅需很短时间即可完成，然后便将材料打包发运。器物一旦准备装运，我即函告与您。

谨向丁博士和所有其他朋友致以最亲切的问候。

您真诚的

安特生致翁文灏
（1932年7月4日）

亲爱的翁博士：

谨此向您报告第六批返还采集品的详细清单。该批货物将由马来亚（Malaia）号轮船装载，7月11日自哥德堡启程。一旦拿到发货单，我们立即呈寄与您。

拆包之时，您会看到引人注目的巨型三足器和尖底容器修复品。我们为修复这些器物花费了数月时间和大量金钱。这项工作

---

① 比林·阿尔提（Margit Bylin—Althin），安特生助手。

首次让我们见识到了这些令人惊叹的容器。真诚希望为这些巨型物件所采取的特殊包装,能使其完好无损地送达您的手中。几周后,这些修复品的照片连同我为贵所《地质汇报》撰写的一篇短文一并呈寄与您。

4月9日,我给您寄去了巴尔姆格伦的论文《半山陶瓷》的详细成本估算,并附有马尔默和斯德哥尔摩公司提供的胶版和半色调印刷样本。衷心希望上述文件安全送达您的手中,并期待早日得到您的回复。

比林小姐已基本完成了关于第一期材料的专著,图版随时可以复制。

请代问丁博士和葛利普博士好,并向所有记挂我的人致以最亲切的问候。

您真诚的

翁文灏致安特生
(1932年7月25日)

安特生博士惠鉴:

7月4日来函收悉。非常感谢您为考古材料修复和返还所做的努力。

4月9日来函未能及时回复,深表歉意。相信您能理解中国及地质调查所目前面临的困境,特别是满洲事变以后,由于某项国际协议,庚款已被收归财政部所有,而政府预算大幅削减,中基会当前也充满变数。我时常与丁文江博士讨论印刷费问题,希望一定能找到解决之道。

今天我要即刻动身去汉口及南京,约两周后返回,印刷事宜待回来后再详函讨论。

翁文灏敬启

安特生致翁文灏

(1932年8月9日)

亲爱的翁博士：

谨此向您转交发货单两张，运载该批返还材料的马来亚号轮船7月11日已自哥德堡启航。货物投保到上海的保险金额为10000瑞典克朗。衷心希望货物能安全送达您的手中。

忘了提醒您，这批返还器物系奉天沙锅屯的全部材料。我们发现这批材料难以两分，最终决定全部都返还给您。

关于巴尔姆格伦博士的《半山陶瓮》印刷事宜，望您方便时尽快就4月9日信函做出回复。图版和文稿均已完成，您的指示一到，我们即刻开印。

向丁博士和所有其他朋友致以最亲切的问候。

您诚挚的

翁文灏致安特生

(1932年9月16日)

安特生博士惠鉴：

我自华中返还后，病患缠身，致使大函未能及时回复。

近收到7月4日来函及所附第六批返还器物清单，已为其申报免税通行。

4月8日来函所述巴尔姆格伦论文《半山陶器》印刷事宜，昨已电复："同意为地质调查所印刷巴尔姆格伦的专著。"同意您的提议，由总参平印所胶版印制，费用总计10405克朗（目前的汇率约为1∶1中国银元）。该书及《中国古生物志》系列丛书的后续印刷，将给地质调查所带来巨大的财务负担，尤其是鉴于我们目前所面临的困境，因此我希望可以从出版物的销售中回笼部分资金。售书事宜至今未能有效开展。为改善出版物的销售工作，

以符合出版物持续发展的最佳利益,现提出如下切实可行的协议:

(1) 尽量限制免费赠送。迄今为止,有 200 份副本作为"作者敬赠本"赠送给瑞典作者,比我们赠送给中国其他作者的每人 50 本要多得多。我建议将这些赠书减至 100 份(这已经足够了)。如此一来,调查所将有 700 份副本。

经验表明,远东地区考古学研究报告比古生物学研究报告更为畅销。此刻,您的论文《中华远古之文化》已全部售罄,而《中国古生物志》丁种第一号三个分册也同样如此。

(2) 扩大和促进销售。瑞典或欧洲其他大型中心城市可能还有一些存书,可供地质调查所代销。我欢迎您提出建议,以便更好地供应给欧洲读者。

(3) 尽早将出版的研究报告提供给公众。在目前条件下,瑞典出版物的印刷与地质调查所的正式发行和销售之间通常有很长的时间差。这产生了两个不便的结果:首先,所有重要的人员和机构都从瑞典的 200 份"作者赠送本"中获得了他们的副本。因此,地质调查所后期赠阅的副本并无太多实际效益。其次,许多人甚至不知道这些出版物可从中国地质调查所购得,因此未向我们订购。这种延迟主要是因为从瑞典寄出的速度太慢,而非中文摘要的印刷速度缓慢。例如,鲁维所撰鸵鸟遗骸的论文发表于 1931 年 10 月,瑞典早已将副本送达世界上所有可能对此感兴趣的人手中,但地质调查所除样本外,甚至连副本的提货单也没收到。除了不利于销售外,显然对地质调查所也不公平。因此,对所有利用地质调查所基金印制的论文现作出如下新安排:

(a) 地质调查所的副本应尽快运至中国,并及时转寄提货单或其他必要文件。应尽快将样本邮寄到北京[平],以便尽早编写和印刷中文摘要。

(b) 瑞典"作者赠送本"须在地质调查所主要库存分发完毕的两个半月后再行寄送。

(c) 请在封面底部印上以下内容:

可购买地点:北平:地质调查所图书馆,西城区兵马司9号;法国书店,北京大饭店;上海:别发洋行,南京路12号;伦敦:爱德华·戈德斯顿,博物馆街25号(W.C.I)(Edward Goldston, 25 Museum St. (W.C.I));纽约:A.G.塞勒公司,阿姆斯特丹大道1224号;施特切特公司,东10号路31-33号(A. G. Seiler&Co., 1224 Amsterdam Ave; G. E. Stechert&Co., 31-33 East 10th Street);莱比锡:马克斯·韦格,国王大街3号;布赫汉德隆·古斯塔夫·福克,邮编100(Max Weg, Königstrasse 3; Buchhandlung Gustav Fock, Postschliessfach 100);东京:丸善有限公司;斯德哥尔摩:……

为方便付款,望您提前告知印刷进度、印刷品运送时间及付款期限。

翁文灏敬启

翁文灏致安特生

(1932年10月21日)

安特生博士惠鉴:

关于半山陶器考古研究报告印刷一事,希望您已及时收到我的最新电报及去函,并已开始印刷。望您能及时告知印刷进度,以便我能恰当及时付款。

第六批返还的甘肃考古材料现已收到,也注意到了部分陶器修复得非常完美。拥有这样一批具有代表性的材料确实令人高兴,已将其摆放于丰盛胡同大院里的陈列馆。对您为此采取的精心保护措施并将它们完好返还,深表谢意。

第1至3号《东方博物馆馆刊》已如期收到,谨表谢忱。

翁文灏敬启

安特生致翁文灏

(1932年12月19日)

亲爱的翁博士:

维曼教授和高本汉教授早前曾就返还脊椎动物化石致函与您。维曼教授从所有大量类别重复的材料中,挑选了一系列的补充材料,并经高本汉教授和我过目。很高兴向您报告,我们对维曼教授为此所作努力深表满意。维曼教授肯定会把这批器物的详细清单直接寄给您。

您会注意到,有几组哺乳动物化石尚未描述。其中洞角科(Cavicornia)尤为重要,因为一旦对它们进行专题描述,就会产生丰富而美丽的重复材料。据我所知,维曼教授将把这项工作委托给即将从中亚回国的步林[①]博士。

为了让您的博物馆能更好地展出此类群组,例如旧第三纪的恐龙和哺乳动物几乎没有重复材料,维曼博士决定为您准备一系列石膏模型,包括巨型盘足龙的大腿骨。拉各雷留斯博士一直非常积极地推动此项工作。尽管经济萧条,完全有赖于他的推动,我们才从政府获得了3000克朗的特别拨款,用于资助维曼博士制作为贵所陈列馆准备的系列石膏模型。维曼教授亲自监督技术人员具体制作。由于他本人技艺精湛,且对技术工作颇感兴趣,相信这些模型定会栩栩如生。

很遗憾地告诉您一个令人惋惜的消息:伟大的金融领袖伊瓦·克鲁格先生,因全球经济萧条的影响而精神崩溃,于今年初在巴黎自尽。请将其从《中国古生物志》赞助人名单删除。

[①] 步林(Birger Bohlin, 1898—1990),瑞典古生物学家,曾参与周口店遗址挖掘。

致以最亲切的问候。

您真诚的

翁文灏致安特生
（1932年12月31日）

安特生博士惠鉴：

《东方博物馆馆刊》第4号刚刚收到，祝贺该刊成功出版，并感谢把我也列入寄赠名单。

在汇率对我们相对有利之时，提前汇给您一些印刷费。正如函中所述，很高兴知道齐家坪陶器研究专著的大致汇款期限。如您所知，由于我们现在已经没有了《中国古生物志》专项基金，印刷费必须依靠节省日常经费逐步积攒，故希望了解研究报告完成时间，以方便经费准备和安排。

恭祝1933年新年快乐，并向所有参与科学合作的瑞典朋友致以诚挚的问候。

翁文灏敬启

安特生致翁文灏
（1933年2月23日）

亲爱的翁博士：

久未通信，敬祈原宥。由于特殊原因，您的来函迟迟未复，其中缘由在此解释如下。

您9月15日来电及9月16日来函已授权出版巴尔姆格伦的大型专著。然而，最近进展相对缓慢，原因如下：

拉各雷留斯博士将在今年夏天庆祝他的70周岁生日，现正忙于办公室事务的彻底清理工作。他让我提醒您注意《中国古生物志》尚有一笔小额欠款，详情可见附件声明。拉各雷留斯先生绝非要求即刻还款，但您如能就如何支付欠款做出声明，他将非常感谢。您一定会明白，拉各雷留斯先生希望尽可能把一张干净的办公桌交给他的继任者，这就是他让我提请您注意的唯一原因。我们充分认识到，在当前的非常时刻，中国所有文化工作都在特殊困境下艰难运行，拉各雷留斯先生希望向董事会提交一份您关于欠款偿还条件的任何说明。

从12月31日来函得知，您打算授权印刷比林小姐关于齐家坪材料的文章，对此我非常感激。我们正准备估算这本专著的最低印刷成本。

最近传闻您已接受南京政府教育部长一职。请原谅我仍以前同事的身份称呼您，并借此向您表示我最诚挚和衷心的祝贺。在我们都对中国抱以善意和同情的关键时刻，内阁部长恐怕会是一个非常艰难的职位。有这样一位杰出人物在此困难时期接掌教育事务，我确信应该先向中国公众表示祝贺。

谨向您和丁博士致以最崇高和亲切的问候。

保持联系，深感荣幸。

您忠实的

安特生致翁文灏
（1933年3月15日）

亲爱的翁博士：

12月19日和2月23日的复函推迟至今方才寄出。现在可荣幸地向您报告，维曼教授已完成为贵所陈列馆准备的一套石膏模型。拉各雷留斯博士和我将在接下来几天内访问乌普萨拉，查看这些石膏模型，然后再打包寄给您。

由于华北地区情况危急，在与中国驻斯德哥尔摩公使协商后，我们已将维曼教授的大批哺乳动物化石寄往瑞典驻上海总领事，先让我们总领事为您保管这批材料，等待您的进一步指示。

借此机会向您和丁博士介绍一下我的畅销书《黄土地的儿

女》(DEN GULA JORDENS BARN)。截至目前,该书仅有瑞典文版,是否会有英语版则尚存疑问。目前,国际图书市场极为萧条,国外出版商似乎不愿意承担任何新的风险。

正如您将从瑞典文版中看到的,我几乎只利用了已公开的材料,就成功地写出这本畅销书。但我在接下来几周内寄给您一篇论文,希望发表在您的某份会刊上。我还希望复制一些尖底容器和巨型三足器的精妙修复品,这些标本修复品已送至您的博物馆。

向丁博士和所有其他朋友致以最亲切的问候。

您非常诚挚的

翁文灏致安特生

(1933年3月22日)

安特生博士惠鉴:

尽管军情很险峻,工作仍在正常进行。

我现在汇给您32011元(dex.)或120英镑,以支付瑞典方面《中国古生物志》分册的印刷费用。希望妥善保管此款和以后汇给您的《中国古生物志》资金,并请近期给我一个带有正式凭证的账户。后者尤其必要。由于通信时间长,我又常奔波于南京和北平之间,很容易忽略一些事情。例如,我给维曼博士的信常常几个月都没有回音,收到回复时,我又在忙于其他事情。如果您能熟悉瑞典的所有印刷事宜,包括维曼的部门,将会为我提供很大帮助。请及时告知我该做哪些事情,并用我汇给您的资金直接付款。让您承担此类行政工作,恐怕有点过分,但我希望这将有助于确保我们的业务持续进行。不过,我想重申两个基本条件,即:一、我们的财务责任仅限于我同意的印刷项目;二、每年金额不超过10000元,包括今年在内。当然,上述提议是基于一切正常运作的情况,而国际形势如何发展尚难逆料。

翁文灏敬启

安特生致翁文灏

(1933 年 3 月 31 日)

亲爱的翁博士：

本月 28 日，为查看维曼博士所准备的众多重要标本的石膏模型，我和拉各雷留斯博士前往乌普萨拉拜访。石膏模型制作精良，常常给人一种错觉。其中的大部分，可在贵所陈列馆里完美展出。例如巨型盘足龙的脚和腿，应该按适当的顺序把每一块骨头都装上去。石膏模型大约有 180 个，这里的工作场所非常适宜。

经与高本汉教授和我协商，维曼教授将挑选出的 46 箱材料组成大宗返还器物，现已准备装运。一旦我们收到可安全运抵北平的信息，便会将这批器物连同装着石膏模型的箱子一起发运。

去年 9 月 22 日，我们从上海寄给您两箱鸟类化石材料。由于维曼教授尚未收到送达消息，本月 29 日又致电给您：请告知是否收到 1 月份由维曼寄出、上海维昌洋行运输的两箱化石。安特生。等待您的回复。

维曼教授现已拿到《中国古生物志》3 本专著的文本和插图：师丹斯基，马化石；胡步伍①，象类化石；以及史天秀②的鱼类化石。我们正在估算印刷费用，不久即将估价寄您。

---

① 胡步伍（A. Tidell Hopwood, 1897—1969），英国古生物学家，曾供职于大英博物馆（自然历史），发表有《中国象类化石》。

② 史天秀（Erik Stensiö, 1891—1984），瑞典古生物学家，瑞典自然历史博物馆动物古生物学部门任职。

谨向丁博士、葛利普博士和所有其他朋友致以最亲切的问候。

您非常真诚的

安特生致翁文灏
（1933年4月1日）

亲爱的翁博士：

我是否告诉过您，我们1922年发现的第二个与周口店相同的地方。如果没记错的话，这个地方在正太铁路附近。地点记录如下：

地点66

1922年7月，庄（Ch'uang）

直隶

井陉县（Hsing Ching Hsien）

东北40里

青石岭（Ch'ing Shih Ling）

西半里

池马峪（Chih Mayu.）

在这张纸背面，我贴了一张原始标签。

上次访问乌普萨拉时，我与维曼教授一起研究了来自这个地方的微小且相对不重要的材料。沉积物似乎是带有黑色石灰岩碎片的洞穴角砾岩。这种小材料里的化石看起来不太吸引人，只能区分以下物种：

Gervus sp. Zdansky[①]，《中国古生物志》丙种第五号第一册，

[①] Gervus sp. Zdansky 为中国鹿类化石，产自河北井陉（参见师丹斯基著，孙云铸节译《中国鹿类化石新发见之特征》，《中国古生物志》丙种第五号第一册，地质调查所，1927年）。

第 12 页。

Propotamochaerus hyothericides Schlosser①，裴尔森②在《中国古生物志》（丙种第五号第五册，第 58 页）中鉴定为一种猪，维曼认为该鉴定可能错误。

Equus，一种大型物种的臼齿。

这些化石并未揭示太多信息，但我仍觉得应当仔细调查相关地点。在更深的地层里，可能会有如同周口店一样的丰富化石层。

如您所知，我一直认为周口店只是众多石灰岩裂缝和洞穴中的一个。

您非常真诚的

翁文灏致安特生
（1933 年 4 月 25 日）

安特生博士惠鉴：

3 月 15、18 及 23 日三封来函收悉。

非常感谢维曼教授为挑选运往中国的复本和制作脊椎动物化石模型所付出的努力，也非常感谢您和高本汉教授不遗余力地执行此项工作。鉴于北京目前情况危急，将此大批哺乳动物化石寄给瑞典驻上海总领事实为明智之举。我会适时与总领事联系。

对于拖欠拉各雷留斯博士的款项，我深表歉意，主要是由于他迟迟未把相关的两册《中国古生物志》印刷本寄给我们。您当记得，依照惯例，我们都是在收到印本，或至少凭借装运单据，才可支付印刷费。目前，我仍未收到这两本分册（丙种第

---

① Propotamochaerus hyothericides Schlosser，以舒罗塞命名的一种古生物。
② 裴尔森（Helga Sharpe Person，1899—1925），英国古生物学家。

六号第四册鲁维的和丙种第六号第二册师丹斯基的专著），尽管我知道它们已经印好，复本也已经从瑞典分发。1932年9月16日函中我已经提及这件令人遗憾的事情。

然而，鉴于拉各雷留斯博士正在清理办公室的相关事务，我很乐于付清欠款。3月22日我已寄给您一笔120英镑的印刷费。以当前1英镑 = 3.77黄金的价格计算，相当于452.40金元。由于我们应付拉各雷留斯博士的欠款为248 + 400 = 648金元，因此还差195.60金元，随函附上变更单。我希望您能将648金元汇给拉各雷留斯博士，也希望他能向我提供正式收据，并将印好的复本送到中国。

如有任何包装和运输费用未计算在内，敬请告知。

很高兴将收到比林小姐关于齐家坪论文的印刷估价，然后我会考虑落实它的财政资金。我很快会把巴尔姆格伦专著的第一笔印刷费用寄给您，但仍希望您能告知付款的大致期限。同时再次请您留意我1932年9月16日函中所提要求，我乐于听取您的相关意见。

我尚未接受教育部长的任命。

这里的情况极其糟糕，感谢您所表达的同情。

我刚收到您的新书《黄土地的儿女》，此前已在赫定博士家中阅过该书。感谢您的无私奉献。很高兴能在我们的《地质汇报》上发表您的论文。

我们地质调查所图书馆有一系列在中国工作过的外籍地质学家的照片，唯独没有您的。您对中国地质学的进步做出如此巨大的贡献，与我们的工作又如此密切相关，如能收到您的签名照片，我将不胜感激。

在地质调查所工作期间，我一直与周（赞衡）先生合作编辑《中国地质学会志》，该刊规模发展迅速，刊出许多具有重要科学意义的论文。如您在考古工作之余，还有时间回想以前的地质考查工作，我将很高兴收到您为该刊撰写的任何地质论文。

翁文灏敬启

安特生致翁文灏
（1933 年 9 月 11 日）

亲爱的翁博士：

我们现已开始印刷巴尔姆格伦博士的大型专著《半山与马厂随葬陶器》（Kansu mortuary urns of the Pan Shan and Ma Shang groups）。我认为该专著应列入丁种第三号第一册。此编号肯定尚未被占用，因为该卷至今没有安排论文。我们正在准备此编号的图版校样，但需要您的确认。如您同意，能否发送一条带有以下内容的短电报：亚洲，斯德哥尔摩，同意巴尔姆格伦，翁。

您最真诚的

安特生致翁文灏
（1934 年 2 月 3 日）

亲爱的翁博士：

您 1932 年 9 月 16 日来函中所提及的《中国古生物志》印刷事宜，我尚未对其中的不同观点作适当答复，因为巴尔姆格伦的大型专著迟迟未能完稿。我必须对他的长篇著作进行彻底的审校，直到现在我才能明确看到这份乏味的印刷业务的尾声。由于该书的延迟，《中国古生物志》在此的印刷工作至今毫无进展，但现在有几篇论文已经逾期。我急欲满足您于 1932 年 9 月 16 日函中的愿望。

完全理解您筹集《中国古生物志》印刷经费的困难，也非常钦佩您在地质调查所困难重重的情况下，坚持伟大科学工作的毅力和能力。

我们当然非常愿意尽我们所能,协助销售《中国古生物志》。为了即刻表明我们的协助意愿,可否建议至少对在此地印刷的考古学论文,由我们无偿作为销售代理。有时,参观我们藏品的旅行考古学家会索要您的出版物,而我只能求助于您们的代理商。这种销售模式无法带来很大销量,但为了使其尽可能有所回报,我们肯定不会收取任何佣金,只有当书籍无法通过我们的服务邮件寄送时,才会向您收取邮资。

我现在尽可能地回应您的不同观点:

1. 尽可能限制免费分发。非常同意将免费复本减少至100份,并建议按以下方式处理:

A. 50份赠送作者。

B. 25份赠送本馆。

C. 25份由我们为您保留和出售,不收取任何佣金。

2. 扩大和促进销售。上面已经提出了一个小建议。

基根·保罗(Kegan Paul)出版公司将出版我的《黄土地的儿女》英文版。他们很可能愿意以某种方式为您的出版物做推广,因为他们本就是您的代理商。我今天会写信给他们,以促成此事。

3. 尽快将出版的研究报告提供给公众。

您在此标题下所写内容与我的观点完全一致。为了强调我愿意遵从您的指示,我在此重复这些内容。

A. 地质调查所的复本将在准备好后尽快运往中国,并立即转寄提单。样品复本在准备好后将尽快寄到北京。

B. 瑞典作者的复本将在地质调查所主要库存分发完的两个半月后才再行分发。

C. 瑞典印刷本的封面底部将印上《中国古生物志》的销售代理名单。

巴尔姆格伦论文的印刷工作已经取得很大进展,我们预计在

3月份左右完成。

现有三篇古生物学论文等待印刷。由于巴尔姆格伦的论文延迟多时，这些论文一直被搁置。这三篇论文是：

胡步伍：《中国象类化石》。作者胡步伍／大英博物馆／自然历史／。

史天秀：《中国弓鳍鱼》，来自中国山东白垩统下部弓鳍鱼之新属种。

师丹斯基：《马属动物及其他奇蹄类》。作者奥托·师丹斯基，埃及大学。

早在去年初，我便要求印刷厂计算这三部专著的成本，再次附上他们1933年5月5日提供的报价。几天前，我问他们能否对1931年4月17日给出的旧标书，进行一些有利于我们的修改。他们回复说，他们的报价非常接近成本价。我有其他理由相信事实确实如此。对于另一份出版物，我邀请我们最便宜的图书印刷商之一提供与图尔伯格公司竞争的投标。这份标书的所有项目均略高于图尔伯格，但差距很小。我敢断定，为您提供的是目前瑞典最便宜的印刷价格。

维曼教授想要开始印刷这些逾期已久的论文。您可否授权我们开始印刷胡步伍的论文？

您非常诚挚的

附言：图尔伯格的投标书在某些方面已经过时，他们以旧方式计算，600份运往中国，200份留在这里。我已通知他们，这里只留100份，700份运往中国。

附言二：请您的图书管理员每年寄给我们25份您们的出版物清单。我们可将其分发给参观者，以促进其销售。

安特生致翁文灏

（1934年2月10日）

亲爱的翁博士：

按照本月3日信中约定，我今天致函基根·保罗出版公司。信中提出："作为中国地质调查所的销售代理，请您在序言末尾增加如下内容：本书系中国地质调查所众多科学出版物（包括《汇报》《专报》和此前出版的所有《中国古生物志》）的通俗性总结。每个想彻底了解中国史前史的学者都应阅读这些原创专著。中国地质调查所完整的出版物目录，可根据申请送到伦敦卡特街68—74号百老汇大厦基根·保罗出版公司。"

希望他们同意这项安排，相信您对此也感到满意。请务必将足够多的出版物目录寄给基根·保罗出版公司。我的书出版后，这些目录可能会有相当大的需求。

致以最亲切的问候。

您非常真诚的

安特生致翁文灏

（1934年8月15日）

亲爱的翁博士：

得知您长时间遭受车祸带来的痛苦，我深感遗憾。不断从德日进教授和丁博士信中收到令人沮丧的消息，以至于我无法明了您确切的健康状况。

昨天，新常富①教授来访，告诉我……②您恢复得很快，不

---

① 新常富（Torsten Erik Nyström，1879—1963），瑞典地质学家。1902年来华，任山西大学西斋分教习。1914—1917年供职于中国地质调查所。

② 此处字迹不清。

久将重返工作。得知您将重新主持地质调查所工作,不胜欣喜。

与此同时,我也得了重病,现在也已恢复工作。

相信您一直与丁博士保持着联系,因此我已致函丁博士,告知我的健康状况和工作计划。他肯定会向您转达信中内容。

在此也向您报告一下我的计划概要:我已将远东之旅推迟到明年。在此期间,我将完成关于史前遗址的专著,并确保在我出发前将所有尚待返还的材料全部寄交给您。巴尔姆格伦博士关于半山随葬陶器的大著已于今年夏初完成,700册样书已于7月初寄付您的地址。如前函所言,我们这里只保留了100份,其中50份已交给作者,25份留给本馆,其余25份将由我们免费代售,用以资助地质调查所。

1932年4月8日信中,我报告的费用是l0405瑞典克朗。今年3月10日电报中,我说到成本预计超支200瑞典克朗。事实上,当一切准备就绪时,印刷厂通知我,由于修改篇幅过大,印制总成本实为11500克朗。我和印刷厂商定,中国地质调查所仅支付10405:2800[①] 克朗 = 10605 克朗,余款由作者自付。

巴尔姆格伦的著作已用印刷品邮件寄交给您,希望能得到您的认可。

同时寄出的还有我的畅销书《黄土地的儿女》英文版。在该书第21页,您可以看到地质调查所出版物的参考目录。

据悉,基根·保罗出版公司是您的代理商。从他的来函中,我了解到您们在谈判中遇到一些障碍。希望问题已得到彻底解决。

衷心祝愿您完全康复,并致以最诚挚的问候。

您非常真诚的

---

① 原文如此。

翁文灏致安特生

(1934年9月28日)

安特生博士惠鉴:

8月16日来函收悉,随即又收到巴尔姆格伦的《半山陶器》① 和您的《黄土地的儿女》,并有幸拜读了两部大作。尚未收到巴尔姆格伦研究报告样书的其他消息。

已另寄5000元(中国货币)予您,以支付巴尔姆格伦研究报告的部分印刷费用。记得您手中尚有我们印刷基金的小笔余款,希望您乐于用其还清这笔债务并将收据寄我。在收到所有印刷书籍后(当然您保留的100份除外),我们将支付第二期余款。

已电告维曼教授,请其编印《中国古生物志》丙种的三本研究专著。为印刷这份出版物,我们已经负债累累,故希望其他论文可以稍迟印刷,以便有足够时间来筹集所需资金。当然不会延迟太久。

地质调查所的大部分藏品已运至南京。来年春天将在那里建成一座更大的新博物馆。新首都还将建一座国立博物馆。您已返还或即将返还的精美材料,将适时在南京的两个新博物馆中展出,北平仅保留一小部分。

巴尔姆格伦的研究报告在中国售价为24元(中国货币),在国外售价为18美元。

基根·保罗出版公司和本所图书馆之间的小分歧现已完全解决。它是我们一个不错的销售代理商。

我在距杭州约50公里的地方发生车祸,确实受了重伤。经

---

① 即《甘肃半山及马厂随葬陶器》。

过整整六个月的休养,现已基本痊愈。从丁博士那里获悉您的病情,并欣闻您已康复。

翁文灏敬启

安特生致翁文灏
(1935年4月30日)

亲爱的翁博士:

本月23日收到您的支票,一式两份,面额206镑8便士,以结算巴尔姆格伦专著的印制费用。我已立即转寄图尔伯格印刷公司,并获知他们已将该款收据连同对账单寄呈予您。在此附上副本一份及用瑞典克朗结算的银行对账单两张,分别对应去年12月1日和今年4月24日的支票。您会发现,我们尚欠印刷公司809.07瑞典克朗。该差额部分由于运费所致,部分由于您以英镑等同瑞典克朗的汇率计算,而这两张支票实际均以每英镑兑19.38克朗的汇率出售。

致以最亲切的问候。

您非常真诚的

附言:随函附上您的支票副本。

翁文灏致安特生
(1935年5月17日)

安特生博士惠鉴:

4月30日来函回复如下:随函附上面额41镑15先令的支票一张,按照每英镑兑19.38克朗的汇率,折合809.07瑞典克朗。请将支票转交图尔伯格印刷公司,并请其将收据邮寄本所。多有烦劳,深表感谢。

翁文灏敬启

安特生致翁文灏

(1935年6月20日)

亲爱的翁博士:

因鼻子出了点问题,我已经病休数周,明天要去医院做个小手术。

在此期间,印刷公司给我寄来了三部古生物著作的印制账单,大约在两个月前我已经转寄给您。如您所见,账单已由维曼教授核对并亲自签名。印刷公司请我将账单转交给您,真诚希望您能在方便时处理这些账单。

在华北面临如此巨变的艰难时刻,向您和我所有的中国朋友表示最诚挚的问候。

谨致最亲切的问候。

您非常真诚的

附账单4张。

翁文灏致安特生

(1935年7月4日)

安特生博士惠鉴:

随函附寄面额239镑1先令3便士(相当于3000.00中国元)伦敦汇票一张,以支付在斯德哥尔摩印制的《中国古生物志》之《弓鳍鱼》《象类化石》[①] 和《马属动物》[②] 三部专著的部分印刷费用。请将该汇票转交印刷商阿克蒂博拉吉特·哈塞·

[①] 即胡步伍《中国象类化石》(《中国古生物志》丙种第九号第三册,1935年)。

[②] 即步林《中国北部三趾马群之洞角类化石》(《中国古生物志》丙种第九号第四册,1936年)。

图尔伯格（Aktiebolaget Hasse W. Tullberg），并向其索取收据。很高兴通知您，近期已收到此前提及的 7 箱专著。

根据哈塞·图尔伯格 1933 年 5 月 5 日的估价，包括印刷、插图、装订和包装，三部专著总费用为 8180.00 瑞典克朗。按照当前每英镑兑 19.38 瑞典克朗的汇率，该款折合为 422 镑 1 先令 8 便士。扣除当前的这笔汇款，尚欠 183 镑 5 便士。该款项将于稍后结清。

谨致最良好的祝愿。

翁文灏敬启

翁文灏致安特生
（1935 年 8 月 10 日）

安特生博士惠鉴：

7 月 2 日来函刚刚收悉，欣闻您对我们这里的工作条件感兴趣。条件确实越来越糟糕，我时常扪心自问，科学研究的进步究竟能为国家做出什么贡献。

1934 年 2 月一场严重的车祸，让我在医院住了半年。8 月又被任命为河南中福煤矿的"整理专员"。该矿是中国中原公司和英国福公司的合作企业。尽管我一再推辞，仍然不得不在 12 月中旬短期内接受任命。我本人对此职务毫无兴趣，但为了将该矿从此前困境中拯救出来，我必须全力以赴。

类似事务占用了我在地质调查所工作的大量时间。在中国，官员们不得不同时担任多个职位，而且每个职位都要负全责。这无疑是一种陋习。然而我必须全力以赴坚持到底。真的非常希望很快有人来接替我在中福公司的职位，纵使无其他合适人选接替，我也明白自己已为之竭尽所能。当然只是向您这样的老朋友稍露私怀，不足为外人道。

翁文灏敬启

安特生致翁文灏

（1935 年 11 月 15 日）

亲爱的翁博士：

真诚希望您已收到哈塞·图尔伯格印刷公司有关《中国古生物志》专著印刷的各种款项收据。如有任何不妥之处，请及时告知。

在过去两周内，我代表瑞典皇家科学院起草了对赫定博士申请书的批复，赫定申请了 750000 克朗的政府拨款，用于研究他采集的大量探险材料和出版相关刊物。

我的任务相当艰巨，部分原因在于申请金额太大，部分原因是赫定为他在《中国古生物志》出版专著申请的印刷资金，显然干扰了目前基于我采集的材料而完成的研究专著的印刷计划。

显而易见，我有三种方案可供选择。

1. 报告说您慷慨地支付了我们的印刷费用，也请赫定向您提出同样申请。

2. 效仿赫定，在某个时机也向瑞典政府申请资助。

3. 支持赫定的申请，而我们之间的合作照常进行。

方案一不太适合，因为可以预见，赫定会在我们之外给您造成太沉重的负担。方案二同样不可取，如果我们与赫定竞争，会极大地危及他的申请。因此，我不得不采取第三方案。前天我们向科学院会议提交了备忘录，建议补助《中国古生物志》的全部款项为 600000 克朗。在我和高本汉教授极力争取下，建议被科学院一致接受。毋庸置疑，我们无法确定政府和议会的最终决定是什么，会削减多少。高本汉教授、拉各雷留斯博士和我坚持认为，赫定对《中国古生物志》的全部资助，应在政府给予他的拨款中支出。

真心希望丁博士和您能同意我们的观点。我们的工作不仅是为了赫定探险队的利益,也是为了中国地质调查所的利益。为赫定争取资助的事非常困难,而对于我来说,要获得瑞典政府拨款印刷《中国古生物志》的其他著作也几乎是不可能的。在此情况下,恳请我们的合作一如既往,继续进行。

明年我将前往中国,以印制我那篇拖延已久的大论文《中国北方史前遗址》。如果我们能制作高质量的印版,您可否允许我在瑞典印刷。对于尚未完成的其他著作,我恳请您允许我们今后还像从前一样在瑞典印刷。下一部书稿是关于齐家坪遗址的专著,下一封信中我再向您详细介绍该文。

随函附上一份副本,请您转送丁博士,并向他致以最诚挚的问候。期待明年与您二位相见。华北最近的政局令人深感忧虑,谨向您和地质调查所致以最美好的祝愿。

非常真诚的

翁文灏致安特生
(1936 年 2 月 13 日)

安特生博士惠鉴:

11 月 15 日来函收悉。对您为继续推进您和赫定博士所获材料的科学研究和出版工作而提出的三点建议,我同意采纳其中的第三点即最后一点。一方面您协助他获得瑞典政府的资助,另一方面我们继续以往合作。很想知道,赫定博士的申请是否已经得到瑞典政府和议会的正式批准。

至于那些利用您收集到的材料而撰成的古生物学和考古学论著,希望仍能按照最初协议,在《中国古生物志》发表。但我不太同意另一个建议,即今后您所有论文都在瑞典印刷。出于诸多原因,我始终认为除少数罕见情况外,论文应该在中国印刷。这一点我们之间可以□□。该提议的原因很容易理解,因为我们必须节省尽可能多的资金,用来印刷我们手中的丰富材料。

当您收到此信之时,想必已经听闻我们亲爱的朋友丁文江博士已于1月5日不幸去世。他的离世使我们陷入相当凄凉和无助的状态,但鉴于目前肩负的重任,今后我们必须加倍努力地工作。

翁文灏敬启

安特生致翁文灏

(1936年8月8日)

亲爱的翁博士:

真诚感谢您有关《中国古生物志》专著的来函。

首先向您报告,议会投票通过的结果是,科学院只为赫定的科学出版物提供所申请金额的一半。从与赫定的通信中我了解到,他将从其他渠道获得另外所需资金,所以我们可以放心,赫定探险队在《中国古生物志》出版的著作会由赫定的安排得到全额支付。

至于我们在《中国古生物志》出版的专著,很抱歉无法从瑞典提供印刷资金。为了满足您希望尽可能在中国印刷的愿望,现在我来监督至少三本专著的校对工作。

希望今后尽可能将著作寄到中国印刷,也希望您允许那些不方便送达中国的专著能在瑞典印刷。您认为,如果我现在去南京,可否向政府当局要求支付我的欠薪,以资助《中国古生物志》的印刷?

现在向您报告一个信息,我大约两个月后前往中国。轮船将于9月26日从哥德堡启程,11月25日抵达上海。

这或许是我此生最后一次出国会见老友并与他们讨论共同感兴趣的话题。我知道,考古学研究在过去几年里取得了很大的进展,这次我以学生身份前往中国,主要是向我的同事、朋友及其工作学习。当然,此次访华的主要目的是印刷我们的三本专著。

1. 安特生:《中国北方史前遗址》,地图迟迟没有绘好。
2. 比林·阿尔提:《齐家坪遗址》(The Chi Chia Ping Site)。
3. 阳士(O. Janse):《辛店随葬陶器》(The Sien Tien Mortuary pottery),法文。

几周内我将给您一份更详细的计划,概述三本专著的页数和印版数。

希望您能给我在地质调查所安排一处地方,以便从事手稿校对和最后的编辑工作,也很乐于得到艺术家的帮助以完成绘图工作。我的好朋友董先生还在吗?

此次访华期间,也极有兴趣尝试编写一部远东地理教科书。为此还准备去趟日本,我至今尚未到过那里。如您所知,我过去在中国只到过北方,很想穿过法属殖民地进入云南,由广州溯江而上前往四川。毫无疑问,我非常乐意向地质调查所提交我可能会记录的地质笔记,并将可能采集的岩石和化石标本以及最终的考古标本交给您。您如能帮助获得在上述地方旅行的官方许可,我将不胜感激。您一定理解,我在这些省份旅行的时间短暂,而且只是为了对普通地理和当地人民有个切身印象。

如果人们感兴趣的话,我还准备举行两个系列讲座。从附录列表中可知,一个关于中国史前史,另一个关于瑞典。这是我最后一次访问中国,我想把第一个系列献给我的第二祖国。我将携带非常漂亮的幻灯片,每场讲座约有四五十张。请帮我询问一下,南京的大学是否有意举办这样的讲座?抱歉的是我只能用英语演讲,但有两份文本,一份我用,一份给翻译。希望演讲能获得一定报酬。

真诚地希望,12月1日到达南京时您会在那里。

很晚才得到丁博士令人惋惜的噩耗。几周前他的一位弟弟来过，我才头一回得到完整的信息。于我们所有人而言，都是可怕的损失！我计划将《中国北方史前遗址》一书献给他。

非常期待再次见到您，并在我们深爱的中国度过一年的时间！

您非常诚挚的

安特生致翁文灏
（1936 年 9 月 22 日）

亲爱的翁博士：

已由马来亚号轮船寄送陶瓮两箱予您，包装如附件清单所示。箱上标有：翁，地质调查所，南京。

我亦同船随行，预计 11 月 25 日左右抵达上海。请事先作好必要安排，将其送达地质调查所。期待很快见到您。

非常诚挚地感谢您

翁文灏致安特生
（1936 年 12 月 18 日）

安特生博士惠鉴：

9 月 22 日来函收悉。您由马来亚号轮船寄来的两箱陶瓮已如期收到。谨表诚挚谢意。

翁文灏敬启

翁文灏致安特生
（1937 年 3 月 2 日）

安特生博士惠鉴：

感谢您来电告知要到 3 月 8 日方可开始讲演。我会妥善安排此事。

关于讲座，我建议：一、最好缩短系列讲座的时间。二、您或可在北平举办一些讲座，那里的人可能会感兴趣。

中国报纸上有一些关于您从中国输出古物的议论。今天《中央日报》的特别报道称，您此行是为新收藏品而来，准备运往瑞典，并强烈警告中国人不要以任何借口向您提供帮助。不管这种氛围是否合理，您必须有所了解。当您在上海时，或许可以对外声明，您此次旅行中不会收藏任何中国人不愿输出的东西。我相信您会明白，我写这封信的唯一目的是帮助您了解真实情况。另一方面，中研院的学者们，如傅斯年先生，对您并不存在误解。

翁文灏敬启

安特生致翁文灏
（1937年3月4日）

亲爱的翁博士：

衷心感谢您本月2日来函。我已经病了好几天，您能安排演讲推迟，真是帮了大忙。现在一切都在好转，毫无疑问，我将于8日在南京全面投入工作。我已致函周先生，请他告知挑选好的演讲题目，以便我携带合适的幻灯片。我有两个装满幻灯片的大箱子，很难同时携带。如果校方同意，我希望缩减讲座的次数。真诚感谢您在担负更重要职责之时，仍给我以帮助。

鉴于中国报纸的文章，我乐于作出声明，我没有从上海运走任何古物。毕竟，我此次来访目的仅限于以下三个方面：为《中国古生物志》印刷我的报告、发表学术演讲，并考察以前不曾了解的地方。除此之外，又增加了一个现地的问题。去年8月芬戴礼[①]神父访问斯德哥尔摩时，向我介绍了他在香港的考古发

---

① 芬戴礼（Daniel J. Finn），爱尔兰人。曾任香港大学地理系讲师，并在香港、广东海丰等地进行考古挖掘。

现，并同意我在香港呆一段时间，与他进行合作发掘。当他正准备前往东方之时，11月1日在英国突然去世。但在总督的领导下，香港其他考古学家接手了与我的合作，因此我于1月间和2月初在香港度过了一段非常愉快而有益的时光。与我合作的英国绅士们，一再邀请我当场挑选想带回斯德哥尔摩博物馆的标本。我十分感激，但拒绝了该提议，并建议香港绅士们在充分准备好材料后，向斯德哥尔摩博物馆赠送一套复本，以回馈我对这些业余考古学家在记录和测量方面所提供的方法指导。我冒昧地将我与香港当局的安排完全陈述出来，以此证明我是本着报效精神访华的。

当我乘坐海轮从香港前往上海时，在汕头附近看到一个非常类似于香港的海滩。船在那里停留了几个小时，我经过这片沙滩，在耕地里发现了一块大理石环碎片，它可能属于史前时期或原史时期。这是我在大陆收集到的唯一标本。我将把它带到南京，也很乐意向南京的考古学家介绍香港的有趣发现。

由于京都的滨田耕作[1]教授邀请我参加初秋在朝鲜的发掘工作，因此我在中国唯一可能进行考古田野工作是访问四川期间。我想做的是对所谓的旧石器时代发现进行科学考察，并寻找可能存在的早期新石器时代遗址。据我所知，这在中国是不为人知的。

鉴于您对四川之行持如此友好的态度，我已写信给成都的葛维汉[2]博士。他对我的合作表示衷心欢迎，说如果成都博物馆（Chengtu Museum）[3]能够得到所收集材料的三分之一，便是对

---

[1] 滨田耕作（Hamada Kosaku，1881—1938），日本考古学家。
[2] 葛维汉（David Crockett Graham，1884—1961），美国传教士、考古学家和人类学家，时任华西协合大学博物馆馆长兼文化人类学教授。
[3] 根据内容推测，应指华西协合大学博物馆。

他们的极大馈赠。他充分认识到，我们必须把所有这些问题的决定权交给您，最后提交给中央研究院。我的建议是，一位来自南京或成都的年轻中国考古学家与我们（葛维汉博士和我）同行，负责监督把所有材料转交给适当的中国政府机构。是允许成都博物馆在成都挑选他们那部分材料，还是先将全部材料送到南京再进行划分，则由您们全权决定。我希望我能促成一项有价值的工作，即您所派遣的中央研究院人员，按照在香港商定的方式，向斯德哥尔摩博物馆赠送一套为我们保留的复本。

如果这个计划有任何尴尬之处，我愿意在不进行任何考古研究的情况下，对四川进行一次短暂访问。我想强调，我的主要目的不是收集标本，而是试图研究旧石器时代和新石器时代早期文化阶段，与河谷侵蚀地貌发展之间的关系。鉴于我即将在报告中发表关于中国北方考古学与自然地理学关系的大量丰富材料，因此在探讨有关四川的这些问题时，也许会有一个很好的起点。

但要点在于，您无须为不必要的烦恼所困扰，如果与中央研究院的学者们协商后，您仍然认为有必要的话，那我们还是放弃四川的考古吧。我怀着深切的感激之情，把决定权完全交给您。

据我所知，《中央日报》是南京一份报纸。如要发表公开声明，我想征求您的意见后，再于南京发表。

希望能在8日即周一见到您。致以最诚挚的谢意。

您非常诚挚的

安特生致翁文灏

（1937年3月22日）

亲爱的翁博士：

今天从周先生处得知，您可能几天后前往欧洲，所以我想向您报告一下最近工作。

仰赖您的安排，演讲非常顺利，各处都提供了很专业的协助。可否将地质调查所首场讲座从周五晚上改到周四晚上？因为我之前没有注意到，周五是耶稣受难日——一个外国节日。如果给您带来不便，也可仍按原计划在周五进行。

我一直在处理《中国北方史前遗址》的书稿，已有一半（100页）可以付印，但还需要绘制一些配图。

非常希望听到您对一些实际问题的意见，特别是有关四川之行。去年12月我首次与您谈及该计划时，您提出愿意致函四川建设厅长和国立四川大学校长为我介绍。我在前函中提到，非常愿意把所有材料都留给您和成都博物馆，希望在收集到大量标本的前提下，您能赠予我一小套复本。我希望有一位年轻的中国地质学家或考古学家与我同行，费用由我承担。我们正在收集有关中国的一般文献，此事也非常需要您的帮助。我们计划扩大图书馆，囊括涉及远东国家的一般地理、统计、农业、工业和贸易的各种文献，也高度重视各类地图资料。您不在期间，或许可以委托某人给我们提供建议。

我知道，这段时间您一定被各种工作压得喘不过气来。不过，在您出发之前，我能否斗胆请您约见？如您晚上有空，能否共进晚餐？我们可以安静地谈一谈。

您诚挚的

安特生致翁文灏
（1937年3月27日）

亲爱的翁博士：

感谢您在百忙之中抽出半个小时与我在行政院会面。谈话至关重要，因为此前我对成都情况并不完全了解。特别是我了解到成都有两所大学，而葛维汉博士主要与教会大学有关。

现将您的指示以书面形式总结如下。四川之行的目的是从一般地理角度观察该省，特别是为了将北方省份的地理特征与四川的地理特征联系起来。如果在旅行期间看到任何史前遗址，我将绘制草图和剖面图，以便尽可能全面向您报告。不进行任何挖掘，但会检查那些地表可见的标本，并将其交予国立四川大学校长任鸿隽博士。其余时间，研究成都博物馆的地质学和考古学材料，并在多尔夫①小姐的帮助下，尽可能多地为重要标本制作精美的绘画和照片。

真诚感谢您同意致函建设厅长和国立四川大学校长为我介绍。乐见您访欧期间到访瑞典。如果可能的话，请与哥德堡大学高本汉教授联系，他一定会在斯德哥尔摩与您会面，并为您安排一切。我们都非常期待您的访问。

如您所知，我此行还有一项任务，即为我们的图书馆收集各种官方出版品。您是否觉得最好先将此事搁置？希望您深秋从欧洲回来时，还能再与您见面。

另外，很希望在您出发前我们能共进晚餐，但我感觉您现在无暇抽身，所以能否答应秋天我们再行聚会？

旅途平安，恭候归来！

您非常诚挚的

翁文灏致安特生

（1938年5月9日）

安特生博士惠鉴：

鉴于您计划撰写有关中日战争的著作，并请求提供有关战事和重要参战将领的照片，很高兴寄上图片35张，希望对您有所帮助。相信您的工作将有助欧洲了解当前战争的性质，并增加对我国的同情。

---

① 多尔夫（Vivian Dorf），安特生的助手。

祝您一切顺利。

翁文灏敬启

附言：图片另封寄给您。

翁文灏致安特生
（1938 年 6 月 25 日）

安特生博士惠鉴：

　　4 月 11 日来函让我非常感动。遗憾的是，秘书起草的回信未能完全表达我的想法。

　　现在的确是中国最伟大的时期。全国人民不分党派，不分省份，为了维护民族存亡的共同目标而团结一致。令人欣慰的是，以前与中央政府武力抗衡的桂系白将军和李将军，现已在委员长的指挥下全心全意投身抗战。广西虽人口稀少，但却是出兵最多的省份之一。在津浦铁路和陇海铁路东段，来自广西、河北、山东等地的多支部队配合默契，顽强抵抗。

　　尽管日军的装备和训练更佳，但他们很难打赢战争。南京沦陷后，他们先是企图进攻津浦路，夺取徐州。当他们发现难以实现后，便转向山西，并成功控制同蒲铁路和一些重要地区，目的是想从晋南豫北渡过黄河。中国军队的策略是尽量放弃在山西的作战，转战于黄河一线，以阻止日军渡河。我们在这一点上取得巨大成功，而日本人则完全溃败。

　　在意识到无法在山西——河南段渡过黄河，日本又改变计划，将全部兵力重新移至津浦线和陇海线东部。中国军队起初抵抗得很顽强，但由于一两个师在皖北战略要地防守失败，我们不得不全面撤退。相关的师长受到严惩，军队已有序撤退。兰封附近的土肥原师团也被中国军队彻底包围，损失惨重。

　　日军一度乐观地认为可以轻易夺取平汉线，将汉口置于危险之中。中国军队的迅速集结和黄河水位上涨，使他们再次意识到计划不切实际。于是他们再次转变进攻目标。当前他们的目标是溯江而上到达汉口，此时正在皖西激战。

过去经验表明：第一，如果防守严密，中国阵地是极难攻克的，徐州便是极好的例子。第二，以巨大的损失为代价，日本或许可以占领中国的城市和铁路，但他们无法俘获沦陷区以外的中国人心。第三，显而易见，即便只接受短期训练，中国士兵也能从容应战且非常勇敢。他们的表现确实不比日本兵差。我曾听一些亲临战场的欧洲军官说过，如果我们的军官在现代战争中接受到更好的训练，中国军队真的会打赢这场战争。

我并不情愿出任经济部长，但很乐于为国家存亡贡献我的微薄之力。我们设法迁移了几个北方煤矿的机械设备，并与江西、湖南和四川的矿场进行合作。通过这种方式，萍乡煤矿的日产量从6个月前的400吨增加到900吨。湖南中部的湘潭煤矿现在日产400吨。重庆附近天府煤矿的产量也将大大增加。同时，我们还协助150家工厂从长江下游内迁。这些工厂主要是机械厂、电话和其他电器厂、化学厂、橡胶厂等。目前正在努力搬迁一些棉纺厂。政府要建立发电厂，为在内地开办的工厂提供动力。

必须承认，中国政府近年来热衷于筹建新的企业，但其实并未取得很大成功。我认为，政府主要职责在于制定良好的经济发展计划，并对私营企业予以充分关注。当然，政府应该负责启动一些大型的、困难的、往往无利可图的工程，如钢铁厂、燃料酒精厂、大规模且统一管控的铜锡冶炼等。但无论如何，必须有全面协调的计划，将所有官方或私人重要企业都囊括在内。

回到这场不幸战争。中国抗战的确具有重大意义。如果日本成功征服中国，就意味着它垄断了大陆的所有经济资源，而排斥欧美的任何参与或投资。随着这些资源的充分开发，日本将在各个方面成为一个大国，并尽其所能扩大对印度、荷属东印度群岛、菲律宾等地的征服。因此，中国抗战是一场具有重大世界意义的战争。我们希望欧美列强很快就能理解，以实质且有效的方式援助中国的必要性。

翁文灏敬启

翁文灏致安特生
（1938年8月3日）

安特生博士惠鉴：

7月11日来函收悉，很感激您完全站在中国的一边。您有关当前中日冲突的著作，凝聚着您长期在华经历和对中国深入了解，相信一定会得到广泛阅读。

中日冲突实际上只是目前这场重大战争的一个阶段。战争正在世界三大主要势力间展开：以英、法、美为代表的民主国家，以德、意、日为代表的法西斯国家，以及苏联。这三个法西斯国家决定重新瓜分世界资源，以实现其垄断性开发利用的目的。团结就是力量。他们为实现共同目标而一致行动。民主国家开始重整军备的时间太晚，在对付法西斯势力时无法形成统一战线。民主国家和苏联之间也未能充分相互理解。前述弱点导致法西斯成功征服欧洲和亚洲。在这场为民主而战的战争中，中国不得不孤军奋战且饱受其害。

我们的一位美国朋友，您在中国时也认识他，最近在东京与部分日本高官谈论日本近期在北平和南京建立的傀儡政权。日本军官坦言，它们将在日本军官和"顾问"的严格控制之下，以确保那些傀儡不会犯"错误"。美国朋友立即回复说，在此情形之下，有尊严的中国人不会愿意为其服务，它们也不会被视为中国的政权。此番谈话很好地回应了您信中提及的日本宣传。国民政府所犯的"错误"，是维护我们的主权和得到国际社会共同承认的领土。

西南各省现已是中国的抗战基地。迄今为止四川做出了最重要的贡献，向政府提供了大量士兵（已有50万人在前线作战）和各种资源。

香港是大部分战争物资进入中国的最佳港口。我们也试图开辟印度支那、缅甸和新疆——甘肃的新线路。很抱歉，我无法更具体地向您说明战争物资供应的方法、途径和手段。结果是，尽管作战的条件不平等，但是我们从本土和友好国家获得了物资供应，它们以合理的方式向我们提供了帮助。

翁文灏敬启

安特生致翁文灏

（1938年8月17日）

亲爱的翁博士：

十分钟前刚刚收到8月3日来函。很高兴您对我的书感兴趣。该书目前已取得很大进展，大约在10月份出版。基根·保罗出版公司很可能会为英美出版另一个版本，他们一直与一家美国出版商合作。我向基根·保罗出版公司提供了两个选择：

1. 出版瑞典文版的全部内容，包括我最近的旅行和中国抗战的故事。

2. 只出版讲述中国重建和当前抗战的那部分内容。书名将体现您在信中所表达的：中国目前正在为民主而孤军奋战。

很遗憾，民主大国没有向中国提供直接援助。特别是当读到英国政府拒绝为中国提供军备贷款时，我感到非常沮丧。很清楚，英文版只能影响到极少数英美重要人物，但我非常乐意在此紧要关头能尽我所能为中国提供一点帮助。

收到英文版样书后，将立即寄呈与您。

您非常诚挚的

翁文灏致安特生

(1938年8月29日)

安特生博士惠鉴:

欣闻大著将于10月出版,英文本随即也将出版。相信大作既有趣又富有教育意义,也乐于阅读来函中承诺寄给我的英文样本。为有助于您了解过去几个月中我们的建设工作,随函附上两份备忘录,供您参考。标有星号的内容不宜公开发表,其余内容可在大作中酌情引用。我一直非常谨慎,避免资料不必要的公开,以免过早引起日本的注意。

翁文灏敬启

安特生致翁文灏

(1938年12月23日)

亲爱的翁博士:

真诚感谢您8月3日及29日来函。

与此同时,我已将瑞典文版著作邮寄给您,希望能安全送达您的手中。很抱歉,目前该书只有瑞典文版。请您特别注意,在《朝圣者看到麦加(En pilgrim ser Mecka)》一章中,记述了我们1936年12月的难忘会面。

该书11月21日完成后,我立即分别寄给了英国和德国的出版商。截至目前,尚未收到任何答复,但我非常希望至少能出版英文版。书是在汉口、广州相继沦陷的阴影下完成的,甚至也可以说是在英国、法国屈服,贝希特斯加登——哥德斯堡——慕尼黑①更深的阴影下完成的。

---

① 指1938年英国首相张伯伦连续前往德国贝希特斯加登、哥德斯堡、慕尼黑对德绥靖妥协之事。

现在，中国的前景似乎比一个月前要光明得多，因为日本人的资源已接近枯竭□□□这里有一小群忠于中国的朋友，我们祈祷中国不要屈服，坚持到底。对日本人的任何妥协都只会给中国带来持续不断的苦难。在日本政权瓦解、一个对中国友好的自由政府成立以前，中国人民的抵抗不仅意味着中华民族的自救，同时也是给所有民主国家的宝贵礼物。

今天我还要给外国出版商写信，努力推动外文版的出版，我迫切地想为中国的最终胜利贡献绵薄之力。

祝贺佳节。

您非常诚挚的

安特生致翁文灏

（1939年1月5日）

亲爱的翁博士：

今天，我从伦敦出版商基根·保罗出版公司得知一个好消息，他们同意出版我的英文本《中国为民主而战》（China fights for democracy）。我们正在加快翻译和印刷速度，希望能尽快面世。由于时间急促，无法征求您对校样的意见，但我希望瑞典文版已安全送达您手中，让您对该书有所了解。毫不夸张地说，它是对中国事业的有力支持。

唯一困扰我的是，这本带有宣传性的书如何能送到英美两国有政治影响力的人物手中。我感觉没有几个内阁部长或议员会购买此类书籍。因此我冒昧地请教：您认为中国政府是否愿意花400英镑，向英国和美国各免费赠送500册？我觉得最好不要从中国寄出，而由出版商直接寄送，并附上一张"作者敬赠"的卡片。如您认为值得安排，请致电斯德哥尔摩东方博物馆：翁授权。

我会向出版商要求以八折书价购买，以便用400英镑的总价购买1000册分别赠送。收到您的授权后，我会与中国驻瑞典公使馆以及中国驻伦敦和驻华盛顿大使馆联系，请中国驻瑞典公使及驻英美的两位大使阅读样书并提出修改意见，并请两位大使提供寄书地址。发行工作将在我的朋友即瑞典驻伦敦总领事的掌控下，由出版商承担。

亲爱的翁博士，上述建议的唯一条件是：中国政府决心抗战到底，直至取得胜利。据我们判断，目前形势好于广州和汉口沦陷之时。近卫内阁的倒台预示着日本再次走向崩溃。

我将带着一种更加乐观的态度修订英文版文稿。您同意授权，也表达了您抗战到底直至胜利的决心。

祝您新年快乐！

非常诚挚地感谢您

翁文灏致安特生
（1939年1月20日）

安特生博士惠鉴：

从1939年1月5日来函中高兴地得知，您的《中国为民主而战》英文版将在伦敦出版。有关向英美免费赠书1000册的补贴之事，非常愿意尽我所能促成此事。但此事属财政部管辖范围，恰当的程序是，请中国驻斯德哥尔摩公使代表您向财政部长孔祥熙博士阁下提出请求。在他收到您的申请后，我很乐意为您进言。

致以最良好的祝愿。

翁文灏敬启

安特生致翁文灏
（1939年11月23日）

亲爱的翁博士：

前几封信函中曾提及我打算再次回到法属印度支那。法兰西学院（Ecole Francaise）邀请我返回东京（Tonkin）①继续与他们合作。事实上，我已预订了 9 月 22 日从马赛出发的法国卡普图兰（Cap Tourane）号船票。之后，欧战爆发，我不得不推迟启程，希望——或许毫无希望——一切回归正常状态。我们研究委员会的朋友们好心作出如下安排，未来五年我可以在博物馆继续研究工作，且不受行政工作的干扰，不过继任者高本汉教授尚未接手这些行政事务。因此，我现在开始系统描述其余华北地区史前遗址材料。如您所知，1936 年我携带三部考古学专著到南京。不幸的是，由于中日战争的影响，印刷工作不得不推迟，这些手稿仍留在重庆的黄（汲清）博士手中。随函附上我就此事给黄博士的信函副本。您会看到，我请他按照目前情况下他所认为的最佳方式来处理这些手稿。

致以最诚挚的问候。

您真诚的

安特生致翁文灏

（1939 年 11 月 23 日）

亲爱的翁博士：

如您所知，我曾向您函告，正在准备写一本关于现代中国重建及此后中日战争的英文著作。该书最近由伦敦基根·保罗出版公司出版，书名为《中国为世界而战》。我已请出版商寄您一册，希望已在此函之前安全送达您手中。我还请出版商寄书给蒋介石夫人和孔祥熙博士，以及中国驻华盛顿和伦敦的大使。您或许还记得，我曾建议驻两国大使馆提供名单，将该书分发给英美两国具有影响力的人士。收到两位大使的答复后，我再致函与您讨论此事。

---

① 指越南北部地区。

致以最亲切的问候。

您非常真诚的

附言：此函正要寄出时，我收到郭泰祺阁下来函。随函附寄一份。阅书后，请您再与孔博士谈谈。我希望很快也能收到胡适博士来函。

安特生致翁文灏
（1939年12月5日）

亲爱的翁博士：

现将《（东方博物馆）馆刊》第11号专函呈送，其中专门描述了我在地形学和考古学方面的实地考察，主要是近期对西康更新世冰川的考察。我还用一章的篇幅描述了梯田，追溯其从北京西山到西康的持续性特征。还有一组实地考察成果尚待发表，即我对那些已在《中国古生物志》作过介绍的脊椎动物化石地点的考察。

祝您在新的一年里一切顺利。祝愿中国在为民族独立英勇斗争中取得胜利。

致以最良好的新年祝福，祝愿为争取其独立而英勇奋斗的中国取得成功。战争的阴霾正在这里一天天地聚集着。

您真诚的

胶东黄县于口村老党员抗战回忆

张海鹏 整理

说明：这篇口述采访整理于1965年9—10月间，是最近偶然发现的。随后又找到了一册当年的记事本，也勾起了我对事情缘起的记忆。

1964年8月，我大学毕业分配到中国科学院近代史研究所，10月即随所里大部分干部到甘肃张掖县乌江公社参加"四清"运动。1965年5月底运动结束，返回北京。同年6月，又按照上级组织安排，参加近代史所组织的赴山东黄县的劳动实习队。劳动实习队由刘明逵带队，参加者有1964年大学毕业的大学生，还有部分老同志，如王来棣、张护华、熊尚厚、杜春和、陈宁生等，共约30人。6月16日，我和张友坤、吕景琳、陶文钊住进大吕家公社于口大队下孟家生产队孟庆好家里。孟庆好是抗战时期的老党员，曾任农救会会长，合作化后长期担任党支部书记。孟庆好的妻子抗战时期是妇救会会长。我们不仅住在孟家，也在孟家搭伙吃饭，劳动之余不免会聊到抗日战争，聊到胶东昆嵛山抗日根据地，聊到他们在根据地的生活。当时毛主席提出要研究"四史"。在张掖四清时，刘大年同志作为公社"四清"工作团团长和近代史所负责人，也要求年轻同志注意搜集当地解放前的历史状况，写长工传。到黄县后，除了参加农业

整理者：张海鹏，中国社会科学院学部委员、近代史研究所研究员。

劳动，接受教育，刘明逵同志也布置劳动实习队的社会工作，包括参加于口大队党团支部工作，开办民校，做社会调查。社会调查分为家庭调查和专题调查，其中专题调查包括根据地的成立、党组织的建立、工青农妇等各种群众团体、抗日活动等。

我的记事本记录了调查座谈会以及几次家庭调查的口述采访情况。8月27日座谈会由王来棣主持，参加者有于口村老党员孟庆好、孟祥仁、孟凡善、于守六、王世利。此外，我还对孟庆好（8月5日）、孟凡善（8月15日）、秦芙蓉、孟庆本、曲世梅、于守珍、于希相、于守成（8月25日）、孟凡善（9月4日）、于守礼（9月20日）、于守成（9月26日）、于守宾（10月11日）等作了口述访谈。本篇口述史料就是当时根据上述谈话记录完成的整理稿。所记录的内容，大部分在记事本上有，个别有缺失，可见整理时还依据了其他来源。也有个别记事本上有而未见于整理稿，如10月11日于守宾的谈话记录。口述采访在1965年8月—10月之间。10月底劳动锻炼结束，11月初离开于口村到县城进行总结，大约11月下旬返回北京。采访记录的整理应该是在离开村子以前进行的，因为此后在县城总结以及回到北京后就没有时间和心情再从事整理了。这或许是件未彻底完成的稿子。

本篇口述史料分为四个部分：战前的社会生活、根据地最早开辟情况、抗日民主政府及群众团体成立情况、群众抗日活动，讲述了根据地开辟前群众自发的抗日组织红枪会，共产党进来开辟根据地，在农村发展党员，根据地的政府和各种群众性抗日组织，以及抗日组织配合八路军开展的抗日斗争。他们所谈的根据地情况，不限于于口一地，实际上包含了黄县甚至胶东根据地。从我今天对山东抗日根据地，对胶东抗日根据地历史的了解看，于口大队（于口大队包括了35个山头，6个大山沟，19个小山沟，有于口、上孟家、下孟家等几个自然村）老党员、老干部、老农民口述的这些故事，比较真实地记录了中国共产党领导下的山东抗日根据地的历史，具体而微地体现了山东抗日根据地人民抗日活动的生动情景，也包括党在抗日根据地基层工作中的偏差。当然，受各种条件的限制有些口述材料不一定很严谨，有的故事和时间也不尽一致。

这份材料形成已经57年了，本身也成了一份历史材料。此次重新整理，除了个别错字的修订，对文字未加修改，只是增加了整理稿中没有反映的于守宾10月11日的谈话，分别置于第一部分的第4，第二部分的第5，第四部分的10和13。另外，又在末尾增加了《黄县于口大队农民口述根据地时期的歌谣》27首（有三首应是解放战争时期的），作为附录。这些歌谣原本潦草地记录在记事本，有个别字未能辨识，以囗号标记，问号和空白处也都是原有的。

本篇原始标题为《于口村史编年大事记（抗战时期）》，似欠确切，现改为《胶东黄县于口村老党员抗战回忆》。这次拿出来发表，不是敝帚自珍，而是对在党的领导下做出过历史贡献的人民英雄们的怀念！

张海鹏，时年83岁
2022年11月10日

一　战前社会生活

1. 抗战前，这夼里有296户人家（？），人民生活非常苦，土地财产多掌握在富裕中农手里。战前，这个大队所辖地区约

25—30户不用籴粮食，其余谁也是随买随吃。生活靠打短工，到黄县"工伕市场"去卖短工，给人浇水、拔麦等。十户有九户要上山薅草去县城卖，约10%的人不受这种困难。下孟村只有孟庆珍（凡军爹）家、孟凡信家、于守仁家不用籴粮食。穷人家出了什么事情就要卖地，生活越来越苦。（8月5日，孟庆好谈）

2. 1938年以后，政权在人家手里，在富裕中农手里。上孟孟庆金是村长，下孟是孟庆云，还有孟庆富。孟庆金还当过乡长。他们都是为张宗昌服务的。群众生活很苦，以扛长工、打短工、割草、给地主打鱼等维生。最好过的是于口村，有十多家不用借粮食吃。上孟孟庆新、孟庆栓、孟凡国等五家，下孟孟庆珍、孟宪运、孟昭凤等三家，于口还有十家，共18家，掌握了三村的经济命脉，山岚大多在他们手里。150多户中，只有这18家不籴粮食，50%的山岚在他们手里，在八千亩山林中他们控制了四千亩。他们还掌握了35—40%的耕地。穷苦的人，家里生活不下去，就到海边去给地主拉网打鱼，合同上订的是48天，一天吊儿八钱的。干这个活苦极了，鱼网的绳子背在肩上，手脚都在地下爬。合同上虽订了48天，实际上往往干不到48天，碰到下雨，就停工停薪。地主家监工的，动不动就打。群众愤恨地说，死了当个驴也不来拉网。有时三四天不能睡觉，有的甚至七天七夜（如于家祥）不能进屋，揣一块硬梆梆的干粮在怀里，拉饿了就啃冷干粮。此外，还有打短工，主要是给地主戽水，还有到山上割草去黄县卖。当时，好过的人家，家里有两天的存粮，一般的人，什么时候能买回来，就什么时候做饭吃。有时晚上买粮食回，半夜也把老婆、孩子叫起来拉磨。上一次城，能买上几个铜子的红糖就很了不起了。（8月27日调查会，孟庆好谈）

3. 抗战前，我家没有好地，只在西夼有三分好地，其余多是种地瓜的劣地。一年一茬,种谷或地瓜。一大亩能打一千来斤,一市亩能打三百来斤。八月打下来能吃到十月,好则吃到十一月,共吃三个月。家有三几颗柿子树,也不解决什么问题。春天打短工或者去渤海打鱼,秋天割草。二十多岁时一连打了五年鱼。打鱼时,连日连夜干,下雨刮风,都在外面拉,冻不过,喝几两烧酒,手脚上都冻成很多皲裂口子。"宁上南山当驴,不下渤海打鱼。"每天所得工钱够买七八斤粮食。在龙口近海打鱼,吃玉米片片、地瓜,家里做好送去吃。(当时打短工,除了吃的,一天也不过挣了五六斤粮食。)一天要拉两网。夜里二三点钟开始拉第一网,上午拉完。下午拉第二网,晚十二点拉完。要赶上一天拉三网,就捞不到休息了。当时孟宪琴年年去打鱼,也在渔霸(龙口有八九家渔霸)名下当了个小掌柜——大头"稍头",不用干什么活,工资见高一些,能挣二吊五,多挣四分之一。(9月13日,孟庆好谈家史)

4. 1928年后有乌极会,首脑叫道长,在黄县闹了一个多月,从七月到八月十五。首脑中地痞流氓多。名义上抗捐抗税,宣传参加乌极会不纳捐税,道友有几万人。1928年,同张宗昌在黄永河以东打了一次后就自灭了,还是算个农民暴动。胶东有十几个会道,各处农民都揭竿而起,有乌极会、白极会、红枪会、孝棒会、竹篮会(妇女组织)、大刀会等。(10月11日,于守宾谈)

二 根据地最早开辟情况

1. 抗战前,山东省长是韩复榘,黄县也驻扎他的军队。当时在群众中有红枪会(或乌极会)的组织存在,这个组织略带点革命性,只是没有党的领导。参加红枪会的人,手拿一杆红枪,打击地主富豪人家。口念咒语,身画符,说是刀枪不入。他们有时也还能打败国民党的正规部队,一时在群众中很有威信。

后来他们终于被国民党打败，领导人也开始腐化了，群众也渐渐脱离了他们。日本鬼子进了中国，韩复榘逃出山东，汉奸刘克淇（克清，克启？）领着鬼子进了山东。在鬼子占领黄县前，最早有曹满志在城里组织了一部分人，叫"三军发起"，是上级党派人秘密组织的。刘克淇来黄县后，他们就分散了。（8月27日调查会，孟庆好谈）

2. 1937年腊月在下关（观）庙有几个人发起党的组织活动，叫"三军发起"。（9月16日，孟庆好谈）

3. 七七事变后，党的领导来了。第一个来做党的工作的，是个叫王大的女同志。她起先住在北邢家韩凤英家里，常到下丁家、于口来。她是以查学的名堂来开展工作的，提个书包，卖个纸、笔、书之类。大陈家有个陈宝三，入党最早，约在1938—1939年入党（此人已死）。大吕家有个吕松，现在长春，也较早。他们是党根，通过他们来发展党组织。上下孟、于口的党组织就是陈宝三来建立的。发展最早的是下孟于恒发、孟凡善、孟庆见三人。现在于恒发是公社公安特派员，孟庆见已死。晚些有上孟孟宪宝（已死）、孟凡志，于口有于家文、于守斌。孟祥仁、孟庆年是1943年入党的，我是1944年入党的，孟凡善等最早，是1940年。（8月5日，孟庆好谈）

4. 到咱村最早的是王大，大概在1937年就来了。她不联系群众，只承认自己是卖书、笔的，尽在学校里串，通过这样作来摸底。大陈家最早的党根是陈宝三，大吕家是吕松，下丁家是丁学考、秦学英，北邢家是□□□。他们大概是三八年入党的。王大以后有赵利、田刚，都是女同志。他们先在区上组织职工会，在农村发展地下党员，就是他们开辟了这一带的根据地。（8月27日调查会，孟庆好谈）

5. 王大是1939年来这里发展党组织，是胶东区派来的，后来当了胶东区妇联主任。（10月11日，于守宾谈）

6. 1940年我与于恒发、孟庆见去登记入党。晚上，我们去黄城羊南邢家，宣布受阶级敌人压迫，承认党纲党章，坚决革命，才入了党。（8月27日调查会，孟凡善谈）

7. 1938年胶东区陈宝三、陈宝玉、于守伦（于希茂之父）、庄旺松（此人长住长胜庄）来此开辟根据地。陈宝三走后换成高景纯，以后又换许世友。1938—1940年是陈宝三和高景纯，1940年以后是许世友。胶东根据地最先是蓬、黄、掖三县，以后把牙山顽固派据点拿下，才与东海区连成一片。（8月24日，于守宾谈）

三　抗日民主政府及各群众团体成立情况

1. 1938—1939年八路军五支、七支（八路军山东抗日纵队）在这里。他们是流动的，与群众联系不多，有事只找村长。开始没有政府，后来组织一科管行政，三科管法院，四科管教育，二科管什么，忘记了。（8月27日调查会，孟凡善谈）

2. 1938年秋，各村选举村政府，由村长、总务组成。成立武装有自卫队。区有团，设团长，团长是脱产干部。一乡一营，村有连长、排长。1938年冬开始集训，18—35岁编入基干队，36—45岁是普通队。凡适合年龄的都编入自卫队。基干队的任务是听令出发，普通队的任务是站岗、放哨、送情报。各村都设有岗哨。

村政府成立时，选出村长、副村长、总务、治安、村疃长等组成村政委员会。提名十五人，选五人。人选是由区与村联合提出的。选举时，由区上派人来主持开会。于口村第一届村长是于守元（中农），武装是于守维（中农），总务于恒民（商人）。人选中，富裕中农占多数。（8月24日，于守宾谈）

3. 1940年先组织职工会，以后组织农救会等团体，是由乡总支书记吕明星来组织的。采取个别串连，自愿参加的方式。咱村参加职工会的有七八人。一般在外面扛活的，当木工的等参加职工会。职工会会员是民兵中的骨干。职工会经常加强阶级教育，专门布置扩军瓦敌工作。开始由支部派人来讲，一个多月讲一次，讲资产阶级的压迫，组织起来力量大等。

乡职工会设主任一人，有组织、宣传委员等十多个委员。村职工会设主任、组织、宣传委员三至五人。我担任过主任。委员有于家文、于家祥、于希礼。

农救会开始有组织生活制度，每三个月交纳一次会费。土改时仍称农救会，新中国成立后改称农会。（8月17日，于守宾谈）

4. 1940年成立农救会，于口会长于守景（一队），当了二三年，我接上当。农救会会歌：入了农救会，胜利大百倍。宣传农救会是光荣的，全村人都是会员。（8月18日，于希贤谈）

5. 1940年秋天，成立四大团体。由区委书记王益下来负责组织，最先个别串联，然后组织职工小组，再成立职工会，有主任、组织、宣传三个委员。于守宾任第一届主任。职工会只有八九人，职工会有一个大印。于守宾到区上去后，于家文干了几天。职工会存在大约有一年左右。

农救会是在职工会以后成立的，于口村第一届农会会长是于守谨。参加农救会的手续是统一大会报名，支部研究批准。有的人还要经过一段时间的考验。成立时区里派工作人员来参加。此外，妇女参加妇救会，青年（18—23岁）参加青救会。16岁以下参加儿童团、少先队。

每年二七、三八、五一、七一等都在区上开大会，四大团体都去，会前啦啦队活跃起来，满山遍野都是歌声。

党支部有武装（民兵）、民运（农救会）、青年（青救会）、妇女（妇救会）、教育（学校）等委员。这些委员分任各组织的负责人。

村里的武装是1939年成立的，称为农民自卫队（16—45岁的男子），先经过基本军事训练。1940年以后自卫队才有武器，主要是负责人有。日本投降后，自卫队改称民兵。自卫队一个村有一个疃长，三个村一个营，营长是孟庆德和孟庆见。每年冬季练兵。对民兵的教育，经常有区的干部来作报告（大约一月一次），讲打日本鬼子的意义，主要由武装委员（村疃长）讲。（8月25日，于家文、于守宾、于守祥、于希贤谈）

6. 四大团体成立时，鬼子的口号是：宁可错杀十个老百姓，也不能放过一个共产党员。我们的口号是：工农青妇，一致抗日，有钱出钱，有力出力，有人出人，多阶级多阶层，枪口对外打日本。（8月5日，孟庆好谈）

7. 1940年区政府成立。西昌家吕大成组织民兵，当了民兵团长。我在1941年被选为下孟农救会长，孟凡善是青救会主任兼民兵指导员，实际上负责党务工作。西昌家的民兵营长、疃长都被鬼子抓去杀了，民兵也未被吓倒。（8月27日调查会，孟庆好谈）

8. 工农青妇组织都是1940年成立的，先从区县组织起。18—23岁的各阶级青年（被斗户青年除外）都可参加青救会。对于够了年龄或超过年龄的人，青救会每年一出一入，清理组织。各村都成立青救会，下孟会长一直是孟凡善。青救会与民兵是统一的。不知道有不有自卫队。民兵分基干和普通两种。基干从18—35岁，普通是36—55岁。青抗先成员一般从18—23岁的青救会员中，挑出那些勇敢、不怕死、服从领导、守纪律的人参加。合于这些条件的，特别好的，年龄也可延至30岁左右。富裕中农的不要。子弟兵团多由党员组成。

四大团体每月交一次会费，一般为五分、一毛钱。会费全部交上区会，区上给收条，收条拿回一念就撕去。（9月4日，孟凡善谈）

9. 我当过于口第一任青救会会长（1940—1941年），以后又任民兵瞳长、指导员等。我当会长时是支部派的。我们党员去一家家发动青年入会。开始会员不到十人。会员最初是帮助八路军收藏衣物、粮食、牲口等，把这些东西送到山洞里藏起来，拿时凭条子取。几个共产党员在山里打洞，无人知道。（8月21日，于守华谈）

10. 1943年成立各界救国联合会，是四大团体的联合组织，于守宾任过区各救会会长。（于守斌谈）

四 群众抗日活动

1. 1938—1939年乡里领导减租减息，增加工资，扛长工的工资增加20—30%，减租是二五减租，分半减息（不管多少，按一分半扣）。

2. 1940年以后开始实行合理负担，一亩地以上的要缴捐税，一亩以下的免去捐税。一年交一次军粮，交一次银子，最多到30%。（8月24日，于守宾谈）

3. 1940年鬼子在大园设据点。（8月25日，于家文等四人谈）

4. 1941年2月，职工会主任于守宾带领数名会员去渤海区大陆营（在黄县、蓬莱、栖霞三县中间的花卉）开会，会上主要进行阶级教育，讲受压迫的原因，组织起来有力量等。训练骨干、扩军，开了半个月会。我们回来后，进行个别串联，三个村共串连了二十多个人，着重是常年扛活的和手工业者。当时开会有七大项任务：自我批评、互相批评、临时动议、布置工作、唱歌等。（8月25日，于家文等四人谈）

5. 鬼子总据点在老金场，1940年把势力伸到大园，此外在黄县、芦头、庄头、灰城北山、北莫、黄山馆、后寨、中城、龙口等都有据点。1941年又把据点伸到大陈家来。在大陈家据点里，主要是二鬼子。他们白天来要粮，要捐，要树木，由伪村长去迎接他们。鬼子一来，群众实行空室清野。鬼子无法，见什么拿什么。在区中队领导下，民兵们经常组织起来去扰乱鬼子据点。民兵去时，分成许多帮，这里打一阵手榴弹，那里打一阵枪，弄得敌人晕头转向，心惊胆战，只能盲目向外射击。八路军十四团二营庄明松拉的游击队去打过大陈家据点一二次。大陈家鬼子据点距大园远，由于八路军的进攻，民兵的扰乱，电话线经常接不通，感到势孤力单，终于被迫在1942年撤退。（9月20日，于守礼谈）

6. 鬼子占据大陈家后，三天两头来要捐。他们一个连六七十个人，吃的、烧的都要。我们没有木头，还砍了不少果树给他们烧。他们一到咱村就抢，听说孟庆米家就被抢过。于口没人愿意当鬼子村长，就十天轮番当一次，轮一次就要摊好几次捐。鬼子还强迫我们去修炮台，修围墙，抬砖抬瓦。我们这样的家庭十天就要去五个工。还要我们拆老百姓的房，动作稍慢一些就挨打。八路军也经常来骚扰鬼子，听说还牺牲了两个同志。鬼子撤走时，还强迫全乡老百姓赶着牲口替他们搬家。（8月22日，于兰林、于恒科谈）

7. 敌人在大陈家设据点时，各村组织两面政权。敌人四五天、五六天就来要门户捐（一次几百块），并且在村里推销大烟、膏药，两角钱一张膏药，硬要卖一块钱，大量搜刮。还要民工去修炮台等。为了配合八路军扰乱鬼子据点，基干队都要出动，破坏道路，埋地雷等。（8月24日，于守宾谈）

8. 1941—1942年，村政权虽已转移到我们手里，但富裕中农势力大，我们的工作还展不开，处处有斗争。到了1943年秋，力量才大了，积极分子起来了。那年斗了孟庆富。（8月27日调查会，孟凡善谈）

9. 1942年后减租减息，由农救会领导做。当时负责人是于家文。咱这个村没有佃户，只有分种户，平分收成。由此地人提出要多少粮食，然后与田主商议，由他拿出粮食来。（8月18日，于希贤谈）

10. 1942年6月1日大"扫荡"，是胶东最大"扫荡"，发生了马石三惨案。主力部队打出去了，【日军】搜索了一些老百姓和地方机关，到马石三大会合（在栖霞南，海阳东北）。当时日军集中了5架飞机和机枪，进行扫射，有500多人被难。当时东北日军在报纸上吹嘘说，胶东八路已一网打尽。（10月11日，于守宾谈）

11. 1943年分区委组织搞减租减息，三七减。但群众觉悟低，怕减了种不成地，白天减了，晚上又送去。减租减息不算成功。（孟庆好谈）

12. 在减租减息同时，上级党提出一手抓枪，一手抓生产的口号。1943年八路军打芦头时，民兵都配合了部队的行动。那年我当了民兵排长，当时又叫分队长。芦头一共打了两次才攻下来。第一次攻了一个多小时，第二次打了三个多小时。第一次打芦头时，用了一种土制的火药车：一辆大车，有两个大木车轮，在车轮前面和上面，盖以二指厚的铁板。这车很大，是由很多民兵抬去的，我也抬过。攻据点时，车上装满炸药，由几个战士推着到据点跟前去炸。但第一次未成功。第二次是由战士扛炸药包去炸掉了的。芦头据点终于拿下来了。（9月20日，于守礼谈）

打芦头时，我们村里也去了几十个人，第一次是独立营打的，没打下。第二次是渤海区游击队打的，打下了。民兵去配合抬担架等。（于兰林、于恒科谈）

13. 打芦头在1943年秋天，是15团打的。打芦头前，群众谣言说，游击队游而不击，八路军不打仗。打芦头后，黄县政治局面就转变了。有人说，八路军有两下，伸出了大拇指。芦头据点炮楼有2尺厚，三四丈高。第二次从夜12时开始到晨5时。

当时天亮了还有一个炮楼未攻下，上级要撤下来，一个班长说要打下来，结果用炸药包打下了。第一次用战车，上披湿棉织品。打下芦头后，谣言就没有了。

打芦头后，在1943年底、1944年初打小栾家疃，一方面是为了抢药，一方面也是为了给敌人一点狠头。打芦头后开始逐渐反攻。打大圆在开始反攻后1943年秋天。大圆撤后，鬼子不敢出来"扫荡"了。打其他据点都在1944年。（10月11日，于守宾谈）

14. 1943年10月（过了霜降以后），各村民兵配合八路军夜袭小栾家疃医院。小栾家疃医院原是美国人办的，有美国教堂，（按：据了解现在还有中国教士、教徒等从事礼拜等宗教活动，此医院即现在的烟台专区结核病防治所。）日本鬼子利用为自己的战时医院。这个医院较大，药品齐全，又有较高明的医生。据说，八路军为补充自己医院药品，也为了抓几个高明医生来，发动了一次规模较大的夜袭。参加夜袭的除八路军外，还有区中队，还有附近一带村庄的民兵约几千人（或说几百人）。由于医院守兵不多，一仗获胜。医生没抓着，抢回了相当多的药，民兵进来背的，背的背，抬的抬，满载而归。把医院也捣乱了。群众是抄近路去医院的，连夜把药品送到周家（朱家？）（离此15里地，东北向）根据地，民兵们整队回村时，天已经亮了。（于守礼谈）

打小栾家疃时，是渤海区八路军与区中队带领一二千民兵去的。当时八路军把守县城四门，防止城里出来救援。大部分民兵都抢到了药。（9月26日，于守成谈）

15. 还扰乱大园、庄头、灰城北山等据点。（孟庆好谈）

16. 1944年初（腊月22日？）南邢家恶战。当时南邢家住了县独立营部队及机关干部共五六百人，还有业余剧团、宣传队等。一天晚上，剧团演剧到深夜12点才回，非常疲惫。当时有一个特务（据说是我们一个区的区长）给鬼子告了密。鬼子立即开动了黄县、龙口、黄山馆等地鬼子一二千人向南邢家扑来。第一次情报送到部队，连部压下了。第二次情报送到了徐营长手里。第三次情报到时，鬼子队伍已经包围了南邢家。村周围架满了机关枪和掷弹筒。部队和干部正在酣睡中，一个送料的出来，被鬼子发觉了，打了枪，丢了手榴弹。这时独立营才惊醒了。当时部队只有一挺机关枪，弹药也不足。机关干部和剧团等非战斗人员又很多。徐营长立即召开会议，命令战士把手榴弹都拿出来，一连打了几次手榴弹，大家借手榴弹炸起的烟雾，朝此山沟冲了进去。结果死37人，非战斗人员死伤最多。第二天，鬼子走后，青救会、民兵帮忙去收集病号，在西涧发现十三四个尸首，群众不胜悲惜！妇救会帮忙救护伤员。（孟庆好谈）

17. 我当指导员时，搞过减租减息。当时于家祥的爹爹卖豆腐，无地种，于守宾家也没有地。他们两家种于涛株的地，是伙种，对半分。减租减息时，要于涛株退出三年的租子，贫农不敢要，我们就进行说服动员。当时，我们还动员地多的人交出一点地来给抗属种。如于优林有三亩地，要他拿出一分地给抗属种，他在会上答应了，回去后，老婆不答应，我们去做说服动员工作，最后还是拿出来了。当时献地给抗属的有十三四家。（于守华谈）

18. 1944年组织讲理会，斗争恶霸。1944年冬腊月，斗孟庆栓。他是鬼子的村长，生活好。

19. 1945年斗孟宪云，他是三村的青苗会长。开始群众发动不起来，就以党员、四大团体的骨干为主，一方面动员群众，一方面演习斗恶霸。每天一宿到亮，演习了一个多月，才算有把握了。斗争是在下孟孟宪通家里，四大团体群众都来了。通街贴了标语。恶霸一进会场，【群众】就高呼口号：打倒地主富农，打倒恶霸，恶霸又来了等等。这下斗成功了。接着斗了于口于守云。斗了就要钱,没钱就卖地卖山。分果实时,积极的多分,不积极的少分。这时,群众干劲上来了。

不久,下丁家斗丁维信,由于群众发动不充分,第一次没斗成功。区上来了信,要我带三村的人去下丁家斗丁维信。那个斗争会有十个村的群众参加,由于我们原来斗争成功,组织上要我当了这次大会的主席。这次几千人一斗,把他斗倒了。在会议进行中,他请求抽烟,他的长工出来把他的烟袋都摔了,要他老老实实。会上算了几千元,他也画了押。(孟庆好谈)

20. 1945年8月,为了配合八路军解放龙口、黄山馆,我带百十民兵去黄山馆,孟凡善领一批去龙口。主要是配合部队打炮楼。(孟庆好谈)

打龙口和黄山馆时,组织民兵配合。我去参加过黄山馆战斗。黄山离海近,部队和民兵把黄山馆包围起来,切断他们从海上逃跑的道路。黄山馆是个三二百户的村子,包围了一天一宿,从龙口溃退的日本鬼子又退到了黄山馆。最后一部分敌人越海逃跑,一部分被歼,龙口和黄山馆都被解放。(于守礼谈)

21. 锄奸斗争。大吕家有个吕大生,吃大烟,与鬼子有勾结。我们组织了十多人,一天晚上到他家去,把他叫出门来,走出三五里地就把他杀了。这个行动谁也不知道。(孟庆好谈)

22. 黄县蒋家蒋树(1948年在反攻大翁口战斗时抬担架牺牲)是区里武装干事,领导全区青年、民兵工作。

1944—1945年民兵组织起来割电线、破坏道路是很多的。大约是每隔一晚出动一次。敌人白天把电话线接上了,强迫民伕把道修好了,我们晚上又去破坏。地点多在城北门以西。每次能割四五里地电线。割电话线时去人较少,破坏道路时去人多。公路以南山区人民都去了。行动前,由区中队和子弟兵团在敌人出进处埋上地雷,持枪守卫。敌人明知有人破坏,但是

晚上不敢出来。从村里到公路约25里，行动一次需一宿。（于守礼谈）

23. 在1944—1945年，有过两次爬台参军活动，一次在下丁家，一次在南邢家。由区上干部召集群众大会，说明参军的意义。群众想通后，合乎年龄的就爬上一个指定的台上去，表示自愿参军，人们就给他戴上大红花。各群众团体都组织欢送他们参军。（于希贤谈）

24. 青救会一般做站岗、放哨、送信、带路、割电线、破坏公路、募捐、埋雷等工作。子弟兵团、青抗先及干部配合八路军参加战斗行动，担任战时警戒任务。青抗先主要管山头岗，子弟兵团任警戒、封锁任务。每村每夜轮流站岗，一般两人，多至十人。还给抗属种地，为抗属募捐。募捐物一部分给抗属，一部分上交。过年时，给抗属募饺子，挂光荣灯。

有一年八月十五日后每天晚上去割电话线，平时三日五日十天八日去割一次。一般在烟潍路上从城西维庄到仲家，约十多里路。割的电话线上交。（9月4日，孟凡善谈）

有一次剪从龙口到老金场的电话线一万多斤。（于家文等谈）

附录　黄县于口大队农民口述根据地时期的歌谣

1. 七月七

七月初七，日本鬼子打演习，用机枪、飞机、大炮向我们射击，派兵占我绥察冀，又来攻我山东、山西。杀人放火奸淫掳掠，他不讲理。同胞们联合起，只要出口气，有钱出钱，有力出力，有枪拿枪上火线，组织起来打游击，把日本鬼子赶出中国去。

2. 日本军阀真可恨（四季歌调）

说起日本的军阀呀，实在真可恨。自从那九一八，占去东四省呀，还要嘛闹呀闹个不清呀，想把我们全中国，独呀独口吞。

前年七月七，炮击宛平城，不到个几月，去了北京城。从此嘛，天津个也送掉呀，百姓杀得无记数，房子烧干净呀。

倭贼还不停，来闹上海市，虹桥那飞机场，开头出事情。闸北嘛，从此个不安宁呀。飞机那个大炮呀，轰炸不肯停呀。

我们老百姓，大家要齐心。有钱个出钱，没钱要拼命。胜利嘛，总归中国人。这番中国要翻身，大家全翻身。

3. 咱们是一家

咱们是一家，咱们是一家。咱们都是革命摇篮里长大。共产党是咱们的保姆，咱们生长在红星旗下。从今后，更要把我们一切的武器，用战刀刺刀把敌人的鲜血作染料吧。全世界的舞台，全是大众的憎爱。齐着心，合着力，拉起手，靠着肩，结成铁的阵线。学习斗争，斗争学习，一切为了民族解放，新社会的实现。

4. 共产党是什么主义（送情郎调）

共产党，社会上什么主义？谋幸福求解放，自由又平等。个个们要达到这个目的，大家里有工作，大家有饭吃。咱们中国人，应该爱中国，抗战到底得胜利，拥护新中国。大家的事大家干，大家都爱国，为国家牺牲了，强似受压迫。

5. 基干队青抗先

基干队，青抗先，站岗放哨是好汉。回到家，能生产，处处争模范，冬学里头把书念。

6. 机关枪，嘎嘎响

机关枪，嘎嘎响，日本鬼子发了狂。大兵数万开后方，向我山区来"扫荡"。不敢打我们游击队，抓着老百姓活遭殃。穷的富的一起抢，还要强奸女儿郎。吃饭碗里撒的粪，小便撒了一水缸。不用慌，不用忙，抬土炮，拿土枪，大家联个把时久，东山头上放上哨，西山头上设上岗。老远望见鬼子来，叮当五十干一场。

7. 兄弟齐武装

家家的兄弟，一齐来武装。拿起棍棒当机枪，展开游击战争，三五七人青纱帐，民兵的队伍齐飘扬，民兵的军马威武又雄壮。

烟台失守，威海沦陷，东海边上起狼烟，数万同胞无家归，父子离散泪涟涟。救星从天降，八路军共产党，建立起根据地，保卫我家乡。

8. 拆桥破路

今天拆桥，明天破路。拆桥多，破路长，敌人兵马起恐慌，哎嗨哟，哎嗨哟。

今天拆桥，明天破路。他那里修，我这里破，敌人前进困难多，哎嗨哟，哎嗨哟。哪怕太阳火样红，哪怕大雨淋满身。

9. 烈火燃烧在华北战场

烈火燃烧在华北战场，愤怒充满了每人的胸膛。鬼子们各路进攻来"扫荡"，杀人放火奸淫又枪粮。山川震惊，林木动荡，到处是救国的热情，到处是抗日的武装。兄牵弟，儿别娘，前呼后应上战场，同心协力打东洋。展开游击战争，打到敌人后方，拆桥破路，攻城夺粮，造成犬牙交错的战场，向鬼子们来一个反"扫荡"。

10. 决战在今朝

炮火连天响，战号频吹，决战在今朝。我们抗日先锋军，英勇地武装上前线。用我们的刺刀枪炮，头颅和热血，坚决与敌人决死战！

11. 为自由

为自由，我们战斗！联合世界正义的朋友，怒吼，冲击法西斯强盗。我们决心要创造，光耀的日子，幸福的大道。叫残酷的侵略者，死在我们的铁手。中华英勇的大众战斗，我们战斗！为自由！胜利像朝阳，辉耀在我们前头！

12. 东洋小鬼真猖狂

河里水，黄又黄（白"浑了"），东洋小鬼真猖狂。昨天烧了王家寨，今天烧了张家庄（白：好大火呀），抓着青年当炮火（白：抓着老头呢？），抓着老头运军粮。炮火打死丢山口，运粮累死丢路旁。这样活着有啥用？拿起刀枪干一场！（白：不干也得干呀！）

13. 向前走

向前走，别退后，生死已到最后关头。同胞被屠杀，土地被抢占，我们再也不能忍受，我们再也不能忍受。

亡国的条件，我们决不能接受。中国的领土，一寸也不能失守。同胞们，向前走，别退后，拿我们的血和肉，去拼掉敌人的头颅。牺牲已到最后关头！

14. 月儿弯弯影见长

问：月儿弯弯影见长，呀儿哟个呀儿哟，呀哟呀依个呀儿哟，流亡的人儿最想家乡呀见哟……问：你家住在哪里？答：长城外，大道旁，村口正对着松花江。问：莫不就是王家庄？答：王家庄，是家乡，乱年不知怎么样？问：问你为什么不回家乡？答：提起来，话儿长，日本鬼子动刀枪。问：日本鬼子怎么样？答：怎么样，赛虎狼，□□烧杀又抢粮。问：他们都抢什么东西？答：什么东西都抢光，家具、骡马都抢光。问：他们烧到什么地方？答：什么地方也烧光，烧罢了这庄烧那庄。问：他们都杀什么样的人？答：什么样的人也难防，十有九个把命丧。问：□□谁家的女儿郎？答：女儿郎，更遭殃，一定要管□好大姑娘。问：日本鬼子真可恨，呀儿哟……私仇不报脸无光，呀儿哟……问：我们一定要杀回去！答：杀回去，回家乡！黄帝子孙不投降。问：大家一齐上战场，上战场，拼刀枪，要把鬼子都杀光，杀尽鬼子回家乡，呀儿哟……答：中华民族得解放！呀儿哟……

15. 春风吹，梨花白

春风吹，梨花白，妈妈问她孩子说：孩子呀，上学没听先生讲，这艰苦的日子哪年能好过？北风吹，雪花白，孩子对他妈妈说：妈妈呀，今年打败日本鬼，眼前就消灭希特勒，好过呀今年收成利，新的中国真快乐！

16. 我们要抗战

中华民族的儿女，一齐向前，不分老少和男女，拿起我们要使的武器，对准虎狼的敌人打击，不怕他花样多，挑拨离间，我们的团结比钢铁还坚。四万万人是拆不开的铁链。我们要抗战到最后一口气，流尽最后的鲜血，直到胜利的黎明，□□上飘荡着我们神圣的国旗。

17. 光明就在我们前头

复土抗战的朋友，大众的扯起手。要知道，全世界是黑暗的，日本鬼子欺负我们，再不能忍受。上起我们的刺刀来，对准敌人的头，誓死不做亡国奴，拼命地争自由。全中国的同胞，只要我们奋斗，光明的世界，就在我们前头！

18. 中国不会亡

中国不会亡，你看那民族英雄谢团长。中国不会亡，你看那八百壮士孤军奋守东战场。四方都是炮火，四方都是豺狼，宁愿死，不退让，宁愿死，不投降。我们的国旗在重围中飘荡。八百壮士一条心，千万强敌不敢挡。我们的行动伟然，我们的气节豪壮！同胞们起来，快快赶上战场！拿八百壮士做榜样。中国不会亡，中国不会亡！

19. 前进中国青年

前进中国的青年，抗战中国的青年，争取胜利的明天！祖国恰像暴风雨中的破船，我们要认识今日的危险，将一切力量争取胜利的明天。我们要以一当十，百当千。我们没有后退，只有向前向前。兴国的责任，落在我们的两肩，落在我们的两肩。前进中国的青年，抗战中国的青年。

20. 敌人凶似狼

敌人凶似狼，独占我地方，老百姓遭了殃。问：遭了什么殃？见了老的打，见了少的杀，不老不少被他拉。问：拉他干什么？拉他上战场，换上黄军装，碰上子弹，见了阎王。问：你不好躲吗？不怕你们躲，鬼子找不着，家中的房子起了火。问：你不好救吗？不怕你们救，鬼子他不走，老百姓犯了愁。问：你就等着死吗？不能等着死，大家一齐奋起，组织民团去抗日。问：好办法！民团组织起，鬼子不敢去，大家伙笑嘻嘻。

21. 鬼子踏上了咱们的家乡

鬼子踏上了咱们的家乡，抢占了房地，杀死了他爹娘，终于做了街头女。这关外的姑娘，每天在都市里流浪，每夜在街头上彷徨，受尽这人世间的欺侮，一阵阵说不尽的苦诉。他们自己何尝愿意？

22. 种子下地里会发芽

种子下地里会发芽，仇恨入心也生根。不把敌人赶出境，海水也洗不尽这心头的恨。打死一个算一个，打死两个不赔本。一个当十，十当百，要活命的一齐向前进。

23. 革命成功在前头

我们都是黄帝子孙，黄帝子孙握紧手。我们都是受苦的人，劳苦的人要一起走。打倒那吃人的野兽，替大众打开生路。奋斗，为了祖国，为了大众，怕什么牺牲流血抛头颅。背起了钢枪，整齐咱脚步，我们勇敢地高唱着抗日救国、民族解放歌。脚合脚，手牵手，一起走，争取抗日的胜利，民主的新中国向我们招手。莫说我们生来该做牛和马，我们朋友多又多，团结起来争自由，为了正义流血汗，革命成功在前头！

24. 我们是山东青年

大好河山被侵占，敌人又开始后方"扫荡"。起来起来，山东的青年，坚持山东游击战。我们不做亡国的奴隶，我们爱好自由民权。我们生为祖国有教儿女，雪耻救国责任在我们的肩。团结统一勇敢向前，哪怕血染黄河泰山。我们是山东青年，誓为祖国而战。战，抗战建国成功不远。

25. 敌汽车要经过

敌汽车要经过，呼雷一声汽车破，地雷响了十一个，打得蒋匪乱哆嗦，不知是死还是活。

26. 蒋贼不讲理

一九四七年八月正十三，国民党反动派到咱黄县，人民受涂炭。提起国民党，人人恨在心。青年被抓去，披上蒋军皮，给蒋军当奴隶。蒋贼不讲理，下乡抢东西，把老百姓的东西都抢去，运到了美国去。

27. 前进前进，人民解放军

前进前进，人民解放军！坚决执行命令，勇敢地向前进，解放同胞，收复了城镇，逼迫敌伪投降了我们。谁敢阻挡咱，就把他消灭尽。谁敢阻挡前进，就把他消灭干净！

《近代史资料》总147号

主　　编　刘　萍
执行编辑　李学通
编　　辑　关　康
　　　　　张淑贤